K바이오 트렌드 2021

일러두기

1. 본문에서 말하는 '현재'는 책 편집을 마친 2021년 1월 둘째 주 현재를 뜻합니다.

2. 각 글에서 처음 나오는 제약바이오 회사명은 고딕으로 표기했습니다.

3. 도표 목차는 책 말미에 정리해두었습니다.

4. 단행본 제목은 『 』, 논문과 보고서 제목은 「 」, 정기간행물은 ≪ ≫으로 표기했습니다.

※ 이 책은 방일영문화재단의 지원을 받아 연구·저술되었습니다.

K바이오 트렌드 2021

김병호
우영탁

바이오산업 최전선에서 지금 무슨 일이 일어나고 있는가

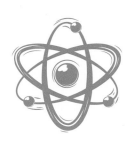
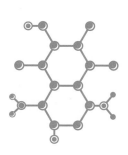
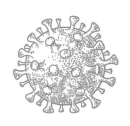

· K-BIO TREND 2021 ·

허클베리북스

코로나19 팬데믹은 사람들의 행동은 물론 생각까지 바꾸어 놓았지만 우리나라로서는 진단키트부터 치료제까지 K바이오의 저력을 전 세계에 알릴 수 있는 기회가 되기도 했다. 코로나19를 둘러싼 바이오 이슈와 바이오헬스 트렌드를 이만큼 잘 정리한 책은 없을 것이다. 평소 팩트와 과학에 근거한 기사를 통해 저널리즘의 수준을 높여왔던 두 경제 기자의 전문성이 돋보이는 역작이다. 일반인은 물론 대학교수와 바이오 분야 기업인들에게도 일독을 권한다.

서울대 의대 코로나19 과학위원장·전 서울대 의대 학장 **강대희**

2020년은 코로나19로 시작해서 코로나19로 끝난 한 해였다. 온 국민과 정부는 이 전대미문의 바이러스 창궐로 고통을 겪었으나 반면에 국민에게 바이오가 무엇인지, 우리 생활에 어떻게 밀접한 관련이 있는지, 사업으로는 어떤 가능성을 가진 분야인지를 뚜렷이 각인시켜준 계기가 됐다. 바이오산업이 우리가 지향해야 할 필수적인 분야이고 대한민국의 미래를 책임지는 중요한 사업 분야임에 틀림없다. 두 기자가 저술한 이 책은 K바이오란 과연 무엇인지, 어떤 실체성을 가지고 있고, 앞으로 풀어야 할 문제점 등은 무엇인지를 비전공자의 입장에서 매우 쉽게 설명해준다. 시의적절한 순간에 나온 K바이오의 현주소를 담아낸 보물창고와 같은 책이다.

알테오젠 대표이사 **박순재**

코로나19 확산으로 바이오산업의 중요성에 대한 국민적 공감과 이해가 절실해지고 있다. 이런 가운데 우리 바이오산업 현장을 속속들이 잘 알고 있는 저자들이 쓴 시의적절한 책이 나왔다. 여기에는 혁신적인 기술과 바이오산업의 진면목이 생생하게 담겨 있다. 이 책을 읽으면 바이오 전반에 대한 필수 지식을 얻을 수 있고 바이오 기업의 옥석을 가릴 수 있는 지혜도 얻게 되리라 확신한다.

한국바이오협회장·마크로젠 회장 서정선

바이오산업의 변방이었던 대한민국에서도 글로벌 수준의 바이오 기업이 나와야 한다는 일념 하나로 숱한 실패와 성공을 겪으며 지금의 셀트리온으로 거듭날 수 있었다. 지금은 수많은 국내 제약바이오 기업들이 세계를 무대로 활약하며 대한민국을 차세대 바이오 강국으로 이끌기 위해 한국인만의 근성과 열정으로 전력 질주해나가고 있다. 우리 제약바이오산업에 대해 독자들이 올바르게 이해할 수 있도록 필수적인 기본 지식과 최신 트렌드를 담기 위해 애써주신 저자들에게 감사드린다. 이 책은 바이오산업에 관심은 있지만 잘 몰랐던 분들께도 한국 바이오산업의 성장 과정과 경쟁력, 앞으로 나가야 할 길을 알려주는 좋은 참고서가 될 것이다.

셀트리온그룹 회장 서정진

프롤로그

K바이오 시대가 왔다

2020년 1월 중순, 제약바이오산업을 담당하는 10여 명의 국내 기자단이 미국 샌프란시스코로 향했다. 매년 1월 샌프란시스코에서 열리는 'JP모건 헬스케어 콘퍼런스'를 취재하기 위함이었다. 이 행사에는 국내외의 내로라하는 제약바이오 기업 총수들과 최고경영자CEO들이 참석해 한 해 사업계획을 발표하고 연이은 미팅을 통해 신약 판매와 기술수출 등을 논의하기 때문에 뉴스거리가 넘쳐난다. 이 콘퍼런스는 1월 한 달간 샌프란시스코 경기를 먹여 살린다고 할 정도로 전 세계 사람들이 많이 모이는 큰 행사다. 참가하는 한국 제약바이오 업체들의 수도 해마다 늘고 있다. 급변하는 글로벌 제약바이오 시장에서 국내 기업들의 위상을 확인하고 해외 동향을 파악하는 데 매우 유익한 자리이기 때문에 국내 기자들의 현지 취재 경쟁이 매우 뜨겁다. JP모건 헬스케어 콘퍼런스는 해마다 비슷한 시기에 라스베이거스에서 열리는 국제전자제품박람회CES와 함께 언론사들이 연초에 가장 주목하는 두 개의 글로벌 행사로 자리 잡았다.

하지만 잘 나가던 JP모건 헬스케어 콘퍼런스가 2021년 1월에는 온라인으로 치러졌다. 행사가 열리는 미국뿐만 아니라 전 세계적으로 신종 코로나바이러스 감염증(코로나19) 확산세가 꺾이지 않고 있기 때문이다. 행사는 온라인으로 진행됐지만 코로나19 종식 시점과 효과 있는 백신 접종 및 치료제 개발 등을 놓고 그 어느 때보다 관심이 높았다.

2020년 1월 설 연휴 시작과 함께 국내 코로나19 확진자가 처음 발생하면서 바이오산업은 한국에서도 크게 주목받기 시작했다. 바이러스나 항체, 진단키트 같은 단어가 일상화됐고, 진단키트를 출시했거나 치료제 및 백신 개발에 뛰어든 국내 업체들의 주가는 폭등했다. 코로나19로 외출 자제 등 생활의 불편은 커졌지만 감염병 등 각종 질병을 해결하기 위한 바이오산업의 위상은 한층 더 높아졌다.

특히 코로나19 확진 여부를 판정하는 진단키트를 만드는 국내 업체들은 전 세계에서 가장 빨리, 가장 많은 수의 제품을 내놓으며 해외에서 호평을 받았다. 이는 K바이오에 대한 국민들의 인식마저 긍정적으로 바꿔놓았다. 과거 사스나 메르스 때와는 달리 국내 업체들이 코로나19 치료제와 백신 개발까지 적극적으로 뛰어들면서 까다로운 신약 개발이 다국적 제약사들만의 전유물이 아니라는 점을 우리 국민은 피부로 느끼고 있다. 우리나라가 올림픽이나 월드컵에서 좋은 성적을 내고, 반도체 등 각종 산업 기술과 K팝으로 전 세계에서 호평을 받는 데 이어 이제는 K바이오, K의료까지 글로벌 수준에 접근해가고 있음을 확실히 깨닫고 있다. 물론 정부 차원에서 코로나19 백신 확보가 원활하지 못하는 등 아쉬운 점도 분명히 있지만 언제 끝날지 모르는 코로나19의 긴 터널 속에서 그나마 K바이오의 실력과 잠재력을 확인할 수 있게 된 점은 어둠 속 한 줄기 빛과 같은 성과이자 미래의 희망을 본 것이라 할 수 있겠다.

사실 2019년 5월 정부가 '바이오헬스 국가비전' 선포를 통해 바이오산업을 차세대 먹거리로 키우겠다는 포부를 밝혔을 때만 해도 사람들은 그 발표 내용을 크게 체감하지 못했다. 하지만 장기간 코로나19 사태를 겪으며 이를 해결하는 데 바이오산업의 역할이 크다는 점을 국민 대다수가 몸소 체험하면서 K바이오에 대한 지원을 확대해야 한다는 목소리가 커지고 있다. 정부와 국회가 나서 코로나19 관련 의약품 개발을 위한 긴급 예산을 편성하고, 신속한 임상시험을 지원하는 등 과거의 규제 일변도에서 사업 친화적으로 바뀐 것은 매우 고무적인 일이다.

이 책은 코로나19가 바꿔놓은 K바이오에 대한 관심과 기대 속에서 바이오산업 전반에 대한 일반 독자들의 이해를 돕기 위해 쓰여졌다. 바이오 이슈들에 대해 알고 싶지만 생소한 용어 때문에 접근조차 망설이고 있는 일반인들이 바이오산업 전반에 대한 이해의 폭을 넓히는 데 주안점을 두었다. 필자들은 제약바이오를 불과 2년~3년간 다뤄본 기자들이기에 물론 학문적 깊이는 이 분야에 오랫동안 종사해온 전문가들보다 낮을 수 있다. 그런 만큼 다양한 바이오 이슈들에 대한 폭넓은 취재를 바탕으로 기자 본연의 독자 친화적인 글쓰기 능력을 살려 쉽게 쓰려고 노력했다. 무엇보다 독자들이 이 책 한 권을 읽으면 어디 가서 다른 사람들과 바이오에 대한 대화를 나누는

데 무리가 없도록 하는 데 포인트를 맞췄다. 이 책이 국내 일반인들이 K팝을 이해하는 수준으로 K바이오에도 좀 더 친숙하게 다가갈 수 있는 촉매제가 된다면 더할 나위가 없겠다.

끝으로 필자와 공저자(우영탁)에게 바이오 책을 써볼 것을 제안해준 허클베리북스의 반기훈 대표에게 감사의 말을 전한다. 반 대표는 코로나19 사태의 장기화로 바이오 관련 책 수요가 있다는 냄새를 맡고서 내게 책을 써보지 않겠느냐고 요청을 해왔다. 사실 나는 기자로서 제약바이오를 취재하기는 했지만 전공 분야가 아닌지라 책을 낼 생각은 전혀 없었다. 반 대표는 2017년 졸저『유럽 변방으로 가는 길』의 편집과 제작을 해준 인연이 있었고, 이후 새로 출판사를 차려 독립했다. 사실 난『유럽 변방으로 가는 길』의 후속작으로 일본 작가 무라카미 하루키의『라오스에 대체 뭐가 있는데요?』류의 여행 에세이의 출판을 제안했다. 하지만 반 대표는 "하루키 책은 하루키 이름 때문에 팔렸는데 김 기자는 하루키 수준이 아니다"라며 거절하더니 대뜸 코로나19 시국에 바이오 책을 써보자고 요청했던 것이다. 처음엔 힘들어 보였지만 취재와 공부한 내용을 책으로 확장할 수 있다면 바이오산업에 대한 독자의 이해를 도울 수 있으리라 생각하고 용기를 냈다. 이것이 지금까지 써놓은 여행 에세이 원고의 절반가량은 노트북에 남겨둔 채 바이오 책부터 출간하게 된 경위다.

공저자인 우 기자와는 2020년 1월, JP모건 헬스케어 콘퍼런스에 가서 처음 만났다. 그는 젊은이답게 호기심과 탐구욕이 강한, 한마디로 재기 많은 기자였다. 이 책을 쓰는 데 있어 문과 출신이라는 필자의 약점을 보완해줄 수 있는 이과 출신의 희소성 있는 기자라는 점에서 공저자로서의 역할이 컸다. 저술 분담은 거의 절반씩으로 해서, 전체적인 목차를 정한 뒤 본인이 자신 있게 쓸 수 있는 분야를 나눠 쓰는 방식으로 했다.

이번 책을 쓰는 일은 필자에게 새로운 분야에서의 도전이었고, 그동안 취재했던 내용을 다시 한번 확인하고 보충해볼 수 있는 뜻깊은 학습 과정이기도 했다. 독자들은 이 책을 통해 바이오산업의 개괄적인 지식을 얻은 뒤 바이오 분야에 대해 더욱 흥미가 생긴다면 좀 더 전문적인 책으로 나아가길 권한다.

지루한 코로나19 사태 속에서 안전한 백신과 치료제를 접종받을 수 있는 그날까지 모두가 건강하고 무사하길 기원한다.

김병호

CONTENTS

2등은 없다! 바이오산업 최전선

2부

4부

코로나19로 급부상하는 K바이오

5부　제약바이오 사건 파일

1부

바이오산업을
이해하는 키워드

1

합성의약품에서
바이오의약품으로

오래전부터 인류는 버드나무 껍질을 통증을 덜거나 열을 떨어뜨리는 데 사용했다. 고대 그리스의 의사 히포크라테스도 버드나무즙의 효능을 알았다. 그는 진통을 겪고 있거나 해열이 필요한 환자에게 버드나무 껍질을 달여 먹였다.

버드나무 껍질처럼 자연에서 얻은 식물, 동물, 광물을 활용해 질병의 치료에 이용하는 것을 '천연의약품'이라고 한다. 사람들은 오랜 세월 천연의약품을 이용해 아픔을 달래고 치료해왔다. 하지만 천연의약품 속 어떤 성분이 약효를 가졌는지는 알지 못했다.

과학의 발달로 인류는 버드나무 껍질에 포함된 살리실salicyl이라는 성분이 진통과 해열에 실제 약효를 내는 물질임을 알게 됐다. 그리고 여기서 한발 더 나아가 살리실을 합성하는 기술도 알아낸다. 1861년

헤르만 콜베는 건조한 나트륨페녹시드와 이산화탄소를 반응시켜 살리실산salicylic acid의 인공 합성에 성공했다. 1874년에는 제니퍼 슈미트가 이것의 대량생산 기술을 개발했다.

하지만 살리실산은 구역질 때문에 먹기가 힘들다는 단점이 있었다. 독일 제약사 **바이엘**의 연구원인 펠릭스 호프만이 새로운 의약품을 개발한 이유다. 그의 아버지는 심한 관절염을 앓고 있었는데 매번 구역질을 억지로 참아가며 살리실산을 복용해야 했다. 호프만은 아버지를 위해 구역질을 줄일 수 있는 방안을 찾다가 1897년 10월 살리실산과 아세트산을 합성해 부작용을 없애는 데 성공한다. 이렇게 만들어진 인류 최초의 합성의약품이 아스피린Aspirin이다.

합성의약품은 아스피린처럼 우리 몸 안에 들어왔을 때 치료 효과를 보이는 물질을 찾은 뒤 화학적으로 합성해 만든 의약품이다. 비교적 크기가 작다. 아스피린 분자 한 개의 무게는 바이오의약품인 램시마Remsima의 800분의 1에 불과하다. 실험실에서 비교적 간단히 만들어낼 수 있으며 이렇게 만들어낸 의약품이 몸속에서 세포와 단백질protein 이곳저곳에 붙어 약효를 만든다.

한 예로 합성의약품이자 인류 최초의 항생제인 페니실린Penicillin은 인체에 존재하는 세균의 세포벽인 펩티도글리칸의 배열을 망가뜨려서 세균을 죽인다. 구체적으로 말하자면 페니실린은 세균 내 세포벽을 튼튼하게 만드는 트랜스펩티데이스라는 효소에 달라붙는다. 이 효소가 페니실린과 결합하면 원래 자신이 해왔던 일인 펩티도글리칸 분자를 연결하는 일을 하지 못하게 된다. 자연스럽게 세균의 세포벽이 약해진다. 이는 마치 집을 지을 때 벽돌과 벽돌 사이에 바르는 시멘트를 없애는 일과 비슷하다. 결국 페니실린을 만난 세균은 일종의 피부 역할을 하는 세포벽이 터져 죽게 된다.

합성의약품은 복용이 편리하다는 장점이 있다. 크기가 작기 때문에 알약 형태로 조제하기 쉽다. 그런데 한편으로는 크기가 작다는 점이 단점으로 작용하기도 한다. 세포 내부는 바다와 같다. 몸에 흡수된 의약품이 떠돌아다니다가 이곳저곳에 결합한다. 크기가 작은 합성의약품은 어디에나 잘 붙는다. 따라서 특정 발병 원인만 없애는 새로운 소형 약물을 찾기가 까다롭다. 원하는 목표를 벗어나 다른 곳에 결합하면 예상치 못한 부작용이 일어날 수도 있다.

반면 바이오의약품은 미생물, 식물, 동물세포와 같은 살아 있는 세포에서 제조된다. 대부분 합성의약품보다 크다. 분자 하나가 곧 약물인 합성의약품과 달리 바이오의약품은 분자들의 혼합물인 경우가 많다. 간단하게 구조를 알아낼 수 있는 합성의약품과 달리 바이오의약품의 구조를 파악하기란 쉽지 않다. 마치 물 안에 들어간 수초처럼 세포 내 산성도 등에 따라 그 모양이 변성되기 때문이다.

최초의 바이오의약품은 백신vaccine이다. 1796년 영국 의사 에드워드 제너는 시골에서 의사 견습생 수련을 받던 중, 소 젖을 짜다가 우두에 걸린 사람은 천연두에 걸리지 않는다는 이야기를 듣고 여기서 착안해 우두법을 개발했다. 우두 균을 정상적인 사람의 피부 내에 주입해 우두에 걸리게 유도하는 방식이다. 이후 1880년대 프랑스의 루이 파스퇴르가 현대적인 백신을 만들었다. 그는 독성이 약해지도록 만든 약독화attenuation 균을 주입하면 인체가 다시 그 병에 걸리지 않는다는 사실을 밝혀냈다. 파스퇴르는 이 균을 '백신'으로 불렀는데 라틴어로 암소를 뜻하는 'vacca'에서 유래했다. 암소를 활용해 우두법을 개발한 제너를 기리는 마음에서다. 백신은 항체antibody를 활용해 바이러스를 막는다. 만약 바이러스가 우리 몸에 침입해 세포를 감염시키면 우리 몸은 그 바이러스, 즉 항원antigen을 인식하고 그것에 대응하는 단백질을 만든다. 이를 항체라고 한다. 이후 같은 바이러스가 다시 침입하면 기존에 만들어놓은 항체가 그 바이러스를 공격해 감염을 막는다.

백신이 발견된 뒤에도 바이오의약품 개발은 지지부진했다. 1970년대가 될 때까지 제자리걸음을 계속했다. 화학구조가 간단해 연구소에서 대량으로 합성할 수 있는 합성의약품과 달리 바이오의약품은 원하는 형태로 만들기 어려웠고, 대량생산도 불가능했기 때문이다. 하지만 1970년대 유전 혁명이 이 흐름을 바꾼다.

1975년 영국 케임브리지대학교의 게오르게스 쾰러와 세사르 밀스타인은 쥐에서 대량으로 항체 단백질을 만드는 실험에 성공한다. 단일클론항체를 만들기 위한 이 방식은 항체를 생산하는 B세포와 암세포를 융합했다. B세포는 면역계를 구성하는 중심 세포인 림프구의 일종으로서 면역반응을 통해 외부에서 침입하는 항원에 대항해 항체를 만들어낸다. 조류의 배설기관 주변에 있는 파브리키우스 주머니Bursa of Fabricius에서 발견되어 알파벳 첫 글자(B)를 따서 B세포라고 한다. 반면 암세포는 인체 내에서 세포가 원래 담당하던 기능을 전혀 수행하지 못하지만 인체의 면역망을 뚫고 무한정 증식하는데 그러한 특징이 바이오의약품 생산에 활용됐다. B세포와 암세포를 융합한 새로운 세포는 죽지 않고 계속 늘어나면서도 B세포의 원래 기능인 항체 생산을 진행했다. 연구진은 이 중 원하는 항체를 생성하는 B세포만을 선별해 배양하는 방식으로 항체의 대량생산 시대를 열었다.

아울러 비슷한 시기인 1973년 미국 스탠포드대학교에서 개발한

'재조합 DNA 기술'로 원하는 형태의 바이오의약품을 만들어낼 수 있게 됐다. 재조합 DNA 기술은 미생물에게 유전자gene 합성을 시키는 것이다. 마치 직장 상사가 직원에게 일을 시킬 때 상사가 해야 할 일도 슬쩍 끼워 넣어버린 것과 유사하다. 연구진이 대장균 등 미생물의 유전자를 자른 뒤 원하는 유전자를 삽입한다. 그러면 미생물이 자신이 필요한 단백질을 만들어내는 와중에 연구진이 삽입한 유전자의 단백질도 함께 합성한다. 이 같은 방법으로 인류는 미생물을 통해 자신이 원하는 항체를 생산해낼 수 있게 됐다.

바이오의약품의 종류는 다양하다. 생물학적 제제(생물이 생산한 물질로 만든 의약품)인 '백신'부터 유전자를 재조합해 만든 단백질을 성분으로 하는 '유전자 재조합 의약품', 살아 있는 세포를 배양해 투입하는 '세포 치료제', 인체에 직접 유전물질을 투입하는 '유전자 치료제' 등이 있다. 바이오의약품 중에서 특허가 끝난 의약품과 동등한 약효와 안전성을 가진 바이오시밀러biosimilar도 이 범주에 들어간다. 합성의약품 복제약인 제네릭generic은 오리지널 약과 똑같이 만들어낼 수 있지만 바이오의약품은 화학합성 방식을 사용하지 않고 세포를 통해 만들기 때문에 그 복제약과 완전히 일치할 수는 없다. 따라서 같은 약은 아니지만 비슷하다는 의미에서 생물을 뜻하는 'bio'와 'similar'를 합성해 '바이오시밀러'라는 용어를 만들었다

바이오의약품 중 현재 가장 흔히 사용하는 물질은 '항체'다. 항체 입자 하나의 크기는 합성의약품 입자의 크기보다 약 500배 이상 무겁고 크다. 구조도 복잡하다. 대신 딱 들어맞는 곳에만 결합한다. 개발이 훨씬 어려운 대신 개발에 성공한다면 합성의약품보다 부작용이 확연히 적다. 유전자, 단백질 등 생체 내에서 사용하는 물질을 활

글로벌 상위 블록버스터 의약품

순위	제품명	제약사	치료 질환	매출액(달러)
1	휴미라*	애브비	자가면역질환	192억
2	키트루다*	MSD	암	111억
3	레블리미드**	셀진	암	97억
4	엘리퀴스**	BMS·화이자	뇌졸중	79억
5	옵디보*	BMS·오노약품공업	암	72억
6	아바스틴*	로슈	암	71억
7	리툭산*	로슈	암	65억
8	스텔라라*	얀센	자가면역질환	64억
9	허셉틴*	로슈	암	61억
10	프리베나13*	화이자	폐렴	58억

자료: 이밸류에이트파마, 2019년 기준, 바이오의약품(*), 합성의약품(**)

용해 의약품을 제조하는 만큼 그동안 치료가 힘들었던 희귀난치성 질환에 효과가 뛰어나다. 항체 의약품의 중요성은 코로나19의 대유행 속에서 더욱 커지고 있다. 미국 FDA(식품의약국)가 코로나19 치료제로 긴급사용승인한 **일라이 릴리**와 **리제네론**의 제품도 항체 치료제다. **셀트리온** 역시 항체 치료제 렉키로나주(Regkirona·개발명 CT-P59)를 개발하고 있다.

문제는 가격이다. 기술 수준이 높고, 설비 비용도 많이 들기 때문에 값이 비싸다. 바이오의약품의 경우 치료 비용이 회당 수천만 원을 넘는 경우도 많다. 하지만 일단 투약해야 살아갈 수 있다. 전 세계 글로벌 제약사들이 바이오의약품 개발에 나선 이유다.

DNA가 뭐지? 헷갈리는 바이오 용어들

바이오 분야에서 자주 반복되는 용어로 유전자, 염색체chromosome, DNA, RNA, 단백질, 항체 등이 있다. 인간을 건물로 비유하자면 유전자는 인간이라는 건물의 전체 설계도, 염색체는 각 방을 설계하는 도면이다. DNA와 RNA는 방 안의 창문, 기둥 등을 만드는 데 사용하는 도면이고, 단백질과 항체는 이 같은 도면을 사용해 실제로 만들어낸 창문, 기둥 등으로 볼 수 있다.

먼저 생명체의 모든 기능을 다스리는 설계도인 유전자부터 살펴보자. 사람들을 보면 저마다 다 다르게 생겼다는 사실을 알 수 있다. 이는 다른 동식물들도 마찬가지다. 이러한 차이를 만들어내는 인자가 바로 유전자다. 유전자는 세포 속에서도 가장 깊숙한 곳인 핵 속에 감춰져 있다.

핵 속에는 X자 모양의 염색체가 여러 개 있다. 사람의 경우 세포마다 23쌍, 총 46개의 염색체가 있다. 각 쌍은 번호를 붙여 부르는데 1번~22번 염색체까지를 상염색체라고 부른다. 마지막 염색체는 성염색체로 여자는 XX, 남자는 XY다. 염색체 수는 생명체마다 다른데 사람은 23쌍이지만 개는 39쌍, 돼지는 14쌍이다.

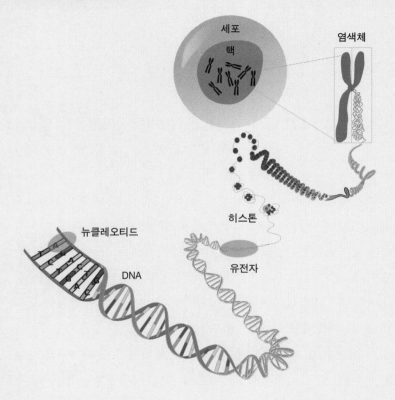

세포
핵
염색체
히스톤
뉴클레오티드
DNA
유전자

염색체를 현미경을 사용해 관찰하면 두 가닥의 실이 꼬여 있는 것을 확인할 수 있다. 이것이 바로 DNA다. DNA에는 뉴클레오티드 nucleotide라는 물질이 여러 개 붙어 있다. 뉴클레오티드는 또다시 뼈대를 이루는 인산염과 디옥시르보오스deoxyribose, 꼬여 있는 두 가닥의 실 사이를 연결하는 염기로 구성된다. 염기는 아데닌(A), 시토신(C), 구아닌(G), 티민(T) 등 네 종류가 있다. 사람을 비롯한 생명체는 이 뉴클레오티드의 배열 순서를 통해 몸을 구성한다. 이를 DNA 염기서열이라고 한다.

DNA는 1869년 스위스의 프리드리히 미셔가 처음 발견했다. 그는 DNA를 세포핵cell nucleus 안에서 발견한 물질이라는 의미로 뉴클레인 nuclein이라 불렀다. 네 종류의 염기는 서로 짝이 있어 짝끼리 결합할 수 있다. 아데닌은 티민과, 시토신은 구아닌과 결합하는 습성이 있다. DNA는 두 가닥이 한 쌍으로 이뤄졌다. 실처럼 생긴 DNA 사슬이 자신과 짝을 맞춘 다른 DNA 사슬과 서로 휘감으며 결합한 이중나선 구조로 이뤄졌다. 예를 들어 한쪽 가닥의 염기서열이 −A-G-T-C−라면 다른 쪽 가닥은 −T-C-A-G−인 식이다.

RNA는 DNA의 복사본으로서 단백질을 생산한다. RNA 역시 DNA 와 구조가 비슷하다. 차이점이 있다면 DNA에서 디옥시리보오스가 뼈대를 이룬다면 RNA에서는 리보오스ribose가 디옥시리보오스를 대체하며 DNA처럼 이중나선을 형성하지 않는다. 아울러 티민 대신 우라실을 염기로 사용한다. DNA보다 불안정해 쉽게 변형이 일어나거나 사라지는데 RNA가 단백질을 만들어내기 위한 설계도의 사본 역할을 하는 만큼 빠르고 쉽게 사용하고 없애버리기 위해서다.

한 생물이 가지고 있는 DNA 염기서열 전체를 유전체(genome·게놈)라고 한다. 평소 DNA는 세포의 핵 내부에서 단백질과 함께 염색질이라는 물질을 이룬다. 염색질은 실처럼 기다란데 매우 긴 만큼 히스톤histone이라고 부르는 단백질에 감겨 있다. 실패에 실이 감겨 있는 구조와 유사하다. 염색질은 세포분열 과정 속에서 염색체 단위로 뭉치게 된다. 분열 과정에서 변형이 일어나면 안 되기 때문이다.

단백질은 생물의 몸을 구성하는 고분자 유기물질이다. DNA가 설계도라면 단백질은 수송, 조절, 구조, 효소 등 세포 기능의 실질적인

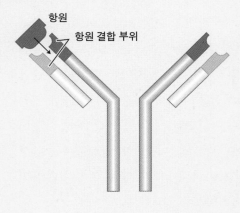

항체의 구조

항원

항원 결합 부위

역할을 하는 최소한의 단위라고 볼 수 있다. DNA와 유사하게 아미노산amino acid이라는 물질이 사슬을 이루며 연결된 모양을 하고 있는데 이 사슬이 접히고 얽히며 고유한 모양을 가지게 된다. 무수히 많은 실을 연결해 옷을 만드는 것과 흡사하다.

단백질을 구성하는 아미노산은 20개 종류이며 이 아미노산이 펩타이드peptide 결합이라고 부르는 화학결합으로 연결되어 있다. 아미노산끼리 연결된 형태를 폴리펩타이드polypeptide라고 부르는데 폴리펩타이드는 단백질을 부르는 다른 표현이기도 하다.

단백질에는 여러 종류가 있다. 우리가 의약품으로 사용하는 항체 역시 단백질의 한 종류다. 항체는 Y자형으로 생겼는데 Y의 위쪽 두 갈래 모양이 항원과 결합할 수 있는 구조로 되어 있다. 면역체계에서 항체는 세균과 바이러스와 같은 외부 항원과 결합해 침입자를 인식하고 면역세포로 하여금 침입자를 공격하도록 만든다.

2

신약 검증에 필요한
3번의 임상시험

약의 핵심 요소는 유효성과 안전성이다. 유효성은 쉽게 설명하면 약효다. 각 의약품은 목표로 하는 적응증(치료 질환)을 낮게 할 수 있어야 한다. 감기약은 감기를 치료할 수 있어야 하고, 당뇨약은 혈당을 낮춰야 한다. 항암제는 암을 치료하거나 최소한 암의 진행을 막아 환자의 생명을 연장시켜야 한다. 안전성은 인체에 치명적인 부작용이 없다는 보증을 뜻한다. 감기약을 먹었는데 엉뚱하게 심장마비가 발생하면 곤란하다.

같은 약이라고 해도 복용 대상에 따라 약효와 부작용이 다르게 나타날 수 있다. 신약을 허가하기 전에 약효와 부작용 검증이 필요한 이유다. 좋은 약은 유효성과 안전성이 모두 높다. 즉 약효는 좋고 부작용은 적다.

신약이 출시되기 전 약효와 부작용을 과학적으로 검증하는 절차가 바로 임상시험이다. 크게 전임상과 임상1상, 2상, 3상 네 단계로 구분한다. 전임상은 원하는 약물 후보물질을 사람 몸에 투입하기 전에 동물 등에 투여해서 약물이 어떻게 작용하는지 확인하는 과정이다. 시험관 내in vitro 실험을 거쳐 살아 있는 쥐, 초파리, 돼지 등을 대상으로 생체 내in vivo 실험을 진행한다. 이 과정을 통틀어 전임상시험이라고 한다.

임상1상에서는 20명~80명의 사람에게 후보물질을 투여해 최대 투약 용량과 부작용을 관찰한다. 항암제의 경우 암 환자는 생사의 갈림길에 서 있기 때문에 임상1상에서도 개발 중인 치료제를 투여하는 것이 예외적으로 허용되지만 그 외 신약 후보물질은 부작용 가능성 때문에 환자에게 투여하지 않는다. 건강한 사람과 달리 환자는 면역체계가 약해 부작용이 발생했을 때 치명적인 결과가 나타날 수 있기 때문이다. 극미량부터 시작해 조금씩 용량을 늘려나가며 실제 의약품의 약효가 나타날 것으로 보이는 양을 투약했을 때에도 부작용이 발생하지 않는지 살펴본다. 이와 함께 체내에 약물이 흡수되는 정도도 관찰한다. 특별한 부작용이 나타나지 않으면 임상2상에 돌입한다.

임상2상은 신약 후보물질의 효능을 처음으로 확인하는 단계다. 100명~300명의 소규모 환자를 대상으로 진행한다. 약물이 체내에서 의도한 대로 작용하는지, 그 작용이 의미가 있는지 등을 관찰한다. 이 과정에서 부작용이 비교적 적으면서도 약효가 있는 적정한 용량을 찾아내며 임상시험 대상 약물이 위약과 비교해 유의미한 효능이 있어야 통과할 수 있다. 플라시보placebo라고도 부르는 위약은 실제 의약품으로는 아무런 효과가 없는 포도당 등의 물질을 뜻한다. 임상시험 과정에서는 실제 신약 후보물질을 투여받는 후보군과 위약을 투여받는 후보군을 분리한다. 임상시험 참가자와 임상시험을 진행하는 연구자 모두 자신이 투여받거나 투여하는 의약품이 위약인지 실제 신약 후보물질인지 알 수 없다. 이를 이중맹검double blind이라 한다.

이중맹검을 진행하는 이유는 플라시보 또는 노시보nocebo 효과 때문이다. 플라시보 효과는 아무런 효과가 없는 의약품을 복용했지만 환자가 실제 의약품을 먹었다는 확신으로 인해 증상이 개선되는 효과를 뜻한다. 노시보 효과는 반대로 자신이 복용하는 의약품이 부작용이 있을 것이라 믿을 때 나타나는 효과다. 복용한 의약품의 효능과 부작용이 실제로 있는지 없는지는 중요하지 않다. 임상시험 대상자가 신약 후보물질을 복용했다는 이유만으로 약의 실제 효능이나 부작용과 상관없는 증상을 겪어버리면 신약 후보물질의 가치를 평가할 수 없다. 임상시험을 수행하는 의사가 자신이 투여한 약이 위약인지 실제 약인지 알아도 곤란하다. '효능이 있나요'와 같은 발언을 할 수 있을 뿐 아니라 의사 자신도 모르게 참여자에게 관심을 더 갖고 상냥한 말투로 실험을 진행할 수도 있기 때문이다. 이런 상황에서 수집한 자료는 신약 후보물질 자체에 대한 결과라기보다는 의사의 친절한 행동으로 얻어진 것으로 잘못된 해석을 부른다. 즉 이중맹검은 현대 약학의 핵심으로 플라시보 효과 및 노시보 효과를 포함하더라도 의약품이 위약에 비해 유의미한 약효가 있음을 과학적으로 확인하는 절차다.

물론 생사를 다투는 암과 같은 질병을 앓고 있는 사람에게 아무런 효능이 없는 위약을 주는 것은 비윤리적이다. 이 때문에 위약을 활용하는 이중맹검 대신 실제 효과가 있는 치료를 진행하는 액티브 컨트롤active control을 적용하기도 한다. 하지만 이 경우 위약을 사용했을 때보다 신약의 유효성을 검증하기 어렵다는 단점이 있다.

임상2상을 통과한 후보물질은 개발의 마지막 단계인 임상3상에 진입한다. 1000명~5000명의 대규모 환자를 대상으로 하는 임상3상에서는 신약 후보물질이 의약품이 될 만한 안전성과 유효성이 있는지 세심하게 검증한다. 임상2상까지 시험 결과로 추정했던 용법과 용량이 실제로 유의미한지 확인하고 약물의 흡수, 분포, 대사, 배설, 이상 반응 등을 검증한다.

임상3상 진행에는 어마어마한 비용이 든다. 업계에 따르면 평균 1000억 원 이상을 투입해야 하는데 대규모 환자를 대상으로 진행하는 만큼 예상하지 못했던 부작용이 속출한다. 특히 해외 출시를 겨냥한 글로벌 임상3상은 인종·연령·성별별로 다른 부작용이 나타날 수 있기 때문에 최대한 많은 국가에서 다양한 사람을 대상으로 수행해야 한다. 제약바이오업계에서는 신약 개발 비용의 70% 이상이 임상3상 수행 과정에서 지출된다고 본다.

임상3상까지 성공적으로 마친 의약품은 미국 FDA, EMA(유럽의약품청), 대한민국의 식품의약품안전처(식약처) 등 각국의 규제 기관에 신약 품목허가 절차를 밟게 된다. 이 과정 역시 쉽지 않다. 이미 허가를 받고 판매 중인 약과 비교해 뚜렷한 개선이 없을 경우 규제 기관에서 퇴짜를 놓는 경우도 많다. 어렵게 시판된 뒤에도 부작용 등을 주기적으로 검사해야 하는 것은 덤이다. 특히 유전자 치료제 등 새로이 개발된 의약품은 장기 복용했을 때 부작용이 아직 검증되지 않은 만큼 최대 15년까지 예후를 관찰해야 하는 경우도 있다.

탈리도마이드 부작용이 나타난 사례

출처: BBC

'탈리도마이드 스캔들'은 임상시험이 얼마나 중요한지를 보여주는 예다. 독일의 **그뤼넨탈**이 개발한 의약품인 탈리도마이드Thalidomide는 동물실험에서 아무런 부작용이 나타나지 않았고 임산부의 감기와 독감, 입덧을 치료하는 효과가 있다고 해서 1956년 7월 독일에서 의사의 처방전도 필요 없는 의약품으로 허가됐다.

그뤼넨탈은 동물실험 결과를 근거로 이 약을 '무독성' 제품이라 홍보했다. 하지만 이 약을 복용한 임산부에게서 팔다리가 없거나 짧은 기형아가 태어나는 부작용이 잇따라 나타났다. 연구 결과 이 약은 태반을 통과해 태아의 신생 혈관 형성을 막았다. 혈관이 생성되지 않으니 팔다리가 자랄 수 없었다. 탈리도마이드는 1962년 판매 금지 처분을 받았지만 전 세계 48개국에서 1만 2000명 이상의 기형아가 태어났다. 이후 각국의 규제 기관은 의약품에 대해 동물실험만으로 승인할 수 없도록 규정을 고쳤다. 이것이 현대 임상시험의 시작이다.

이렇게 전임상과 임상1상, 2상, 3상이 모두 끝나고 규제 기관으로부터 품목허가를 얻어낸 의약품은 본격적으로 생산 절차에 돌입한다. 합성의약품은 화학합성을 통해 생산하지만 바이오의약품은 세포 배양을 통해 계속 무한 분열·증식하는 세포주cell line 개발을 통해 만들어낸다. 세포주를 개발하기 위해 먼저 약으로 사용할 단백질의 유전정보를 담은 DNA 염기서열을 앞서 설명한 재조합 DNA 기술을 사용해 대장균 등의 미생물에 삽입한다. DNA 염기서열이 삽입된 세포는 마치 황금알을 낳는 거위처럼 바이오 물질을 세포 내에서 생산해 토해낸다. 무한 증식의 특징이 있어 계속해서 바이오의약품을 만들어낼 수 있다.

이렇게 만들어낸 세포주는 6주간 1L 미만의 시험관 단계에서 1만 L가 넘는 생물반응기bioreactor로 옮겨가며 배양한다. 세포가 분열하며 세포 개체 수는 점점 늘어난다. 늘어난 세포가 담긴 배양액에서 세포 찌꺼기를 걸러내고 단백질만 추출하는 정제 과정을 거치면 제품을 충전, 포장하는 완제실로 넘어간다.

생물반응기의 총 규모는 바이오의약품 공장의 전체 생산능력을 일컬을 때도 사용된다. 전 세계 최대 바이오의약품 생산 시설로 꼽히는 **삼성바이오로직스**의 3공장 규모가 18만L인데 여기에는 1만 5000L 용량의 생물반응기가 12개 있다. 삼성바이오로직스, **셀트리온** 등 국내 바이오 공장들은 미국 FDA의 의약품 제조 및 품질관리 기준cGMP을 통과했다. 미국에서 판매하는 바이오의약품을 생산하는 공장은 기계적 완공 이후 생산 돌입에 앞서 설계부터 시설, 부품, 문서, 인력 등 생산에 소요되는 모든 요소를 FDA 규정에 맞춰 자체 검증하고 글로벌 제조 승인 획득을 위한 시운전을 2년간 추가로 진행해야 한다.

의약품 네이밍의 비밀

화이자 '비아그라', **한미약품** '팔팔', **삼익제약** '발탁스', **삼진제약** '해피그라', **대웅제약** '누리그라', **종근당** '센글라'…….

모두 발기부전 치료제다. 이 약들의 성분은 실데나필Sildenafil로 모두 같다. 성분명이란 약을 구성하는 물질 중 주요한 약효를 이끌어 내는 핵심 물질의 이름이다. 약을 구성하는 물질로는 약효를 결정하는 주성분 외에도 약의 모양을 갖추도록 하는 부형제, 약을 오랫동안 사용할 수 있게 돕는 보존제 등이 있는데 여기서 주성분의 이름이 약물의 성분명이 된다. 성분명은 고유한 물질의 이름인 만큼 전 세계 어디를 가더라도 같다.

성분명은 정하는 규칙이 정해져 있다. 보통 회사 지정명, 작용 계열, 제조 방식, 약물 종류 순으로 붙인다. 회사 지정명은 신약을 개발한 회사가 성분명 제일 앞에 붙이는 이름이다. 그 뒤에 붙는 작용 계열은 신약이 어떤 질환을 치료하는지를 의미한다. 'vi(r)'은 감염성 질환, 'li(m)'은 면역계 질환, 'mu(l)'은 근골격계 질환, 'tu(m)'은 육종, 'neu(r)'은 신경계 질환, 'c(i)'은 순환계 질환인 식이다. 다음에 붙는 제조 방식은 항체의 기원을 뜻한다. 사람 세포는 'u', 쥐 세포는 'mo',

사람 세포의 비율이 70% 이상인 키메라(chimera·유전자 융합 교잡종)
면 'xi', 사람 세포의 비율이 90% 이상인 인간화 항체는 'zu'가 붙는다.

어미는 약물의 종류를 나타낸다. 항바이러스제는 'vir', 유도항생
제는 'cillin', 펩타이드는 'tide'인 식이다. 타미플루의 성분명인 오셀
타미비르Oseltamivir는 독감 바이러스를 없애는 항바이러스제라 vir가
성분명 마지막에 붙었다. **길리어드 사이언스**의 코로나19 치료제 렘
데시비르Remdesivir 역시 코로나19 바이러스를 공격하는 항바이러스제
임을 성분명을 통해 알 수 있다.

맙mab으로 끝나는 경우 바이오의약품인 단일클론항체임을 뜻한
다. 영문명 'Monoclonal antibody'에서 따왔다. 단일클론항체란 하
나의 세포에서 한 종류의 항체만을 대량으로 만든 것이다. 외부 물
질이 인체 내에 침입하면 우리 몸은 이에 대항해 여러 종류의 항체
를 만드는데 이 중 단 하나만을 정제하고 배양한 것이다. 따라서 효
능과 부작용을 예상할 수 있고 약으로 사용할 수 있다.

닙nib으로 끝나는 의약품은 신호 전달 물질 중 하나인 티로신 키나
아제 저해 물질을 뜻한다. **유한양행**의 레이저티닙Lazertinib이 한 예다.

셀트리온이 개발한 램시마의 성분명 인플릭시맙 역시 아래 제시한
그림과 같이 명명법을 통해 약물의 그 기원을 알아볼 수 있다.

인플릭시맙 성분명 구성

Infliximab

↓

Inf	+	li	+	xi	+	mab
회사 지정명		면역계		키메라		단일클론항체

램시마는 자가면역질환을 치료하는 단일클론항체 치료제인데 이 때문에 면역계 질환을 뜻하는 'li'와 단일클론항체를 뜻하는 'mab'이 붙었다. li와 mab 사이에 있는 xi는 램시마가 사람 세포의 비율이 70% 이상인 키메라 항체임을 뜻한다.

셀트리온이 개발한 항암제 바이오시밀러 허쥬마Herzuma의 성분명 트라스트주맙Trastuzumab 역시 같은 규칙이다. 종양을 뜻하는 'tu'와 단일클론항체를 의미하는 mab 사이에 인간화 항체를 뜻하는 'zu'가 붙었다.

네이밍 규칙이 정해져 있는 성분명과 달리 제품명은 약을 생산하는 제조사가 정하는 게 원칙이다. 오셀타미비르라는 성분명만으로는 이 약이 어떤 효과가 있는지 알기 어렵기 때문에 판매사인 **로슈**는 타미플루Tamiflu라는 이름을 붙였다. 독감이라는 뜻의 'flu'를 붙여 이 약이 독감 치료제임을 알렸다. 비아그라Viagra 역시 원기 왕성하다는 뜻의 'Vigorous'와 나이아가라 폭포의 'Niagara'를 합성해 만들었다는 이야기가 있다.

이처럼 제품명은 제조사가 정하기 때문에 같은 제품이라도 지역별로 다를 수도 있다. 성분명 인플릭시맙의 바이오시밀러 제품명은 한국과 유럽에서는 램시마, 미국에서는 인플렉트라Inflectra이다.

일부 제품명 끝에 '-주'와 '-정'이 붙는 경우도 있는데 이는 각각 주사제와 입으로 먹는 알약(경구제)을 표시한 것이다.

3

신약 개발부터 출시까지
전과정 훑어보기

신약 개발은 마라톤과 같다. 신약 후보물질 탐색부터 임상시험을 거쳐 품목허가를 받기까지 10년~15년 정도의 시간이 걸린다. 천문학적인 비용은 덤이다. 미국제약협회에 따르면 2006년 기준 신약 하나를 개발하기 위해 투입해야 하는 비용은 평균 13억 달러다. 신약 개발 비용은 1987년 3억 달러에서 2001년 8억 달러로 증가했고, 그 추세를 감안하면 2020년부터는 20억 달러 이상을 쏟아부어야 한다고 볼 수 있다. 이러한 임상시험을 포함해 신약 개발 과정은 5단계로 이뤄진다. 후보물질 탐색, 전임상시험, 임상시험, 품목허가 신청, 시판 후 안전성 조사 순이다.

후보물질 탐색

후보물질 탐색은 신약이 될 만한 물질을 찾는 과정이다. 치료할 질환이 어떤 기전으로 발생하는지 확인한다. 질병은 우리 몸속에서 여러 단계를 거쳐 발현되는데 이 중 한 고리를 끊어버리면 발병을 막을 수 있다. 약이 목표로 하는 고리를 타깃이라고 하는데 후보물질 탐색 단계에서는 이 타깃에 활성을 보이는 물질을 찾는다. 이 과정에서 5000개~1만 개에 달하는 후보물질을 검토하며 신약으로 개발할 만한 가치가 있는지 확인한다. 시간도 최소 2년에서 길면 4년까지 걸린다. 그나마 인간 게놈 프로젝트를 통해 정제된 단백질을 빠르게 복제하고 합성할 수 있게 되면서 시간이 많이 줄었다.

최근에는 AI(인공지능)를 활용해 후보물질 발굴부터 임상 데이터 확보, 신약 개발 타당성 검토까지 진행함으로써 첫 단계부터 속도를 내는 데 주력하고 있다. 특정 질환 치료에 효과가 있을 것으로 기대되는 '될성부른' 신약 후보물질을 AI가 학술논문이나 기존 임상 자료 등에서 짧은 시간 안에 재빠르게 찾아주는 것이다. 한국제약바이오협회는 "신약 하나를 개발하려면 최대 1만 개의 후보물질을 검색해야 하는데 AI 기술을 적용하면 단시간에 100만 건의 논문을 분석해 낼 수 있다"며 "AI로 잠재력 있는 후보물질을 좀 더 수월하게 추릴 수 있다면 신약 개발 기간과 비용을 크게 줄일 수 있다"고 밝혔다.

요즘에는 대학 내 연구소나 벤처기업에 이 단계를 위탁한 제약회사가 많다. 괜찮아 보이는 후보물질을 탐색 단계에서 사오는 것이다. 이러한 방식을 NRDO(No Research Development Only·연구 없이 임상 등 개발만 진행)라고 하는데 국내에서는 **브릿지바이오테라퓨틱스**가 NRDO 방식으로 신약 개발에 나선 것으로 유명하다.

전임상시험

전임상시험은 후보물질 탐색 과정에서 발견한 신약 후보물질을 인체에 투여하는 임상시험 이전에 효능과 부작용을 확인하는 과정이다. 약효 확인, 독성시험, 물질의 물리·화학적 특성 파악 등을 진행한다. 이 과정은 약 2년~3년이 걸리며 개발 비용의 10%가 여기에서 지출된다.

전임상은 쥐 같은 설치류나 원숭이 등을 대상으로 하기 때문에 '동물 임상' 혹은 '동물 효능 시험'으로 부르기도 한다. 예컨대 **셀트리온**의 코로나19 항체 치료제 렉키로나는 인체 임상에 앞서 페럿과 햄스터, 생쥐, 원숭이 등 다양한 동물을 대상으로 약효 및 독성 평가를 진행했다. 이 중 족제비과에 속한 페럿은 인간처럼 기침과 콧물, 호흡곤란 등의 증상이 나타나는 동물인데 페럿에 코로나19 치료제 후보물질을 투여하자 체내 바이러스 용량이 크게 감소했다. 동물에서 뚜렷한 효능이 입증되자 인간을 대상으로 임상1상~3상을 실시했다.

임상시험

전임상시험에서 어느 정도 검증을 마친 신약 후보물질은 인체에 투여하여 약효와 부작용을 살피는 임상시험 절차에 돌입한다. 임상시험은 시간과 돈을 잡아먹는 하마다. 임상1상에 1년 6개월, 임상2상에 2년~3년, 임상3상에 3년~4년 등 최소한 10년의 기다림이 필요하며 1조 원에 달하는 비용이 든다.

막대한 비용과 시간을 투입하더라도 성공을 장담할 수 없다. 미국 바이오협회가 2006년부터 2015년까지 1103개 회사의 7455개 임상 프로젝트 성공률을 조사한 결과에 따르면 임상1상의 성공 확률은

63.2%이고, 임상2상과 임상3상은 각각 30.7%, 58.1%다. 임상1상에 들어간 후보물질이 3상을 마치고 FDA 판매 허가까지 받을 확률은 고작 9.6%에 그친다. 임상에 진입한 물질 가운데 신약으로 제품화되는 것은 10개 중 1개에 불과한 셈이다. 수많은 신약 후보물질 중 임상시험을 수행할 수 있을 정도로 전임상시험에서 긍정적인 평가를 받은 물질만 대상으로 해도 이 정도다.

미국 터프츠대학교 연구팀에 따르면 신약 후보물질 1만 개 가운데 동물실험을 하는 전임상 단계까지 도달하는 것은 2.5%인 250개에 불과하고, 전임상 단계에 진입한 250개의 신약 후보물질 중 임상1상에 진입하는 것은 이보다 훨씬 더 적은 5개에 불과했다. 전체 1만 개 중 5개를 선별했지만 여기서 3상을 거쳐 최종 신약까지 성공률은 10%에 못 미친다.

품목허가 신청

임상3상까지 무사히 마친 신약 후보물질은 미국 FDA와 같은 규제 기관에 신약 허가 신청NDA, 바이오의약품 품목허가 신청BLA을 진행한다. 시장에 제품을 출시하기 위한 것이기 때문에 공식 명칭인 품목허가 대신에 판매 허가, 시판 허가로 불리기도 한다. 제약사가 10여 년간 진행했던 실험 정보를 규제 기관에 제출하면 규제 기관이 이를 검토해 실제로 신약으로 인정할지 말지 결정한다. 세세하게 살펴보는 만큼 1년 정도 걸린다.

품목허가 신청은 3번의 임상을 마치고 나서 학회나 논문에서 공식 발표한 결과물을 갖추고서 해야 하는 것이 원칙이지만 긴급한 상황에서는 임상2상만으로도 가능하다. 국내법에서는 조건부 품목허가

(긴급사용승인)를 규정하고 있는데 이는 희귀질환이나 암 등 생명을 위협하거나 한번 발생하면 쉽게 호전되지 않는 '중증의 비가역적 질환' 등에 쓰이는 의약품이 그 대상이다. 식약처는 임상2상 결과만으로 심사를 해서 시판을 허가할 수 있고, 이후 해당 업체는 판매와 별개로 임상3상을 실시해 관련 자료를 제출해야 한다. 코로나19 사태로 셀트리온과 일부 제약사들이 임상2상만으로 조건부 품목허가 신청에 나서는 것도 치료제가 없어 생명을 위협받는 긴급한 상황이기 때문이다.

시판 후 안전성 조사

시판 후 안전성 조사PMS는 시판 전 임상시험에서 파악할 수 없었던 희귀하거나 장기적인 이상 반응을 추적하는 조사다. 임상4상으로 표현하기도 하는 이 과정에서 이상 반응이 나타나 의약품 판매가 철회되는 경우도 잦다. 다중 경화증 치료제 나탈리주맙Natalizumab은 2004년 시판 이후 3개월 만에 진행성 백색뇌질증이라는 부작용이 나타나 회수 조치됐다. 반대로 또 다른 효능이 발견되기도 한다.

신약 개발 과정은 낙타가 바늘구멍을 통과하는 것보다 어렵다고 표현한다. 후보물질 탐색부터 FDA 품목허가 및 신약 출시까지 100% 국내 제약바이오 기업이 독자적으로 해낸 사례는 SK바이오팜의 뇌전증(간질) 신약 엑스코프리(Xcopri·성분명 세노바메이트)밖에 없다. 엑스코프리 역시 후보물질 발굴(2001년)부터 미국 시판(2020년)까지 19년이 걸렸다.

규제 당국 역시 신약 개발 과정이 얼마나 지난한 과정인지 안다.

이 때문에 특별한 치료제가 없는 희귀난치성질환의 경우 출시까지 기간을 줄여줄 수 있는 혜택을 마련했다. 식약처는 첨단재생바이오법(첨단재생의료 및 첨단바이오의약품 안전 및 지원에 관한 법률)을 통해 특별한 치료제가 없는 바이오의약품의 신속한 품목허가를 지원하고 있다.

대체 치료제가 없는 중대한 질환, 희귀질환관리법에 따른 희귀질환, 대유행 감염병의 예방과 치료를 목적으로 하는 첨단바이오의약품을 신속 처리 대상으로 지정한다. 이 경우 개발사 일정에 맞춰 허가 자료를 미리 제출받아 사전 심사하는 맞춤형 심사와 품목허가 처리 기한을 기존 115일에서 90일로 단축하는 우선 심사가 가능하다.

미국과 유럽의 신속 개발 프로그램

미국 FDA는 신속 개발 및 허가 프로그램을 운영하고 있다. 패스트트랙, 혁신 신약, 우선 심사, 가속 승인 제도로 세상에 없던 새로운 의약품을 만드는 기업을 지원한다.

1997년 도입된 '패스트트랙'은 중증 이상 질병의 치료제로 미충족 의료 수요unmet medical needs를 해결할 가능성을 가진 전임상시험 또는 임상시험 자료를 제출하는 경우 지정된다. 임상시험 계획IND 이후 개발 기업의 요청이 있을 경우 60일 이내 지정 여부를 결정한다. 패스트트랙으로 지정될 경우 개발 단계부터 FDA와 소통하며 신약 허가 신청이나 바이오의약품 품목허가 신청 제출 시 추가 절차 등을 생략하고 신약 승인 심사를 진행한다. 아울러 우선 심사 신청 자격도 생긴다.

패스트트랙 도입보다 앞선 1992년 '우선 심사 제도'가 도입됐다. 이 제도는 중증 이상의 질병에 대한 치료제 중에서 임상시험을 거쳐 안전성과 유효성이 입증됐을 때 신약 허가 신청이나 바이오의약품 품목허가 신청 과정에서 개발 기업이 요청할 시 신약 승인 심사에 걸리는 기간을 10개월에서 6개월로 단축해주는 제도다. 열대성 질환 치료제나 심각한 감염증을 치료하는 의약품에 대해 FDA가 우선 심사 바우처를 제공하고 제약사는 이를 추후 의약품 허가 신청 시 사용할 수 있게 만들었다.

또 '가속 승인 제도'가 있다. 이는 중증 이상의 질병을 치료하는 약물의 임상시험에서 기존 치료법보다 높은 수준으로 임상 지표를 개선했을 경우 입증된 임상2상 결과 또는 임상3상 중간 결과만으로 조건부 승인이 가능하다. 가속 승인 제도는 허가 이후 추가 임상시험 결과를 제출할 의무를 규정한다. 하지만 기업들이 가속 승인을 받은 뒤 확증 시험을 이행하지 못해 품목허가가 취소된 사례가 많다. 가속 승인 제도에 대한 의견이 분분한 이유다. 항암제의 허가가 신속하게 이뤄져 많은 이의 생명을 구했다는 평이 있는 반면 패스트트랙보다 낮은 수준을 근거로 신약을 허가했으면서도 사후 검증이 부족하다는 지적도 나온다.

'혁신 신약 제도'는 중증질환 또는 생명을 위협하는 질환의 치료제 가운데 중요한 임상시험 결과에서 기존 치료제 대비 상당한 개선이 있는 약을 신약으로 지정하는 제도다. 이 경우 반드시 신약이어야 하는 것은 아니며 혁신 신약으로 인정을 받으면 개발사는 FDA의 자문을 통해 임상시험 설계 등에서 도움을 받을 수 있다. 이 제도는 우선 심사 자격을 부여하지만 허가 심사를 받을 때는 기존의 허가 심사 기준으로 받아야 한다. 이 때문에 패스트트랙과 별 차이가 없다는 비판도 나온다.

유럽의 EMA에서도 조건부 허가, 예외적 허가, 신속 평가, 우선 의약품 제도 등을 통해 혁신 신약의 빠른 허가를 지원한다.

'조건부 허가 제도'는 국내 식약처나 미국 FDA에서 진행하는 방식과 유사하다. 미충족 의료 수요를 필요로 하는 일부 의약품에 대해 조기 허가하는 제도다. EMA의 조건부 허가는 1년간 유효하며 기간 만료 6개월 전에 중간 보고서와 함께 갱신 신청을 하고 EMA 내 허가를 주관하는 약물 사용 자문위원회CHMP로부터 유지 승인을 받아야 한다. 제약사가 허가 이후 임상시험을 추가로 완료하면 조건부 허가는 종료되고 정규 허가로 전환된다.

'예외적 허가 제도'는 희귀질환 등의 이유로 임상시험이 어려운 약을 대상으로 한다. 조건부 허가와 달리 시판 이후 추가 임상시험의 의무가 없다. 시판 이후에도 임상시험 수행이 어렵다는 점이 인정되는 제품이 예외적 허가를 받을 수 있다.

'신속 평가 제도' 역시 FDA에서 시행하는 제도와 유사한데 중요한 의미가 있는 의료 제품의 시판을 단축할 수 있다. 신속 평가 대상으로 인정될 경우 허가 심사 기간은 210일에서 150일로 앞당겨진다.

2016년 도입된 '우선 의약품 제도'는 영문(Priority Medicine) 앞 문자를 따와 프라임PRIME으로도 부르는데 공중보건 및 치료 혁신 관점에서 필요성이 인정되면 초기 임상 개발 단계에 획득할 수 있다. 우선 의약품 허가 대상 의약품으로 선정되면 EMA의 담당자가 지정되고 허가를 위한 자문을 제공한다. 이때 개발 진행에 대한 모니터링도 이뤄지는데 우선 의약품 지정을 받은 이후 1년간 자문 요청이 없는 경우 EMA는 개발사에 개발 과정을 보고하라고 요구할 수 있다. 별도의 경로로 허가를 받을 수 있는 것은 아니지만 규제 당국이 가속 평가에 적합하도록 돕는다.

4

기술수출과
오픈 이노베이션

국내 제약바이오 기업이 개발 중이던 신약 후보물질을 국내외 제약사에 개발 및 판매권을 넘기는 것을 업계에서는 기술수출(기술이전) 혹은 라이센스 아웃License out이라고 표현한다. 반대로 특정 지역이나 국가의 외부 업체로부터 신약 후보물질을 도입하는 것을 기술도입 혹은 라이센스 인License in이라고 하는데 이 라이센스 인을 거쳐 신약 개발에 착수하게 된다. 기술도입을 업계에서는 오픈 이노베이션Open Innovation이라고 부르기도 한다. 한국어로 '개방형 혁신'으로 불리는데 열린 마음으로 외부에서 혁신적인 기술이나 후보물질을 들여온다는 의미다. 따라서 제약바이오업계에서 자주 쓰이는 기술수출, 오픈 이노베이션은 주체가 누구냐에 따라 동일한 사안을 달리 표현하는 말인 셈이다.

물론 오픈 이노베이션은 기술도입과 같은 라이센스 거래가 가장 보편적이고 대표적이지만 M&A(인수합병)도 있을 수 있다. 특정 분야에 전문성을 갖춘 유력한 업체를 매입해서 좀 더 쉽게 새로운 치료제 개발에 뛰어드는 것이다. 국내 제약사보다는 자금력이 풍부한 미국과 유럽 기업들 간에 주로 이뤄지는 현상이다. 국내에서는 2019년 2월 SCM생명과학과 제넥신이 미국 바이오텍 코이뮨을 공동 인수해 미국 법인으로 만든 뒤 1년 만에 코이뮨이 이탈리아 신약 개발사인 포뮬라 파마슈티컬스를 재차 인수한 것이 대표적인 사례다. 하지만 국내 업체들의 해외 M&A 시도는 자금 여력 등의 이유로 인해 사실 매우 드문 일이다.

따라서 국내 업체가 오픈 이노베이션을 한다고 할 때는 대부분 기술도입과 기술수출 등 '라이센스 인·아웃'을 의미한다고 보면 된다. 물론 국내 기업들도 해외와의 기술력 격차를 줄이려면 작은 M&A부터 활성화할 필요가 있다. 이와 관련해 성영철 제넥신 회장은 "해외 기업을 인수하면 그들의 경험과 인프라를 사는 것이라 현지 시장에 빨리 진출할 수 있다"며 "비용과 시간 절감 측면에서 자회사 설립보다 더 낫다"고 말했다.

기술수출을 위해서는 원칙적으로 나라별로 신약 임상시험을 해야 하는데 이 경우 큰 비용이 발생한다. 이러한 이유로 해당 지역에 특화된 업체와 기술수출 계약을 맺는 것이다. 국내 제약바이오 기업과 기술도입 계약을 맺은 다국적 제약사는 유럽이나 미국 등 해외에서 자체적으로 임상을 한 뒤 완료되면 현지의 판권까지 대개 갖게 된다. 기술수출한 국내 업체는 후보물질을 넘기는 데 따른 초기 계약금과 개발 단계별 기술료인 마일스톤, 현지 매출액의 일정 비율을 받는 러닝 로열티의 수익을 챙기게 된다.

대다수 기술수출은 글로벌 제약사와 국내 업체 간의 상호 필요에 의해 임상 초기 단계에서 이뤄지는 경우가 많다. 국내 업체로선 임상 단계에 따라 많게는 1조 원까지 드는 비용 부담과 개발 후 해외 마케팅까지 감안한다면 일찌감치 글로벌 제약사와 손잡는 것이 나을 수 있다. 스스로 찾아낸 물질로 신약을 완성해 세계 시장에 판매하면서 대박을 터뜨린다면 가장 이상적일 수 있지만 현실적으로 임상 비용 부담과 마케팅, 신약 판매 전망 등을 담보할 수 없기 때문에 국내 일반 제약사나 바이오벤처 모두 전임상~임상1상 단계에서 기술수출을 할 수 있는 기회를 찾기 위해 힘쓴다. 임상2상만 들어가도 비용 부담이 크고, 그때까지 글로벌 제약사의 러브콜을 받지 못했다는 것은 신약으로서의 매력도가 떨어진다는 사실을 드러내는 증표가 될 수 있다.

해외에서도 2012년~2016년 체결된 글로벌 기술수출 거래를 임상 단계별로 살펴보면 동물실험으로 진행하는 전임상 단계가 전체 건수의 40%에 달했다. 바이오업계 관계자는 "글로벌 제약사들이 대박 가능성이 높은 후보물질에 대해서는 임상을 갓 시작한 시점부터 잠재성을 알아보고 기술을 사들인다"며 "임상2상~3상까지 가는 동안 이들과 기술수출 논의가 없다는 것은 그만큼 해외에서 새로운 치료제로서의 잠재력을 낮게 본다는 얘기"라고 말했다.

이 때문에 국내 업체들도 발굴한 후보물질을 최종 의약품 개발까지 스스로 마무리하지 않고 중간에 해외에 넘기겠다는 입장을 곧잘 밝힌다. 제약바이오업계에서는 일반적으로 기술수출을 부끄러운 일이 아니라 자랑스러운 일로 여긴다. 코스닥에 상장된 한 바이오 회

한국의 제약바이오 기술수출 규모 (단위: 원)

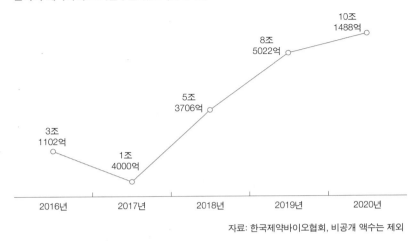

자료: 한국제약바이오협회, 비공개 액수는 제외

사 대표는 "임상3상까지 했더라도 결국엔 제품화를 해서 판로를 개
척하려면 글로벌 제약사와의 협력이 중요하다"며 "임상1상을 한 뒤
기술수출 계약을 맺지 못한다면 우리 약에 대한 빅파마(Big Pharma·
대형 제약사)들의 관심이 떨어진다고 보고 추후 개발을 중단할 것"이
라고 강조했다. 뇌질환 신약을 개발하는 업체 대표는 "기술수출 없
이 나홀로 10년 넘게 임상을 끌고 가는 것은 좋게 말하면 자기 기술
에 대한 막연한 자신감 때문이다. 하지만 임상 기간이 길어질수록
비용은 늘고, 경쟁사의 개발 속도가 더 빠르다면 애초 기대했던 성
과는 내기가 힘들어진다"고 지적했다.

유한양행이 글로벌 제약사인 **얀센**과 2018년 한 해 최고 액수(1조
4000억 원)로 기술수출한 3세대 비소세포폐암 치료제 레이저티닙
Lazertinib은 임상2상 중인 단계에서 결실을 맺었다. **한미약품**이 2015년
프랑스 **사노피**에 역대 최대였던 4조 원대 기술수출한 당뇨병 치료제

에페글레나타이드Efpeglenatide 역시 임상2상 진행 중에 이뤄졌다. 인체가 아닌 동물 대상의 전임상 단계에서 성사된 경우도 있다. **JW중외제약**은 2018년 8월 덴마크 제약회사 **레오파마**에 총 4억 200만 달러 규모로 아토피 피부염 치료제 'JW1601'을 기술수출했다. 이는 JW중외제약이 개발한 혁신 신약 후보물질로 가려움증과 염증을 동시에 억제하는 먹는 형태의 신개념 아토피 치료제다. 후시딘 등 피부질환 치료제가 전문인 레오파마로서는 연고나 주사제로만 되어 있는 아토피 치료제를 먹는 경구용으로 바꾼 신기술을 높이 평가해 전임상 단계에서 선매입한 것이다.

물론 스스로 임상시험을 완료하고 나서 뒤늦게 기술수출을 이룬 경우도 있다. **SK바이오팜**의 뇌전증 치료제 엑스코프리가 대표적이다. 엑스코프리는 SK바이오팜이 신약 후보물질 발굴부터 FDA 임상 1상~3상, 판매 허가까지 독자적으로 진행해 완성한 제품이다. 일반적으로 해외에서 의약품을 판매하려면 임상시험 및 규제 기관의 허가 등 많은 절차가 남아 있어 언제 판매가 개시될지 장담하기 어렵지만 엑스코프리는 이러한 부담을 없앴다. 2019년 2월 SK바이오팜이 스위스 제약사인 **아벨 테라퓨틱스**와 유럽 내 개발 및 판권을 수출하는 계약을 체결하면서 총 5억 3000만 달러 가운데 반환할 필요가 없는 선계약금으로 1억 달러를 받은 것도 이 때문이다. 기술수출 시 선계약금이 전체 액수의 3%~10%인 점을 감안하면 SK바이오팜의 선계약금 수준은 보통보다 2배나 높은 것이다. 미국에서 임상3상을 마치고 2018년 11월 FDA에 판매 허가까지 신청한 상태였기 때문에 유럽에서 추후 별도 임상을 하더라도 실패 가능성이 낮은 만큼 뒤늦게 기술수출을 하고도 높은 금액을 받게 된 것이다.

글로벌 제약사들도 외부에서 신약 후보물질을 찾는 방식이 처음부터 모든 것을 자체 개발하는 것보다 효과적일 수 있기 때문에 타사와의 협업을 선호한다. 아무리 큰 제약사라고 해도 수백 가지 신약 후보물질을 스스로 찾아내 모든 개발 공정을 진행할 수는 없기 때문에 특정 질환에 강점을 가진 바이오벤처로부터 신물질을 도입해 일사천리로 개발에 들어가는 것이 유리하다. 이처럼 외부로부터 혁신적인 기술을 도입해 자체 파이프라인(신약 후보물질)을 확대해가는 것이 오픈 이노베이션이다. 다국적 제약사들은 블록버스터급 치료제가 되겠다 싶으면 바이오벤처가 발굴한 임상 초기 단계의 물질을 사들인 뒤 자신들이 개발을 끝내고 큰 판권 수익을 노린다.

2019년 7월 독일의 유명 제약업체인 **베링거인겔하임**이 국내 바이오텍인 **브릿지바이오테라퓨틱스**로부터 특발성 폐섬유증IPF 신약 후보물질 'BBT-877'를 총 11억 유로에 기술도입하는 계약을 체결한 것이 대표적이다. 베링거인겔하임이 당시만 해도 국내 증시에 상장도 안 된 작은 업체를 선택한 배경은 베링거인겔하임의 사업 연속성 및 확장을 위한 조치였다. 베링거인겔하임은 폐 기능의 감소를 지연시켜 질환 진행을 늦추는 항섬유화 치료제 오페브Ofev를 개발해 미국과 유럽, 일본 등 세계 70여 개국에서 출시하고 있다. 하지만 오페브는 2024년 기술특허가 만료되어 다른 제약사들로부터 수많은 제네릭(합성의약품 복제약)의 출시가 예견되는 상황이었다. 이에 베링거인겔하임은 브릿지바이오테라퓨틱스가 임상 중인 BBT-877을 오페브의 뒤를 잇는 차세대 신약으로 개발하겠다는 의지를 갖고 오픈 이노베이션을 실행에 옮긴 것이다. 당시 베링거인겔하임 측은 "브릿지바이오테라퓨틱스와 협업으로 우리의 관심인 섬유화 간질성 폐질환

영역의 포트폴리오를 보완함과 동시에 해당 질환을 앓고 있는 환자들에게 차세대 치료 옵션을 제공하게 될 것"이라고 밝혔다. 물론 1년여 뒤 기술도입한 후보물질의 잠재적 독성 우려로 인해 베링거인겔하임이 권리 반환을 결정하면서 브릿지바이오테라퓨틱스의 기술수출은 무산됐다. 하지만 이 기술수출 사례는 글로벌 제약사들이 미충족 수요를 해소하기 위한 방편으로 작은 바이오벤처들로부터 오픈 이노베이션에 적극적이라는 점을 보여준다.

신종플루를 비롯한 독감 치료제로 유명한 타미플루(성분명 오셀타미비르) 역시 오픈 이노베이션의 산물이다. **길리어드 사이언스**는 타미플루의 임상1상이 끝난 1996년 계약금 5억 달러와 추후 발생할 매출액의 22%를 받는 조건으로 **로슈**에 판권을 넘겼다. 타미플루의 수요가 2009년 신종플루 대유행을 계기로 높아지자 길리어드 사이언스는 로슈로부터 매년 1조~4조 원을 수령했다. 당시 조그마한 바이오벤처였던 길리어드 사이언스는 이 자금을 바탕으로 블록버스터가 될 만한 다양한 신약의 연구개발을 이어갔고 수차례에 걸친 성공을 통해 마침내 세계 10대 제약사로 올라섰다.

이 밖에 드문 경우이긴 하지만 글로벌 업체가 특정 치료제 분야에서 독점력을 유지하기 위해 일부러 기술도입을 시도하는 경우도 있다. 어떤 바이오벤처가 보유한 유력한 후보물질이 개발되어서 글로벌 회사가 판매 중인 치료제에 도전하는 일이 발생하지 않도록 사전에 그것을 매입해버리는 것이다. 글로벌 회사는 사들인 후보물질을 끝까지 개발해 신약을 만들어내서 수익을 창출할 수도 있지만 매입만 하고 중간에 개발을 중단함으로써 자신들이 기존에 보유하고 있는 치료제의 판매가 계속되도록 할 수 있다.

기술수출에 마냥 환호할 수 없는 이유

과거에는 국내 제약바이오 업체가 해외에 기술수출의 성과를 내면 다음 날 주가가 급등하는 것이 하나의 공식처럼 여겨졌다. 하지만 최근 기술수출 계약을 체결했다가 해외 제약사가 임상 개발 진행을 중단한 뒤 반환해버리는 사례가 속출하면서 기술수출과 주가 급등 간의 연결 고리는 점차 약화되고 있다. 국내 업체가 글로벌 제약사에 신약 후보물질을 기술수출하는 것은 대단한 일이지만 이를 사들인 해외 업체로서는 이전받은 여러 물질 가운데 하나에 불과할 수 있다.

업계 전문가는 "유수한 글로벌 제약사는 특정 질환 치료제를 개발하기 위해 전 세계 바이오텍으로부터 다수의 물질을 사들여 비교 검증을 해본 뒤 이 중 가장 뛰어난 1개~2개만 개발하고 나머지는 보류한 뒤 원개발사에 되돌려준다"고 밝혔다. 국내에서는 해외 유명 제약사가 사들여 개발해준다고 하니 신약이 될 가능성이 높을 것으로 기대하지만 기술수출 후 새로운 치료제로 나오기는 매우 힘든 실정이다. ≪매일경제신문≫의 분석에 따르면 2014년~2020년에 국내 제약바이오업계의 총 기술수출 금액은 36조 5895억 원에 이른다. 하지만 중도에 개발이 중단되어 반환된 건의 총 계약액이 전체 기술수출액의 27.4%에 달하는 11조 5485억 원이나 되는 것으로 나타났다.

　이러한 현상을 반영이라도 하듯 기술수출의 성과로 가장 먼저 받게 되는 선계약금의 규모는 급격히 줄었다. 과거에는 신약 완성 후 판매 로열티 등까지 감안해 총 기술수출 계약 액수의 5%~10%가 선계약금으로 지급됐다. 하지만 2019년부터는 선계약금이 1%에 미치지 못하는 경우가 허다해졌다. 글로벌 제약사 입장에서는 매입한 신약 후보물질을 끝까지 개발할 가능성이 높지 않기 때문에 반환 의무가 없는 선계약금을 되도록 낮게 책정하는 것이다. **레고켐바이오사이언스**는 2020년 4월~5월 영국 **익수다테라퓨틱스**에 차세대 항체·약물복합ADC 플랫폼 기술(신약 개발 과정에서 다양한 후보물질을 만들어낼 수 있는 기반 기술)을 두 번에 걸쳐 총 계약 규모 7720억 원에 이전했다. 하지만 선계약금은 총 계약금의 0.7%인 61억 원에 그쳤다.

　독일 **베링거인겔하임**이 2019년 7월 **브릿지바이오테라퓨틱스**에서 도입한 폐섬유증 신약 'BBT-877'의 개발에 성공했다면 브릿지바이오테라퓨틱스가 받게 될 총금액은 1조 4600억 원에 달했다. 하지만 1년여 뒤 개발 중단으로 브릿지바이오테라퓨틱스는 선계약금 등으로 약 600억 원만을 챙기는 데 그쳤다. 한미약품의 경우 2020년 9월 프랑스 **사노피**로부터 당뇨병 치료물질인 에페글레나타이드가 반환되면서 2015년부터 성사된 대규모 기술수출 가운데 5건이 중도 실패로 끝났다. **유한양행**의 폐암 치료제 레이저티닙은 2016년 7월 중국 **뤄신 바이오테크놀로지**에 1352억 원 규모로 기술수출된 뒤 그해 12월 해지됐다.

　업계에서는 초기 임상과 검증을 끝낸 뒤 기술수출을 했더라도 실

제 신약 개발로 이어지는 확률은 10%~20% 수준으로 보고 있다. 해
외에 기술이전된 신약 후보물질 가운데 80%~90%는 임상 중단 등으
로 중간에 반환될 수밖에 없다는 얘기다.

하지만 일각에서는 최근 국내 업체들의 기술수출 건이 중간에 반
환되는 사례가 다수 발생하면서 투자자들이 기술수출의 진면목을
알게 된 점은 새로운 교훈이 됐다고 지적한다. 기술수출이 더 이상
묻지마식 주가 급등의 호재로 작용하지 않음을 깨우쳤다는 점에서
그나마 다행이라는 것이다.

5

인공지능으로
신약도 개발하는 시대

2016년 3월 구글의 인공지능 바둑프로그램인 알파고AlphaGo는 여러 국제 기전에서 18차례나 우승했던 이세돌 9단과의 대국에서 승리를 거뒀다. 바둑은 체스 등 다른 종목과 달리 컴퓨터가 인간을 이기기 어려울 것으로 여겨졌다. 이미 있는 말을 옮기는 체스와 달리 새로운 돌을 아무 곳에나 둘 수 있는 바둑은 경우의 수가 너무 많았기 때문이다. 하지만 알파고는 수만 건에 달하는 기보를 분석해 대략적인 룰을 학습한 뒤 자가 대국을 통해 승리 확률을 높이는 방법으로 인간을 이겼다.

바둑과 신약 개발은 비슷한 점이 많다. 바둑돌을 한 수 두 수 놓으며 유리한 구도를 만들어가는 방식과 질병 부위에 딱 들어맞는 치료 물질을 수많은 후보물질 중에서 찾아내는 과정이 매우 흡사하다. 제약사들은 신약 개발을 위해 더 많은 R&D(연구개발) 비용을 투자하고 있지만 실제로 품목허가를 받는 약의 수는 줄어들고 있다. 바이오의약품은 구조가 복잡해 신약 후보물질을 찾기 힘들고 비교적 간단하게 원자의 구조를 조합해 만드는 합성의약품의 경우 '이미 나올 만한 약은 다 나왔다'는 평마저 나온다. 글로벌 제약사는 떡잎이 괜찮아 보이는 바이오벤처를 사버리는 오픈 이노베이션 열풍에 빠졌고, 연구 없이 임상 등 개발만 진행하는 NRDO 역시 이 같은 현실에서 발생한 모델이다.

알파고가 이세돌을 이긴 배경에는 딥러닝deep learning이 있다. 딥러닝은 컴퓨터가 사람처럼 생각하고 학습할 수 있도록 한 기술로 2차원·3차원 이미지를 컴퓨터가 처리 가능한 형태인 벡터나 그래프 등으로 표현하고 학습하는 모델을 구축하는 방식을 뜻한다. 2019년 9월 과학학술지 ≪네이처≫에는 딥러닝을 통한 신약 후보물질의 개발 과정을 담은 논문이 실렸다. AI를 활용한 신약 개발 스타트업인 **인실리코 메디슨**의 연구자들이 주도한 이 연구는 'DDR1'이라는 신경증을 유발하는 효소를 저해해 신경증을 치료할 수 있는 신약 후보물질을 딥러닝으로 찾아냈다는 내용이다. 이들은 'GENTRL'이라 이름 붙인 모델을 구축하고 이를 통해 21일 만에 3만 개의 신약 후보물질을 찾아냈다. 이후 상업화가 어려울 것으로 추측되는 구조를 제외한 뒤 40개의 신약 후보물질을 합성하기 시작했다. 35일 뒤 연구자들은 최종적으로 6개를 합성했다. 시험관 실험을 통해 만들어낸 후보물질 6개 중 2개는 효과가 좋았고, 2개는 중간 수준이었고, 나머지 2개는 효과가 없었다. 물론 동물실험조차 거치지 않았지만 신약 개발의 패러다임이 바뀔 수도 있음을 보여준 사례다. 인실리코 메디슨이 개발한 GENTRL 시스템을 활용하면 후보물질 발굴에 수년이 소요되는 기존 방법보다 15배 이상 빠르다. 기존 신약 개발 프로세스에서는 2년 이상의 시간과 수백만 달러가 들지만 GENTRL은 35일, 15만 달러면 충분하다.

인공지능을 활용한 신약 개발에 도전한 AI 회사 수는 점점 더 늘어나고 있다. 벤치SCI의 조사 자료에 따르면 AI를 신약 개발에 활용하는 스타트업은 2018년 6월 65개에서 2019년 9월 150개로 증가했다. 인실리코 메디슨과 함께 인공지능을 활용한 신약 개발에 가장 앞섰다고 평가받는 곳은 미국 실리콘밸리의 **아톰와이즈**다. 2012년에 설립된 이 회사는 알파고에도 사용된 CNN(합성 곱신경망)을 이용해 신약 후보물질을 찾는다. CNN은 쉽게 설명하자면 2차원의 그림을 인공지능이 인식할 수 있는 데이터로 변환하는 과정이다. 이를 활용하면 실생활에서 옷, 사람, 동물 등을 높은 확률로 인식할 수 있다. 아톰와이즈는 이미 결합하는 것으로 알려진 단백질과 합성의약품의 구조를 CNN을 통해 AI에 학습시켰다.

합성의약품의 성패는 목표로 한 단백질에 얼마나 잘 붙는지 여부에 달려 있다. 여기서 단백질은 신체 기능을 유지하는 효소일 수도 있고, 어떠한 물질을 받아들이는 수용체일 수도 있다. 합성의약품은 이들 단백질과 결합해 단백질의 기능을 조절하고 이를 통해 병을 낫게 한다. 과거에는 결합력을 알아내기 위해 두 물질 사이의 결합력을 복잡한 수식으로 계산해야 했다. 하나하나 계산해야 했던 만큼 시간이 오래 걸릴 수밖에 없었다.

CNN을 활용한 방식은 이 같은 틀을 깼다. 기존에 계산하는 과정에서 필요했던 화학적·전기적 특성 등은 전혀 학습하지 않은 채 AI

는 입력된 사례들을 바탕으로 어떤 특성을 가진 물질이 원하는 단백질과 결합하는지만 스스로 깨닫는다.

알파고 역시 비슷한 방식으로 바둑을 배웠다. 알파고는 이세돌과의 대국에 앞서 기존에 나온 기보들을 학습했다고 하는데 이 과정에서 바둑의 규칙, 프로 기사들이 바둑을 두는 방법 등은 전혀 중요하지 않았다. 바둑 기보 자체를 이미지로 바꿔 스스로 분석하며 특정 이미지에서 흰 돌과 검은 돌의 승률을 계산했을 뿐이다.

아톰와이즈의 실험 결과는 놀라웠다. 복잡한 수식으로 계산한 결합력보다 딥러닝을 활용한 방식의 정확도가 훨씬 높았다. 이를 발표한 이후 아톰와이즈는 글로벌 제약사들과 협력하기 시작했다. 오랫동안 신약 개발을 진행했던 이 제약사들에 학습할 데이터가 가장 많기 때문이다.

AI를 통해 도출한 신약 후보물질로 임상시험에 진입한 회사도 있다. 2020년 2월 **엑센시아**는 일본 제약사 **다이닛폰스미토모제약**과 함께 찾아낸 강박장애 치료 후보물질의 임상1상에 진입했다. 비록 기존에 출시한 신약과 기전이 비슷하다는 단점이 있지만 3년 정도 걸리던 전임상시험 기간을 1년 이내로 단축했다는 점에서 의미 있는 성과였다.

국내에서도 AI로 신약 후보물질을 찾아주는 스타트업이 족족 생기고 있다. SK로부터 100억 원의 투자를 받은 **스탠다임**은 약물이 특정 세포나 유전자에 어떻게 반응하는지에 대한 정보를 학습한 '스탠다임 인사이트'와 220만 건에 이르는 물질의 구조와 기능을 딥러닝으로 학습한 '스탠다임 베스트' 등의 플랫폼을 보유하고 있다.

신테카바이오는 2020년 6월 1000대에 가까운 컴퓨터를 연결한 AI

로 2700개의 사스(SARS·중증 급성 호흡기 증후군), 메르스(MERS·중동 호흡기 증후군) 치료제를 분석해 30종의 의약품을 찾아냈다. 이 중 렘데시비르와 유사한 수준의 코로나19 치료 효과가 있을 것으로 예상되는 1종을 발굴해 특허를 출원했다.

제약사들도 신약 개발에 AI를 접목하고 있다. **유한양행**은 신테카바이오에 50억 원의 지분을 투자해 신약 후보물질을 탐색하고 환자의 유전체 분석으로 몸속 변화를 알아낼 수 있는 지표인 바이오마커 biomarker를 발굴할 수 있도록 협업 체계를 구축했다. **한미약품**은 스탠다임과 공동연구 계약을 체결하고 항암제를 개발하고 있다. **대웅제약** 역시 미국 **A2A파마**와 잡고 항암 신약 개발을 공동으로 연구하고 있다. A2A파마가 전용 플랫폼인 'SCULPT'를 활용해 신규 화합물을 설계하면 대웅제약은 이를 기반으로 물질 합성과 평가를 수행해 항암 신약 후보물질을 도출한다.

바이오벤처인 **브릿지바이오테라퓨틱스**도 아톰와이즈와 협업해 후보물질을 발굴하기로 했다. 브릿지바이오테라퓨틱스는 협약을 통해 최대 13개의 새로운 합성의약품 후보물질을 도출할 예정이다. 한국제약바이오협회는 인공지능 신약개발지원센터를 열고 국내 제약사의 AI 신약 개발을 위한 인프라 구축에 나섰다.

한편 현재 인공지능과 협업이 가장 활발한 바이오헬스 분야는 의료 영상 분석이다. 진료 과정에서 축적된 이미지, 영상, 텍스트 등의 임상 데이터를 AI가 학습하도록 해 질병 진단에 도움을 주는 방식이다. 의사들이 직접 눈으로 확인하는 것에 비해 진단 시간이 짧고, 더 많은 데이터를 활용해 판단이 가능한 만큼 정확도가 높다. 영상의학과 전문의 부족과 판독 일관성 확보의 어려움을 동시에 해결할 수 있다. 이 때문에 식약처의 관심도 높다.

우리나라 식약처는 2020년 국제의료기기규제협의체에서 AI 분야 초대 의장국을 맡았다. 2018년 세계 최초로 AI 활용 의료기기의 품목허가를 이끌어낸 데 이은 성과다. 미국과 일본에서도 AI를 활용한 의료기기의 품목허가 규정이 아직 없는 만큼 식약처의 의장국 선임으로 이들 국가가 관련 규정을 신설할 때 식약처의 규정을 참조할 가능성이 높아졌다. 국내에 출시한 국산 의료기기의 약진이 점쳐지는 이유다.

이 같은 환경에 힘입어 국내에서 인공지능을 활용한 의료 영상 분석 기기 시장에 뛰어드는 업체들이 급증하고 있다. 2018년 세계 최초로 AI를 활용한 골 연령 진단 보조 제품 '뷰노 메드 본 에이지'의 품목허가를 이끌어 낸 **뷰노**가 대표적이다. 또한 이 업체가 만든 '뷰노 메드 펀더스'는 안구의 뒷부분인 안저를 카메라로 촬영, AI가 혈관을 분석해 녹내장 등 12가지 질환을 진단하는데 식약처의 국내 1호 혁신 의료기기로도 지정됐다.

루닛 역시 국내 AI 의료기기 시장을 이끄는 기업 중 하나다. 대표 제품 루닛 인사이트는 흉부 X레이를 분석하는 '루닛 인사이트 CXR'과 유방암 등이 의심되는 이상 부위를 분석하는 유방 촬영술 '루닛 인사이트 MMG'가 있다. 루닛은 2016년 의료영상처리학회가 개최한 유방암 환자 영상에서 종양 확산 정도를 분석하는 이미지 인식 경연대회에서 1등을 차지했다.

코로나19를 진단하는 AI 의료기기도 늘어나고 있다. **메디컬아이피**는 흉부 컴퓨터 단층 촬영CT 영상에서 코로나19로 인한 폐렴 병변을 1분 내 찾는 의료기기 '메딥 코비드19'를 개발해 전 세계에 무료

배포했다. 뷰노와 루닛 등도 유사한 기기를 개발했다.

　AI 의료기기 개발에 있어 우리나라의 강점은 우수한 정보통신기술과 풍부한 의료 데이터다. 서울 내 주요 병원에 희귀질환을 포함한 다양한 병증의 환자가 몰리는 만큼 이들 병원과 협업해 빅데이터를 분석할 경우 전 세계에서 통용될 수 있을 만한 제품을 만들 수 있다. 식약처에 따르면 2018년 첫 제품 허가 이후 2021년 1월 둘째 주까지 국내에서 허가받은 AI 의료기기는 64개 제품에 달한다. 2018년 4개에서 2019년 10개, 2020년 50개로 급증하고 있다.

정교한 수술은 로봇한테 맡기세요

수술이라고 하면 양손을 든 의사가 장갑을 끼고 메스를 잡는 장면을 떠올리기 쉽다. 하지만 이러한 고정관념이 바뀔 날도 얼마 남지 않았다. 로봇 기술이 발달하면서 복잡하고 정교한 수술에서도 로봇의 활용도가 높아지고 있다. ≪미국의사협회 저널≫에 따르면 2018년 로봇을 활용한 수술은 모든 수술의 15.1%를 차지해 2012년 1.8%에서 10배 가까이 올랐다.

수술 로봇은 카메라와 로봇 팔로 수술을 진행한다. 의료진은 카메라가 촬영한 영상을 보며 로봇을 제어한다. 사람의 손은 의사마다 실력이 다른 데 반해 로봇은 손떨림이 없고 최소 절개로도 수술을 진행할 수 있어 위험을 낮출 수 있다. 수술 로봇은 10마이크로미터(㎛·백만분의 1미터) 이하로 미세하게 움직일 수 있는데 이는 숙련된 의사의 정밀도인 100마이크로미터보다 10배 이상 뛰어나다.

전 세계에 수술 로봇 시장을 연 주인공은 미국의 **인튜이티브 서지컬**이 개발한 복강경 수술 로봇 '다빈치'다. 2000년 FDA 승인을 받은 이 로봇은 한 대 가격이 30억 원인데도 전 세계에 5000대 이상 팔렸다. 게다가 소모성 제품의 판매로 얻는 수익도 쏠쏠하다. 로봇 팔 말

인튜이티브 서지컬의 수술 로봇 '다빈치'

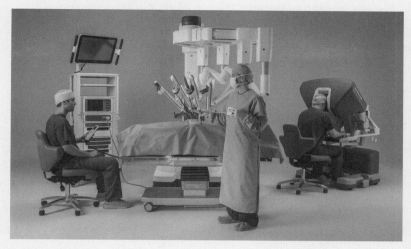

단 장비인 엔드 이팩터는 10회 쓰면 무조건 교체해야 하는데 이 비용이 300만 원이다.

이 뒤를 인공관절 로봇 업체인 **스트라이커**가 잇고 있다. 미국, 유럽 등 26개 나라에서 900대가량의 인공관절 수술 로봇 '마코'를 판매했다. 환자마다 다른 관절 크기와 모양을 미리 계산하고, 정교하게 수술해 통증이 적고 부작용을 줄일 수 있어 비싼 가격에도 수술 로봇을 찾는 관절 환자가 많다.

수술 로봇은 전체 의료용 로봇 시장의 60% 정도를 차지하고 있다. 수술 로봇 활용 분야는 내시경 수술 70%, 뇌수술 11%, 관절 수술 5% 순이다. 시장조사 기관 코히어런트 마켓 인사이츠는 "정형외과, 신경외과, 비뇨기과, 심혈관 질환에서 성장이 두드러질 것"이라며 "미국 질병통제예방센터CDC가 2017년 전립선암 82%는 로봇 수술로 진행됐다고 밝힐 만큼 로봇 수술은 활발하다"고 밝혔다.

시장조사 기관 BCC 리서치에 따르면 세계 수술 로봇 시장은 2017년 5조 8700억 원에서 연평균 13.2% 성장해 2021년 9조 6400억 원에 달할 전망이다. 그랜드뷰 리서치는 2024년 24조 원 가까이 뛰어오를 것으로 내다봤다. 특히 코로나19 대유행으로 의사와 환자가 직접 만나지 않고도 진행할 수 있는 로봇 수술에 대한 관심이 늘어났다.

수술 로봇 시장에 적극적으로 진출하는 기업도 많다. **존슨앤드존슨**은 2019년 **오리스 헬스**를 34억 달러에 인수했다. 오리스 헬스는 인튜이티브 서지컬을 공동으로 설립한 프레드 몰 박사가 2007년 설립한 업체다. '모나크 플랫폼'이라는 오리스 헬스 제품은 2018년 3월 폐생검 수행에 사용할 수 있는 진단 및 기관지 치료 내시경 검사용으로 FDA 허가를 받았다. 앞서 존슨앤드존슨은 2015년 구글의 모회사인 **알파벳**과 합작해 만든 로봇 수술 스타트업인 **버브 서지컬**에 투자하는 등 일찌감치 수술 로봇 시장에 뛰어들었다.

이 밖에 세계 최대 의료기기 업체 중 하나인 **메드트로닉**은 2018년 이스라엘의 척추 수술 로봇 업체 **마조로보틱스**를 약 1조 9000억 원에 인수했다.

국내 업체들도 로봇 수술 시장에 뛰어들고 있다. 반도체, 디스플레이 장비 제조업체인 **미래컴퍼니**는 2007년 수술 로봇 개발에 뛰어들어 11년만인 2018년 3월 복강경 수술 로봇 '레보아이'를 출시했다. 레보아이는 환자 몸에 1cm 미만의 구멍을 낸 뒤 4개 팔에 부착된 수술 도구를 삽입해 3차원 영상으로 수술을 집도한다. 레보아이의 강점은 가격이다. 로봇 수술 1회당 비용이 다빈치의 절반에 불과하다.

큐렉소 역시 관절 수술 로봇 '큐비스 조인트'와 척추 수술 로봇 '큐비스 스파인'에 대한 식약처 허가를 획득했다. 특히 큐비스 스파인은 유럽에서 유럽 통합 규격 인증 마크인 CE인증을 획득하며 해외 공략에도 박차를 가하고 있다. 인튜이티브 서지컬이 시장을 이미 점유해 버린 복강경 수술 로봇 시장과 달리 큐렉소가 집중하는 외과수술 로봇 시장에는 아직 절대적인 강자가 없다. 큐렉소는 전 세계 인공관절 회사와 협력해 시장점유율을 높여나갈 계획이다.

고영 테크놀로지는 뇌에 좌표를 새기며 작은 구멍을 뚫어 원하는 부위만 수술하는 내비게이션 의료용 입체정위기 시스템 '키메로'를 개발했다. 이 로봇은 기존 수술 로봇에 인공지능을 접목해 인간 의료진이 보다 정밀하게 수술할 수 있도록 돕는다.

이지엔도 서지컬은 자체 개발한 유연 내시경 수술 로봇 'K플렉스'로 영국에서 열린 서지컬 로봇 챌린지 2018에서 베스트 애플리케이션 상을 받았다. 3.7mm의 소형 메스와 17mm 두께의 팔을 갖고 있는데 유연하게 휘어지기 때문에 장 등에 투입되어 수술할 수 있다.

국내 수술 로봇 업체들은 "로봇 수술 시장은 시장을 선점한 업체가 독점하는 구조인 만큼 빠른 시장 장악이 필수"라고 입을 모은다. 전 세계 수술용 로봇 시장의 90%를 점유하는 인튜이티브 서지컬이 다양한 임상 정보를 바탕으로 오류를 개선해나가며 병원의 신뢰를 쌓기 때문이다.

정보통신기술과 AI의 발달로 수술 로봇은 더욱 고도화될 것으로 예측된다. 가상·증강현실 기술로 보다 직관적인 형태의 영상 유도 기술을 제공하는 로봇, 마이크로 입자를 통해 항암제를 원하는 부위에 직접 전달하는 로봇 등이 개발되고 있다. 인공지능을 이용한 자동수술 로봇도 먼 미래의 일이 아니다.

6

글로벌 시장으로
진격하는 K바이오

최근 몇 년간 국내 자본시장에서 가장 열기가 높은 분야 중 하나는 제약바이오 섹터다. 주식시장에서 기술 및 성장성 특례를 통해 가장 많은 업체가 상장했고, 벤처캐피털 등의 대규모 자금 유입으로 높은 수익률을 기록 중이다. 물론 양적으로만 성장한 것은 아니다. 돈만 몰리는 것이 아니라 K바이오는 다양한 치료제 개발과 신약 후보물질 기술수출 등 질적으로도 크게 성장했다.

그렇다면 대한민국에서 바이오산업은 왜 가파르게 성장하고 있는 것일까. 코로나19 사태에서 보듯이 갑작스런 감염병에 대응이 필요하고, 치료제를 찾지 못한 미충족 질환이 많은 데다 향후 고령화에 따른 질병 진단과 예측 같은 예방의학에 대한 관심 등으로 의약품 수요가 커지고 있기 때문이다. 한국벤처캐피탈협회에 따르면 2019

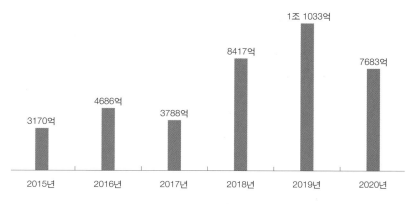

국내 벤처캐피탈 바이오·의료 투자 규모 (단위: 원)

1조 1033억

8417억

7683억

4686억

3788억

3170억

2015년 2016년 2017년 2018년 2019년 2020년

자료: 한국벤처캐피탈협회, 2020년은 3분기까지

년 바이오·의료 분야 투자액은 1조 1033억 원으로 집계됐다. 비중은 전체 투자 규모에서 가장 많은 25.8%를 차지했다. 정보통신기술ICT 서비스(25.4%), 유통 서비스(15.6%)에 비해 더 많은 자금이 바이오로 몰렸다.

생산 규모면에서는 아직 자동차나 반도체에 미치지지는 못하지만 분명히 성장하고 있다. 식약처에 따르면 2019년 국내 의약품 생산액은 총 22조 3132억 원으로 2018년 대비 5.7% 증가했다. 2014년~2019년까지 5년간 의약품 생산 증가율은 연평균 7.1%로 같은 기간 국내 전체 제조업 성장률(2.4%)에 비해 3배나 높다.

바이오산업의 성장은 우리만이 아니라 이미 세계적 차원에서 이루어지고 있다. 세계 의약품 시장 규모는 2017년 기준 1425조 원으로 자동차(약 600조 원)와 반도체(457조 원)를 합친 것보다 많다.

물론 글로벌 의약품 시장을 바라볼 때 아직까지 K바이오가 갖고

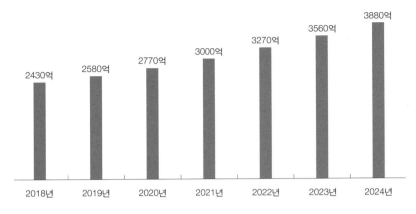

세계 바이오의약품 매출 규모 (단위: 달러)

2018년 2430억
2019년 2580억
2020년 2770억
2021년 3000억
2022년 3270억
2023년 3560억
2024년 3880억

자료: 이밸류에이트파마

있는 한계점도 있다. 합성의약품 대비 바이오의약품 시장이 차지하는 비중이 확연히 적다는 점이다. 2019년 기준 국내 바이오의약품 시장 규모는 2조 6002억 원으로 전년에 비해 16.6% 증가했지만 전체 의약품 시장 규모(24조 3100억 원)의 10% 남짓에 불과하다. 이는 부가가치가 높고 안전하고 치료 효과가 탁월해 활용이 많은 바이오의약품 분야에 대한 연구가 상대적으로 부족하다는 것을 뜻한다. 실제 국내 바이오의약품 생산액은 2016년에 2조 79억 원으로 처음으로 2조 원을 넘긴 뒤 2조 6015억(2017년), 2조 6113억(2018년)에 이어 2019년에는 2조 5377억 원으로 수년째 2조 원대에 머무르고 있다.

글로벌 의약품 시장은 점점 더 합성의약품에서 바이오의약품 쪽으로 기우는 추세다. 이밸류에이트파마에 따르면 2016년 2020억 달러였던 세계 바이오의약품 시장 규모는 지난 5년간 연평균 9% 성장했다. 2022년 3270억 달러에 이를 전망이다. 이로 인해 의약품 시장에서 바이오의약품 매출이 차지하는 비중도 2016년 25%에서 2022년에는 30%로 예상되고 있다.

상대적으로 열세에 있는 바이오의약품 분야와 달리 K바이오는 전 세계 바이오 시장에서 바이오시밀러(바이오의약품 복제약)와 CMO(위탁 생산), 줄기세포 치료제 분야에서 선두권을 형성하고 있다. **셀트리온, 삼성바이오에피스**로 대표되는 바이오시밀러는 제조 기술 및 출시 제품 등에서 글로벌 '빅3'에 들어간다. **삼성바이오로직스**는 CMO 생산능력 규모로 세계 최고 수준이고, 줄기세포 치료제는 이미 오래전에 가장 많은 품목을 출시한 상태다.

K바이오의 전망에 대해서는 긍정적인 의견이 많다. 무엇보다도 우수한 이공계 인력들이 바이오 분야에 진출하고 있다는 점이 K바이오에 대한 긍정적인 미래 전망을 뒷받침한다. 이미 국내 바이오 벤처기업의 숫자는 미국에 이어 세계 2위 규모다. 1990년대 정보기술IT 분야가 인재를 빨아들인 블랙홀이었다면 지금은 바이오기술BT 쪽이 대세다. 연구진의 실력과 열정, 근면성과 함께 각종 자금 제공과 정책 지원 등이 뒷받침되어서 K바이오에 대한 기대는 점점 높아지고 있다.

서정진 셀트리온 회장은 "해외 기업인들은 한국이 어떻게 그렇게 빨리 우수한 바이오 기술을 갖게 됐는지 묻곤 하는데 난 그럴 때마다 '우리는 죽기 살기로 일하기 때문'이라고 답한다"며 "한국의 연구자들은 퇴근 후에도 일을 끌어안고 고민할 정도로 일에 대한 노력과 근성은 세계 최고"라고 강조했다. 그는 "바이오시밀러만 해도 과거엔 글로벌 주요 업체 몇 곳이 장악한 독점 시장이었지만 셀트리온의 등장으로 공룡의 시대가 끝났다"며 "셀트리온은 경쟁사인 **암젠**이나 제넨텍 등에 비해 직원 수는 10분의 1이지만 기술력과 생산성은 크게 높다"고 말했다.

하지만 K바이오가 가야 할 길은 아직 멀다. 글로벌 블록버스터급 신약보다는 바이오시밀러나 위탁 생산으로 수익을 내는 구조다. 우리보다 기술력이 한 수 아래라고 여겨지는 중국 역시 신약 완제품보다는 바이오시밀러와 위탁 생산 쪽에 주력하고 있다. 신약 개발이 어렵기 때문에 당장 수익을 내기 쉬운 분야에 집중하고 있는 점은 한국과 중국이 비슷한 것이다.

국내 제약바이오 기업이 개발한 신약 중에 FDA로부터 허가를 받아 글로벌 시장에 지속적으로 판매되면서 수익을 내고 있는 제품은 사실상 없다. 식약처에 따르면 2019년 국내 바이오의약품 상위 10개 사의 생산 실적(2조 5377억 원)은 **한국로슈** 한 회사로부터 수입한 바이오의약품 금액(2조 3157억 원)과 비슷하다. 국내 10개 회사의 생산액을 합쳐야 글로벌 업체의 국내 지사의 매출액에 맞먹을 수 있다는 얘기다. 바이오와 합성의약품을 합친 의약품 생산 규모가 국내 전체 산업의 총생산에서 차지하는 비중은 2019년 1.16%에 그친다. 의약품 생산을 자동차, 반도체, 석유화학 등 제조업에 넣어 판단해도 4.59%에 불과하다. 결국 K바이오가 선진국 수준에 도달하려면 장기간의 R&D와 자금 투자, 정부의 정책 지원 등이 갖춰져야 한다.

이러한 점을 감안하면 정부가 바이오 관련 규제들을 하루속히 산업 친화적으로 바꾸는 것이 중요하다. 서정선 한국바이오협회장(**마크로젠** 회장)은 "바이오산업에서는 운동을 예로 들자면 올림픽 메달을 위해 태릉선수촌에 선수들을 모아두고 정형화된 방식으로 운영해서는 성과를 내기 힘들다"고 지적했다. 서정진 셀트리온 회장은

미국 FDA 허가받은 국산 의약품

시기	제품명	구분(적응증)
2003년 4월	LG화학 '팩티브'	합성 혁신 신약(항생제)
2013년 8월	한미약품 '에소메졸'	합성 개량 신약(역류성식도염)
2014년 6월	동아에스티 '시벡스트로'	합성의약품(항생제)
2016년 4월	셀트리온 '램시마'	바이오시밀러(자가면역질환)
2017년 7월	삼성바이오에피스 '렌플렉시스'	바이오시밀러(자가면역질환)
2018년 11월	셀트리온 '트룩시마'	바이오시밀러(항암제)
2018년 12월	셀트리온 '허쥬마'	바이오시밀러(항암제)
2019년 1월	삼성바이오에피스 '온트루잔트'	바이오시밀러(항암제)
2019년 2월	대웅제약 '나보타'	바이오의약품(보톡스)
2019년 3월	SK바이오팜 '수노시'	합성 혁신 신약(기면증)
2019년 4월	삼성바이오시밀러 '에티코보'	바이오시밀러(자가면역질환)
2019년 7월	삼성바이오에피스 '하드리마'	바이오시밀러(자가면역질환)
2019년 11월	SK바이오팜 '엑스코프리'	합성 혁신 신약(뇌전증)
	SK케미칼 '원드론'	제네릭(치매 치료 패치)

"바이오가 우리나라의 신성장동력이 되려면 내수시장의 한계를 벗어나야 하는데 정부 규제로 개발하려는 시도가 힘들고 인허가가 늦어져 해외 출시가 지연된다면 바이오 발전은 의미를 잃을 수 있다"고 말했다. 그는 또 "바이오 성공에 대한 조급증도 극복해야 할 과제"라며 "바이오는 철저히 확률 비즈니스인 만큼 초기 벤처는 장시간 인큐베이팅을 통해 자리를 잡을 수 있도록 기다려줄 수 있어야 한다"고 강조했다.

향후 바이오산업 시장에서 유망 분야에 대한 전망은 다양하다. 수

많은 종류의 치료제를 개발하는 데 기술력을 가진 업체들이 많이 나오고 있기 때문이다. 즉 유전자 및 세포 치료제는 이제 막 의약품 출시가 본격화할 것으로 예상되고 있고, 고령자 증가에 따른 의료비 상승에 대비해 유전체 진단을 통한 예방의학도 최근 중시되고 있다. 서정선 바이오협회장은 개인들의 유전자 빅데이터를 확보하기 위해 북한을 포함한 한반도 1000만 명 게놈 프로젝트를 추진하겠다고 밝히기도 했다. 일각에서는 우리나라가 가진 IT 기술력을 살려 데이터 통합, 맞춤 진료, 온라인 배송 등 4차산업과 융합한 스마트 헬스케어로 발전해가야 한다고 주장한다.

미국 국립보건원NIH 종신수석연구원을 지낸 김성진 **메드팩토** 대표는 "최근 바이오 산업에서는 정보기술 등 다양한 업종과의 기술 융합을 통해 시너지 효과를 내는 것이 세계적인 트렌드로 자리잡고 있다"며 "신약 연구개발에 IT 강국으로서 우리나라의 강점이 더해지면 K바이오의 경쟁력은 엄청 커질 것"이라고 내다봤다. 김 대표는 "미국과 일본은 부가가치가 높은 퍼스트인클라스First-in-class급 혁신 신약이 전체 의약품 개발에서 차지하는 비중이 매우 높은데 우리나라는 기존 약의 효과를 개선하는 정도에 그쳐 글로벌 상위 의약품이 나오기 힘들다"며 "중국만 해도 2030년까지 전체 개발 약 가운데 혁신 신약 비율을 20~30%로 끌어올리려 하고 있다"고 설명했다. K바이오 외연 확대를 위해 **셀트리온**은 2030 청사진을 마련하고 원격(비대면) 의료, 인공지능 같은 U-헬스케어 사업에 진출하겠다는 의사를 밝혔다. 해당 분야에 10조 원을 투자해 맞춤형 정밀 진료에 필요한 의료 빅데이터 확보, 재택 가능한 진료기기, AI 장비 개발 등에 나서기로 했다.

중국 '바이오 굴기'에서 배울 점

바이오산업이 급팽창하면서 중국 의약품 시장은 2014년 1050억 달러에서 2020년 2000억 달러로 커졌다. 컨설팅 업체 맥킨지에 따르면 벤처캐피탈과 사모펀드가 중국 바이오벤처에 투자한 금액은 2015년 2억 9900만 달러에서 2018년 22억 8200만 달러로 7배 넘게 증가했다.

나스닥과 홍콩 증시에 상장된 중국 바이오 기업 **베이진**이 자체 개발한 외투 세포 림프종 치료제 브루킨사Brukinsa는 2019년 11월 FDA 품목허가를 받았다. 중국 기업이 만든 신약이 FDA 시판 허가를 받은 것은 처음이었다. 중국 바이오 기업들의 미국 자본시장 진출도 잇따르고 있다. 2017년 **자이랩**을 시작으로 **레전드 바이오텍**, **버닝록**, **젠트론** 등 기술력을 갖춘 중국 바이오텍들이 미국 나스닥Nasdaq 시장에 줄줄이 상장했다. 2020년 1월 나스닥에 입성한 **아이맵 바이오파마**는 상하이에 본사를 둔 면역 항암제 전문 개발 업체다. 아이맵 바이오파마는 2020년 9월 세계적인 제약사인 미국 **애브비**에 19억 4000달러 규모로 항암제 후보물질을 기술수출하기도 했다. **우시 바이오로직스**는 3000여 개나 되는 글로벌 제약사들을 CMO(위탁 생산) 고객사로 두고 있다. FDA와 EMA으로부터 의약품 생산을 맡길 수 있는 제조 및 품질관리 기준을 중국 기업 최초로 승인받았다. CMO 생산 시설을 중국 외에 미국과 아일랜드, 싱가포르에 두고 있다.

그렇다면 중국 바이오산업의 성장 배경은 무엇일까. 한국도 중국에서 배워야 할 점이 분명히 있다. 중국 정부는 2000년대 들어 노동비용이 증가하고 고령화로 의약품 수요가 늘자 고부가가치 산업 육성에 나섰는데 바이오가 그에 딱 맞는 분야였다. 무엇보다 중국은 한국에 비해 규제 개혁 노력이 좀 더 과감하다. 한국에서 금지된 원격의료가 중국에서는 2013년부터 시행되고 있고, DTC(소비자 직접 의뢰) 유전자 검사 역시 우리와 달리 항목 제한 없이 가능하다. 특히 의약품을 신속히 개발할 수 있도록 임상시험 심사 기간을 60일 이내로 단축했다.

혁신 신약에 대한 가속 심사 확대로 다국적 제약사인 **아스트라제네카**가 개발한 빈혈 치료 신약 록사두스타트Roxadustat는 2018년 12월 중국에서 세계 최초로 판매 허가를 받기도 했다. 맥킨지에 따르면 글로벌 시장에서 신약을 출시한 뒤 중국에서 판매되는 시간 격차도 줄어들고 있다. 2016년 평균 8.4년이었던 것이 2019년 들어 4.6년으로 감소했다.

중국 정부는 2015년 바이오의약, 정보통신, 우주항공 등을 10대 산업으로 정해 2025년까지 글로벌 최고 수준으로 끌어올린다는 '중국 제조 2025'를 발표했다. 우수 인재 양성을 위해 바이오 등 전략산업에서 1000명의 해외 인재를 유치한다는 '천인계획'도 그 일환이다. 여기에다 중국 전역에 법인이나 지사, 연구소 등 각종 형태로 진출해 있는 외국 제약바이오 기업 숫자는 300여 개에 달한다. 우리나라에 외국계 제약사의 R&D센터가 하나도 없는 것과 비교된다.

화이자는 전문의약품ETC을 생산하는 4개 공장 외에 베이징, 상하이, 우한에 R&D센터를 두고 있다. 이곳에서는 1500여 명의 연구인력이 중국에 특화된 치료제와 글로벌 시장에서 통할 수 있는 신약을 개발 중이다. MSD도 상하이 사무소와 베이징 연구소, 항저우에 생산 시설 등 중국에 3개 거점을 두고 있다. 베이징에 있는 R&D센터는 신약 후보물질 발굴, 다국가 리서치, 임상 개발 등에 600명의 연구 인력이 활동 중이다.

2019년 11월 미국 **암젠**은 중국 바이오 업체 베이진에 27억 달러를 투자해 20.5% 지분을 얻는 계약을 맺었다. 암젠은 블린사이토Blincyto 등 20여 종의 신종 항암제를 베이진을 통해 중국 시장에 판매할 계획이다. 아스트라제네카는 오픈 이노베이션을 위해 2019년 11월 중국 바이오 의료 관련 스타트업에 투자하려고 10억 달러 규모의 펀드를 조성했다. **존슨앤드존슨**은 2020년 상하이에 창업지원센터(J랩)를 오픈해 현지 바이오 벤처들을 발굴해 센터에 입주시킨 뒤 연구개발을 지원하고 있다. **로슈** 역시 상하이에 이노베이션센터를 두고 항체, B형 간염, 자가면역 분야에서 오픈 이노베이션을 확대하고 있다.

해외 기업과 중국 현지 업체 간 합작사 설립도 활발하다. 미국 바이오벤처인 **주노 세라퓨틱스**는 암 환자의 면역세포를 조작한 뒤 주입하는 CAR-T(키메라 항원 수용체 T세포) 치료제 개발을 위해 중국 업체 **우시앱텍**과 합작사를 설립해 임상을 진행 중이다. 이광혁 SK바이오팜 차이나 대표는 "중국 내 글로벌 제약사들은 후보물질 발굴 등 앞 단계 연구를 줄이고, 현지 바이오텍이 찾아낸 물질을 받아 개발에 주력하는 식으로 분업화가 이뤄지고 있다"고 설명했다.

2등은 없다!
바이오산업 최전선

1

인류의 암 정복 도전
어디까지 왔나

인류의 생존을 가장 위협하는 질병 중 하나는 암이다. 의료 및 제약바이오업계의 숙원은 완벽한 암 치료법을 찾는 데 있다고 해도 과언이 아니다. 항암제가 현재 다양한 질병 치료제 가운데 가장 많이 개발 시도가 이뤄지고 있는 분야인 것도 이 때문이다. 실제 2019년 세계 10대 매출액을 기록한 블록버스터 치료제 가운데 5개가 항암제일 정도로 암 정복은 전 세계적으로 가장 뜨거운 과제다. 글로벌 시장조사 기관인 이밸류에이트파마에 따르면 전 세계 항암제 매출 규모는 2018년 1240억 달러에서 2026년 3112억 달러로 지속적인 1위가 예상되고 있다. 같은 기간 항암제의 연평균 매출 성장률은 11.5%에 달할 전망이다. 특히 미국 FDA(식품의약국)가 승인한 임상시험 후보물질 가운데 항암제는 전체의 약 30%를 차지한다.

세계 상위 매출 치료제 분야 (단위: 달러)

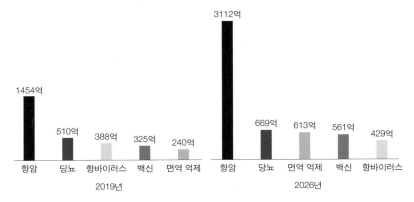

자료: 이밸류에이트파마

세계 항암제 시장 규모 (단위: 달러)

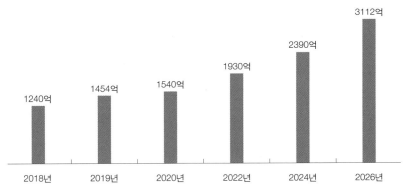

자료: 이밸류에이트파마

글로벌 예상 매출 상위 항암제

제품명	개발사	주요 적응증	매출액(달러)
키트루다	MSD	비소세포폐암	249억 1000만
옵디보	BMS·오노약품공업	흑색종	126억 7700만
임브루비카	애브비·존슨앤드존슨	혈액암	107억 2200만
입랜스	화이자	유방암	96억 8300만
타그리소	아스트라제네카	비소세포폐암	95억 1400만

자료: 이밸류에이트파마, 2026년 기준

면역 항암제로 유명한 키트루다Keytruda는 2019년 전 세계적으로 111억 2000만 달러의 매출을 올렸고, 2026년이 되면 250억 달러에 육박하면서 현재 세계 최대 매출을 기록 중인 자가면역질환 치료제 휴미라Humira를 앞설 것으로 기대를 모으고 있다.

암 치료 분야에서는 환부를 떼어내는 수술요법 개발과 함께 복잡한 전이에 따른 암세포 확산을 억제하는 방법을 찾는 연구가 활발하다. 또한 항암제가 암세포는 물론이고 정상 세포까지 공격해 전체적으로 몸의 면역력을 낮추고 부작용을 일으키는 것을 막는 데 중점을 두고 있다. 인류는 좀 더 나은 항암제를 갖기 위해 다양한 방법을 써가며 오랫동안 치료제 개발에 공을 들여왔다.

본격적인 항암제 개발의 단초는 제2차 세계대전으로 거슬러 올라간다. 1943년 12월 연합군의 거점지였던 이탈리아 남부의 바리 항이 독일 공군의 기습을 받았다. 연합군 군함이 격침되면서 많은 병사가 사망했는데 이들은 단순히 폭격 그 자체만으로 숨진 게 아니었다. 화학전에 대비해 배에 실려 있던 화합물이 새어 나오면서 이에 접촉

했거나 냄새를 맡은 병사들은 작열감과 수포, 실명을 겪었고, 치료를 받는 과정에서 생명을 잃었다. 그런데 의사들은 환자들의 몸 상태를 살펴보다가 놀라운 사실 한 가지를 발견해낸다. 독가스가 위험하기는 하지만 여기에 노출되면 암의 일종인 림프종이 크게 줄어든다는 사실이었다. 의사들은 쥐를 대상으로 한 임상시험을 통해 이를 재확인했고, 이후 림프종을 앓고 있던 환자들에게 이 화학물질을 투여해 종양의 크기를 줄일 수 있었다. 수술과 방사선만을 암 치료법으로 간주하던 당시 의학계에서는 이때부터 치료에 도움을 줄 수 있는 화학 약물 연구에 본격적으로 착수했다.

이렇게 시작된 '화학 항암제'는 1990년대 중반까지 1세대 항암제로 불리며 개발의 주류가 됐다. 화학 항암제는 세포분열이 왕성한 암세포를 공격하기 위해 이를 억제하는 독성 물질을 주사한다. 그런데 단점이 하나 있다. 주변의 멀쩡한 세포 부위까지 침범해 건강했던 다른 장기의 작동을 막는다는 것이다. 화학 항암제를 투약한 환자들은 심한 구토와 위장 장애, 탈모 등 큰 불편을 겪게 된다. 탈모 발생은 항암제가 머리카락 등 계속해서 자라나는 세포마저 무차별적으로 공격하기 때문이다.

이러한 부작용을 없애고자 1990년대 말부터 등장한 것이 2세대 항암제인 '표적 항암제'다. 이것은 말 그대로 목표한 암세포만을 정밀 타깃해 주변의 정상 조직을 침범했던 화학 항암제의 부작용을 최소화한 약이다. 하지만 표적 항암제는 심각한 전이가 이미 발생한 상태에서는 효과가 떨어진다. 무엇보다 특정한 암에 치료제가 정확히 맞아야 환자에게 쓸 수 있고, 항암제 투여 후 일정 기간이 지나면 내성이 생겨 치료제의 효과가 잘 나타나지 않는 단점도 있다.

세계 최대 면역 항암제 '키트루다'

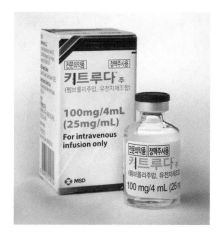

출처: 한국MSD

이를 극복하기 위해 출현한 것이 2010년대부터 3세대 항암제로 본격화한 '면역 항암제'다. 환자의 면역력을 키워 암과 싸울 수 있는 힘을 높여준다는 아이디어에서 출발했다. 2018년 노벨 생리의학상을 공동 수상한 혼조 다스쿠 일본 교토대 교수와 제임스 앨리슨 미국 텍사스대 엠디앤더슨 암센터 교수의 연구 분야가 면역 항암제다. 혼조 교수가 면역세포(일명 T세포)에서 발견한 핵심 물질 'PD-1'은 이후 면역 항암제를 개발하는 단초가 됐다. 암세포에서는 'PD-L1'이라는 단백질이 발현되고, 그 반대편 면역세포에서는 PD-1이나 'CTLA-4'가 생성되는데 양측의 물질이 결합하게 되면 면역세포가 암세포를 인식하지 못하게 된다. 따라서 PD-L1과 PD-1, 혹은 PD-L1과 CTLA-4 간의 결합을 차단하는 방식, 일명 '면역 관문 억제'를 통해 결과적으로 T세포가 암세포를 정확히 인식함으로써 암을 강력하게 억제할 수 있게 하는 원리다. 즉 면역 관문 억제는 면역세포가 암세포를 인지하지 못하는 이유가 두 세포 간 결합에 있다고 보고 이를 막아 면역체계의 활동을 정상화시키는 것이다.

출시된 주요 면역 항암제들은 면역 관문 억제를 하는 구체적인 부위는 각각 다르지만 면역 관문 억제제로서 작동 방식은 동일하다.

예컨대 MSD의 면역 항암제 키트루다와 BMS·오노약품공업의 옵디보Opdivo는 T세포의 PD-1에 작용해 암세포에 붙어 있는 PD-L1과의 결합을 차단한다. 반면 BMS의 여보이Ervoy는 T세포의 CTLA-4에, 로슈의 티센트릭Tecentriq은 PD-L1에 작용해 두 세포 간의 결합을 막는 방식이다. 노벨상 수상자인 앨리슨 교수는 "암세포는 체내 면역체계로부터 공격당하지 않도록 하는 특별한 능력을 갖고 있는데 이를 해제하는 것이 핵심"이라며 면역 항암제 원리 중 하나인 면역 관문 억제를 설명했다.

이 밖에 암세포가 보유한 종양에 특이한 반응을 일으키는 항원을 암 환자에 투여해 면역 기능을 높여 암세포를 공격하는 '항암 백신'이나 아예 체내에 면역세포를 변형해 주입하는 면역세포 치료제 등도 면역 항암제에 포함된다. 면역 항암제는 우리 몸의 면역체계를 이용하기 때문에 기존 항암제에 비해 독성이나 내성 발생이 적다. 면역 기능을 높여 정상 세포까지 공격하는 부작용이 훨씬 덜하기 때문에 안전성도 뛰어나다.

면역 항암제와 함께 최근엔 '대사 항암제'가 4세대 항암제로 부상하고 있다. 이는 암세포의 영양소 대사 작용에 관여해 암세포에 공급되던 에너지의 공급을 멈춤으로써 암세포를 굶겨 죽이는 것이다. 즉 몸속에 있는 암세포가 성장하고 생존하는 데 필요한 에너지원을 차단함으로써 암세포의 소멸을 유도하는 방식이다. 그 작동 원리 중 하나를 설명하자면 정상 세포는 95%가 세포 내부의 미토콘드리아mitochondria에서 산소를 흡수해 에너지원인 ATP(아데노신 3인산)를 만드는 반면 암세포는 산소가 있음에도 불구하고 ATP의 60%를 무산소로 생성해낸다. 이처럼 무산소로 에너지를 얻는 암세포의 대사 작용은 발견자인 독일인 과학자 오토 와버그의 이름을 따서 와버그 효과Warburg Effect로 불린다. 암세포는 와버그 효과에 따라 주로 무산소 대사를 하게 되고, 이를 통해 일반 세포에 비해 젖산이 분해되지 않은 채 많이 분비된다. 암세포에 축적된 젖산은 세포 활동을 떨어뜨릴 뿐만 아니라 암세포에서 넘쳐나온 젖산이 다른 세포로 흘러들어가 전이를 일으키기도 한다. 젖산은 암세포 표면에 'MCT'라고 불리는 작은 통로를 통해 들어가고 나가는 것을 반복하는데 일부 대사 항암제는 MCT를 막아 암세포 내에 축적된 젖산의 에너지 대사를 방해함으로써 암세포 활동을 소멸시킨다.

코스닥 상장 업체 **뉴지랩**의 경우 젖산과 유사한 분자구조를 가진 3-브로모피루베이트3-bromopyruvate, 일명 '3BP'라는 물질을 확보해 대사 항암제 개발에 뛰어들었다. 이 항암제는 3BP를 MCT라는 통로를 통해 집어넣어 암세포 안의 효소들과 결합시킴으로써 대사 기능을 망가뜨리도록 하는 원리다. 3BP 활용 방식을 개발한 재미 과학자인 고영희 박사는 "3BP가 암세포에 들어가 화학반응 일으키면서 효소가 기능을 하지 못하도록 함으로써 대사 자체를 막는다"며 "암세포가 하는 무산소와 유산소 대사 작용을 동시에 차단할 수 있어 MCT가 있는 95%의 암에 적용할 수 있다"고 밝혔다. 그는 "학계에서는 그동안 3BP가 독성이 강한 물질이라 인체에 쓸 수 없다고 여겨왔지만 독성 발현을 막고 대사 효소에 작용할 수 있게 하는 기전을 개발해냈다"고 덧붙였다. 현재 전 세계적으로 출시되어 있는 대사 항암제는 미국 **아지오스 파마슈티컬스**가 2017년 출시한 급성 골수성 백혈병 치료제인 아이드하이파Idhifa뿐일 정도로 새로운 분야다.

대사 항암제의 단점으로는 암세포의 대사 작용을 억제하려고 해도 암세포가 다른 방식으로 대사를 전개하면서 전이를 계속할 경우 따라잡기가 쉽지 않다는 것이다. 이로 인해 암세포의 복잡한 대사 과정을 밝힐 수 있는 연구부터 선행되어야 한다는 지적도 있다. 이러한 단점을 극복하기 위해 향후 5세대 항암제는 유전자분석 기법을 도입하게 되리라는 예측이 많다. 암세포의 변이를 일으킬 만한 유전자를 찾아내 미리 제거하는 방식이다. 최근에 논란 중인 유전자 가위 기술을 적용해 암 유발 유전자를 교정 및 치유하는 방식을 병용함으로써 인류를 암으로부터 궁극적으로 구할 수 있는 것이다. 그러기 위해서는 유전자 정보를 정확히 판별한 뒤 사전에 위험한 유전인자를 없앨 수 있는 기술적 진보가 이뤄져야 한다.

활발해진 국내 항암제 개발

국내 제약바이오 기업들의 70% 이상이 항암제를 개발하고 있을 정도로 항암제는 해외뿐만 아니라 국내에서도 가장 뜨거운 분야다. 국내에서는 면역 항암제인 키트루다의 판매액이 2020년 상반기 722억 7100만 원으로 병원 처방약 가운데 1위를 기록했다. 의료시장조사 업체인 아이큐비아에 따르면 2020년 상반기 국내에서 키트루다를 포함한 면역 항암제 5종의 매출 규모는 총 1267억 원으로 2019년 상반기 대비 31.7%나 증가했다. 물론 국내 기업들은 바이오시밀러를 제외하면 아직 완성된 항암제를 내놓지 못하고 있지만 다들 언젠가는 블록버스터급 신약 출시를 꿈꾸고 있다. 대다수 국내 업체는 주로 표적 항암제와 면역 항암제를 개발하고 있다.

에이치엘비는 위암 치료에 쓰이는 표적 항암제 리보세라닙Rivoceranib에 대해 2019년 9월 미국 임상3상을 마치고 FDA에 품목허가를 준비 중이다. 위암 3·4차 치료제뿐만 아니라 간암과 대장암 등 다양한 암종으로 적응증을 확대하고 있다. 중국에서는 아이탄Aitan이라는 이름으로 위암 3차 치료제를 판매 중인데 2019년 병원 처방 매출액은 약 3500억 원에 달했다. 중국 국가약품감독관리국NMPA은 2020년 12월 말 리보세라닙을 간암 2차 치료제로 판매를 허가했다. 에이치엘비는 중국을 포함해 전 세계 리보세라닙의 특허 권리를 갖고 있다.

유한양행의 미국 자회사인 **이뮨온시아**는 2019년 3월 면역 관문 억제제 'IMC-001'의 국내 임상1상을 마치고, 2020년 5월 식품의약품안전처(식약처)로부터 2상 승인을 받아 임상을 진행 중이다. IMC-001은 암세포 바깥에 생겨나 면역세포의 활동을 억제하는 'PD-L1'을 표적으로 하는 항체 신약이다. 즉 IMC-001은 T세포의 'PD-1'과 암세포의 PD-L1 간의 상호작용에 의한 항암 T세포의 억제 신호를 차단해 면역 T세포의 활성을 촉진시켜 항암 효과를 높이는 면역 관문 억제제다. 회사에 따르면 NK세포(natural killer cell·자연 살해 세포) 등 다른 면역세포들도 함께 암세포를 공격하도록 함으로써 항암 효과가 더욱 높아진다. 이뮨온시아는 유한양행이 2016년 미국의 **소렌토 테라퓨틱스**와 합작해 세운 회사로 다양한 면역 항암제를 개발해 해외 기술수출을 목표로 하고 있다.

보령제약 관계사인 **바이젠셀**도 면역 항암제를 개발하고 있다. 희귀난치성질환 및 혈액암을 대상으로 면역 항암제를 개발 중이다. 암항원에 반응하는 T세포를 골라내 배양한 뒤 환자 몸에 투여해 암을 치료하는 방식이다. 2021년 임상2상, 2023년 조건부 허가를 마친 뒤 출시하는 것을 목표로 하고 있다. 바이젠셀의 플랫폼 기술인 '바이티어'를 바탕으로 항원 특이 세포독성 T세포CTL를 이용한 맞춤형 T세포 치료제다. 표적이 된 종양세포만을 없애는 '종양 살해 T세포 치료제' 플랫폼 기술로 안전성과 효력이 검증된 차세대 면역세포 치료제라는 평가를 받는다. 환자의 혈액세포 중 항원제시 세포antigen presenting cell에 항원 RNA를 탑재해 인체 내 자가 T세포가 암세포를 잘 공격할 수 있도록 배양한 뒤 이를 인체에 다시 주입해 암세포만을 특이적으로 제거하는 살해 T세포로 만드는 것이다. 본래 항원제시 세포는 항원 물질을 세포 표면에 발현시켜 T세포에게 제시함으로써 면역반응을 유도한다.

JW신약의 자회사인 JW크레아젠은 항원제시 세포 중 하나인 수지상 세포dendritic cells를 이용한 면역세포 치료제를 개발하고 있다. 대표적인 것은 수지상 세포에 항원을 효과적으로 전달하는 약물 전달 기술CTP을 활용한 면역세포 치료제 크레아박스CreaVax다. 개발 속도가 가장 빠른 간암 치료제 크레아박스-HCC는 간 절제술을 받은 간암 환자를 대상으로 국내 임상3상 중이다. 교모세포종 치료제인 크레아박스-BC는 임상1, 2상을 진행하고 있다.

한미약품은 다수의 표적 항암제를 외국 제약사에 기술수출했다. 2015년 미국 스펙트럼에 폐암과 유방암에 쓰이는 신약 후보물질인 포지오티닙Poziotinib을 기술수출한 뒤 임상2상 중이다. 항암 보조 요법으로 쓰이는 호중구 감소증 치료제 롤론티스Rolontis는 FDA 시판 허가를 기다리고 있다. 2016년에도 다국적 제약사인 로슈의 자회사 제넨텍에 각종 고형암 적응증을 가진 벨바라페닙Belvarafenib을 기술수출했다. 현재 미국에서 임상1상을 예정하고 있다. 경구용 위암 및 유방암 치료제인 오락솔Oraxol은 미국 아테넥스에 기술수출되어 임상3상을 마치고 허가 절차를 밟고 있다.

종근당은 대장암에 영양분을 공급하는 혈관을 파괴해 암세포 괴사를 유도하는 대사 항암제 'CKD-516'을 개발 중이다. CKD-516은 종근당이 직접 발굴한 물질로 국내에서 임상3상을 준비하고 있다.

최근에는 기존에 출시된 항암제들과 병용 투여하는 방식의 임상시험이 활발하다. 암세포를 사멸하는데 여러 개의 약을 함께 쓰면 치료 효과를 높일 수 있기 때문이다. 항암제를 개발 중인 국내외 업체들이 병용 투여 대상으로 가장 선호하는 제품은 키트루다로 2015년 뇌종양 완치를 선언한 지미 카터 미국 전 대통령이 처방받은 약으로 유명하다. 하지만 키트루다 역시 단독 처방으로는 약이 듣는 반응률이 20%~30%에 불과해 함께 투여할 짝이 될 만한 항암제를 찾고 있다.

국내에서는 **제넥신**, **메드팩토**, **파멥신** 등이 키트루다와 병용 임상을 하고 있다. 특히 제넥신이 개발하고 있는 자궁경부암 치료제 'GX-188E'는 키트루다와의 병용 임상2상 중간 결과 발표를 통해 "종양 크기가 줄어드는 객관적 반응률ORR이 42.3%로 키트루다 단독 투여 때(12.2%)보다 3배 이상 높다"고 설명했다. 제넥신이 면역 항암제로 개발 중인 GX-I7(하이루킨-7)도 삼중음성유방암 환자 대상으로 키트루다와의 병용 투여 임상 결과를 발표했다. 당시 GX-I7은 고용량(1200mcg/kg) 투여군 9명 중 7명에서 암이 통제되는 등 용량 증가에 따른 치료 효과가 큰 것으로 나타났다. 또한 GX-I7과 또 다른 면역 항암제인 옵디보 간의 병용 임상 계획이 2020년 7월 미국 FDA 승인을 받았다. 해당 임상은 전이성 위암, 위·식도 접합부암, 식도선암 환자를 대상으로 GX-I7과 옵디보를 병용 투여하는 임상2상이다. 개발사인 BMS로부터 임상에 사용될 약물을 제공받는다. 성영철 제넥신 회장은 "유방암 치료에 효과가 있는 투약 용량과 범위를 찾아냈는데 조만간 이를 용도 특허로 낼 것"이라며 "GX-I7은 병용 투여의 효과를 인정받아 기존 면역 항암제 생산 업체들과 기술이전 논의를 하고 있다"고 밝혔다.

크리스탈지노믹스는 난치암으로 꼽히는 췌장암 분야에 주력하고 있다. 자체 개발한 후보물질 CG-745(아이발티노스타트)에 대해 국내 임상2상을 마치고 향후 조건부 허가에 따른 판매와 함께 국내 임상3상을 추진 중이다. 특히 국내 임상2상 결과를 토대로 미국에서 임상1상을 면제받아 2021년 상반기 FDA에 임상2상을 신청할 계획이다. 미국에서는 췌장암 외에 간암을 대상으로 기존 면역 항암제와의 병용임상도 추진하고 있다. 조중명 크리스탈지노믹스 회장은 "CG-745는 약물 지속력, 질병 통제율, 낮은 부작용 등 약효가 매우 높아 췌장암 외에 간암, 섬유증, 골수형성이상증후군 등으로 적응증을 확대할 수 있다"고 설명했다. 또한 회사가 개발한 혈액암 치료물질 'CG-806'은 2016년 해외 업체에 기술이전된 뒤 현재 미국에서 혈액암과 급성백혈병 치료제로 임상을 진행 중이다.

메드팩토는 암이 생존하기 위해 분비하는 다량의 형질전환증식인자TGF-β 성분을 억제하는 후보물질 백토서팁Vactosertib에 대해 국내에서 임상1상 및 임상 전기2상(2a상)을 진행하고 있다. 벡토서팁은 단독 임상보다는 글로벌 업체들이 개발한 항암제와 병용 투여 임상에 더 적극적이다. 백토서팁은 키트루다를 개발한 **MSD**와 대장암 및 위암을 대상으로, 영국의 **아스트라제네카**와는 비소세포폐암 등 해외 제약사들과 총 5건의 공동 임상을 진행 중이다. 김성진 메드팩토 대표는 "암 치료는 암세포를 직접 공격하는 것과 동시에 암이 생존하기 위해 암 혈관 및 암 줄기세포 등을 만들어 전이를 일으키는 것을 막아야 한다"며 "그러려면 백토서팁처럼 부작용 없이 다량의 형질전환증식인자 발현을 억제하는 물질이 필요하다"고 말했다.

2

환자 느는데
해답 못 찾는 뇌질환 치료

면역 항암제, 세포 치료제 등 인류가 암을 비롯한 희귀난치성질환 정복에 본격적으로 나서는 와중에도 뇌는 미지의 영역으로 꼽힌다. 전 세계에서 5000만 명의 환자가 치매로 고통받고 있지만 기초과학연구원에 따르면 치매 치료제의 임상 실패율은 99.6%에 이른다. 1998년부터 2014년까지 신약 후보물질 244개를 두고 진행한 413개의 임상시험 중 미국 FDA의 품목허가로 이어진 경우는 단 한 건에 불과했다. 국제알츠하이머학회는 전 세계 치매 환자 수가 2018년 5000여만 명에서 2030년 7470만 명으로 늘 것으로 예측했다. 하지만 현재까지 허가된 치매 치료용 약물은 도네페질Donepezil, 리바스티그민Rivastigmine, 갈란타민Galantamine, 메만틴Memantine, 타크린Tacrine 등 5개뿐이다. 이마저도 복용한 지 두세 달이 지나면 증상이 원래대로 돌아온다. 이들 약물이 치료제가 아니라 '증상 완화제'로 불리는 이유다.

뇌는 신경계를 이루는 세포인 뉴런neuron에서 다른 뉴런으로 전기 신호를 보내는 방식으로 신체 활동을 조절한다. 접촉 지점에는 신호 전달을 담당하는 연결 고리 시냅스synapse가 있다. 뇌 속 뉴런과 시냅스는 140억 개가 넘는 만큼 이들의 구조와 기능을 알면 뇌질환 치료제 개발에 실마리를 얻을 수 있다는 예측이 나온다. 뉴런과 시냅스는 다른 세포와 달리 손상되면 복구할 수 없다. 그런 만큼 인체는 혈관-뇌 장벽(BBB·Blood-Brain Barrier)을 단단히 해서 뇌세포로 이물질의 침투를 막아 뉴런과 시냅스를 보호하고 있다. 그런데 이 혈관-뇌 장벽의 존재가 치료제 개발을 더 어렵게 만든다. 치료제가 효과를 내려면 혈관을 통해 뇌 조직 안으로 들어가야 하는데 혈관-뇌 장벽이 이를 막기 때문이다. 지금까지 개발한 치료제의 혈관-뇌 장벽 투과율은 0.1%에 불과하다.

이로 인해 뇌질환 치료제 분야는 바이오의약품 대신 크기가 작은 합성의약품 위주로 개발하는 추세다. 최근 FDA의 품목허가를 받아 미국 출시 중인 SK바이오팜의 뇌전증 신약 엑스코프리 역시 합성의약품이다. 흔히 간질이라 부르는 뇌전증은 인구 1000명당 5명~15명에서 나타나는 신경계질환이다. 뇌의 비정상적인 전기적 흥분 현상이 주변으로 퍼져 발작이 일어난다.

엑스코프리는 억제성 신경 전달과 흥분성 신경 전달의 두 가지 기전에 모두 작용해 증상을 줄인다. 기존 치료제를 복용했을 때 발작이 완전히 없어지는 비율은 1%~5%에 불과했지만 엑스코프리를 복용할 경우 20% 이상의 환자에게서 발작이 사라졌다. 상세한 기전이 확인되지는 않았지만 엑스코프리의 주성분이 신호 전달을 담당하는

뇌전증 신약 '엑스코프리'

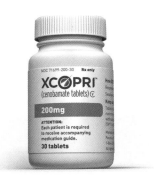

출처: SK바이오팜

아미노뷰트릭산GABAA 이온 채널을 조절하고 나트륨 전류를 차단해 신경세포의 반복적인 발화를 감소시킨다고 추정하고 있다.

뇌전증 외에 치매도 뇌세포 이상이 유발하는 대표적인 질환이다. 치매에는 여러 종류가 있는데 50%~80%가 알츠하이머병, 20%~30%가 혈관성 치매, 5%~ 10%는 전두 측두엽 치매로 분류된다. 치매 환자 대다수를 차지하는 알츠하이머병 환자의 뇌에는 두 가지 특징이 나타난다. 아밀로이드amyloid라고 불리는 단백질이 뭉쳐진 노인성 반점과 신경섬유의 엉킴 현상이 그것이다. 혈관성 치매는 경미한 뇌졸중으로 인한 뇌의 혈류 감소로 발생하며 전두 측두엽 치매는 뇌의 앞쪽 및 옆쪽에 손상이 발견된다.

치매 치료제는 아세틸콜린acetylcholine 분해 효소 억제제와 NMDA(N메틸D아스파라긴산) 수용체 억제제 두 가지로 분류할 수 있다. 앞서 언급한 5종의 치매 치료제용 약물 가운데 메만틴은 NMDA 수용체 억제제고 나머지 네 물질은 아세틸콜린 분해 효소 억제제다.

아세틸콜린은 기억과 학습을 담당하는 신경 전달 물질이다. 알츠하이머병은 이 아세틸콜린이 크게 줄어들며 발병한다. 아세틸콜린 분해 효소 억제제는 아세틸콜린을 없애는 효소의 기능을 막는다. 이를 통해 뇌 안에 머무르는 아세틸콜린의 농도를 상승시켜 기억력 등 인지 기능을 개선한다. 1996년 FDA의 승인을 받은 도네페질을 포함해 리바스티그민(1997년 승인), 갈란타민(2001년 승인)이 아세틸콜린의 농도를 상승시켜 치매 증상을 완화한다.

최근 건강보험 급여 재평가로 논란의 중심에 오른 콜린 알포세레이트choline alfoscerate 제제 역시 아세틸콜린의 농도를 증가시킨다. 현재까지 임상시험에서 콜린 알포세레이트는 아세틸콜린 분해 효소 억제제인 도네페질과 함께 복용했을 때 치매를 개선하는 효과가 나타났다. 하지만 아직 단독으로 사용했을 때는 치매 개선 효과가 밝혀지지 않았다. 국내에서는 그동안 멀쩡한 중장년층도 쉽게 콜린 알포세레이트 제제를 건강보험 혜택을 받아 구입할 수 있었다. 이 때문에 보건복지부는 2020년 6월 콜린 알포세레이트 제제의 건강보험 적용을 제한하는 정책을 내놓았다.

NMDA 수용체는 우리 뇌에서 기억력을 유지하고 학습에 관여한다. 그런데 이 수용체가 과도하게 자극될 경우 신경에 작용하는 산소가 부족해져 세포가 파괴된다. NMDA 수용체 억제제는 뇌신경세포의 파괴를 줄여 뇌의 기억력을 증진시키고 치매의 진행을 늦춘다. 아세틸콜린 분해 효소 억제제와 NMDA 수용체 억제제를 함께 복용하는 병용 요법도 있다. 남자릭Namzaric이라는 약물은 이 두 약물을 섞어 중증 알츠하이머병 환자의 인지능력을 개선하는 치료제로 2014년 FDA 승인을 받았다.

치매는 여전히 인류의 난제다. 하지만 그렇기 때문에 오히려 국내 바이오 기업이 도전해 볼 만한 분야로 꼽힌다. 성공 확률은 매우 낮지만 글로벌 제약사와 국내 제약사 사이의 기술 격차도 그만큼 작다.

2021년 1월 미국 제약사 **일라이 릴리**는 개발 중인 치매 신약 도나네맙Donanemab이 임상2상에서 치매 진행을 늦추는 사실을 확인했다고 발표했다. 경증과 중등증 치매 환자 272명을 대상으로 한 임상에서 이 약은 치매의 주원인으로 지목되는 뇌 신경세포의 독성 단백질 베타 아밀로이드amyloid-β 플라크를 소멸시킨 것으로 나타났다. 도나네맙을 투여한 환자들은 치매 증상이 악화되는 속도가 위약을 사용한 대조군보다 32% 느렸다. 다만 도나네맙 투여 환자의 약 30%에게서 뇌부종이 발생했다. 일라이 릴리 측은 향후 미국 FDA에 도나네맙을 치매 환자에게 투여하는 방안을 논의할 예정이다.

바이오벤처 **젬백스앤카엘**는 다중 기전 방식의 신약 후보물질로 국내에서 임상2상을 마쳤다. FDA에서 임상2상 승인을 받았고, 미국에서 임상에 돌입할 예정이다. **뉴라클사이언스**의 'NS101'은 신경 미세환경의 개선을 촉진해 신경세포의 망가진 영역이 번지는 것을 막는다. **바이오오케스트라**는 혈관-뇌 장벽에서 많이 발견되는 특정 수용체를 이용해 약물을 전달하는 방식으로 투과율을 7%까지 끌어올린 안티센스 올리고 뉴클레오티드ASO에 기반한 치료제를 개발 중이다.

파킨슨병 치료제도 속속 개발되고 있다. 퇴행성 신경질환 가운데 치매에 이어 두 번째로 유병률이 높은 파킨슨병은 아직 근본적인 치료법이 없어 약물 요법으로 증상을 관리하는 게 일반적이다. 치매에 걸리면 인지 기능 장애를 보이다가 병변이 뇌 표면에서 뇌의 깊숙한 곳으로 퍼지면서 운동장애가 동반되는 경향이 나타난다. 반면 뇌의 깊숙한 곳에서 병변이 주로 시작되는 파킨슨병은 운동장애 증상으로 시작해 병변이 뇌의 표면 쪽으로 퍼지면서 인지 기능 장애 등 치매 증상이 나타난다. 파킨슨병 환자의 약 30%에서 치매가 발생한다.

국내 바이오벤처 **카이노스메드**는 파킨슨병 치료제 'KM-819'를 개발하고 있다. KM-819는 도파민 분비 신경세포를 죽이는 단백질인

세계 알츠하이머 치료제 시장 규모 (단위: 달러)

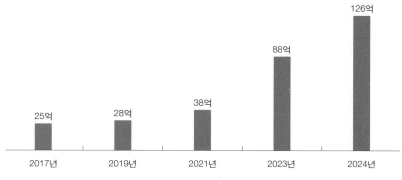

자료: 데이터모니터 헬스케어

'FAF1'을 억제하는 후보물질이다. 이기섭 카이노스메드 대표는 "KM-819는 파킨스병의 진전을 근본적으로 막는 혁신 치료제"라며 "특히 경구용으로 개발이 가능해 움직임에 제약을 받는 파킨스병 환자에게 높은 편의성을 제공한다"고 강조했다. 2020년 11월 미국 FDA에서 임상 후기1상(1b상)을 승인받았다.

뇌는 여전히 미지의 영역이다. 각 부위가 어떤 역할을 하는지도 아직 정확히 밝혀지지 않았다. 여러 가설에 따른 치료제를 개발 중이지만 실패를 거듭하고 있다. 최근 들어 임상시험에서 유의미한 효과를 거둔 후보물질들도 정확한 기전을 설명하지는 못하고 있다. 이 때문에 바이러스, 암 이후의 정복 목표로 뇌질환을 꼽는 제약바이오 기업이 많다. 시장조사 기관 데이터모니터 헬스케어는 세계 알츠하이머 치료제 시장 규모가 2019년 28억 달러에서 2024년 126억 달러로 크게 늘어날 것으로 예측했다. 유의미한 치료제가 출시된다면 단숨에 글로벌 빅파마로 거듭날 수 있는 셈이다.

논란의 '베타 아밀로이드' 치매 가설

그동안 세계 각국의 제약사들은 치매의 원인이 뇌 속에 축적되는 베타 아밀로이드 단백질에 있는 것으로 판단하고 이를 제거할 수 있는 약물을 개발해왔다. 치매 치료의 근거가 된 이른바 '베타 아밀로이드 가설'은 뇌 속에 하얀 플라크 덩어리 형태로 응집된 베타 아밀로이드 단백질과, 인산 여러 개가 붙어(과인산화) 구조가 깨져버린 타우 단백질(tau protein·뉴런 내에서 물질의 운반을 담당하는 운동 단백질)이 신경 퇴행성 뇌질환과 인지 기능 저하를 유발한다고 설명한다. 이에 제약사들은 베타 아밀로이드와 타우 단백질을 없애면 치매를 치료할 수 있다고 믿고 이를 제거하는 약물을 개발해왔다.

하지만 이 가설을 적용한 글로벌 제약사들의 치매 치료제 임상3상이 실패로 돌아갔다. 특히 마지막 기대주로 꼽히던 **바이오젠**마저 2019년 3월 유효성이 부족하다는 이유로 임상시험을 중단하면서 베타 아밀로이드 가설은 더 이상 유효하지 않을 수 있다는 회의감이 업계 전반에 퍼졌다. 실제로 베타 아밀로이드 가설이 자리잡은 2004년 이후 FDA 허가를 받은 치매 치료제는 하나도 없다.

그런데 2019년 12월 바이오젠이 알츠하이머병 신약 후보물질인 아두카누맙Aducanumab의 임상3상 결과를 발표하면서 분위기가 반전됐다. 투여량을 늘렸을 때 인지 기능 저하가 과거 대비 22% 줄어들었고, 일상생활에 미치는 영향도 40%나 억제됐기 때문이다. 여기에 마이클 헤네카 독일 본대학교 신경퇴행성질환 및 노인정신의학부 교수팀이 같은 달 국제 학술지 《네이처》에 발표한 타우 단백질과 아밀로이드 베타 단백질 사이의 연결 고리에 관한 연구 역시 베타 아밀로이드 가설을 뒷받침하는 것으로 평가받는다. 당시 《네이처》는 이 논문과 함께 타우 단백질이 가득 찬 신경세포를 표지에 실었다.

헤네카 교수팀은 염증 조절 복합체 'NLRP3 인플라마좀'이 타우 단백질 축적 과정에 중요한 역할을 한다는 연구 결과를 발표했다. 치매로 사망한 환자의 뇌세포를 분석한 연구에 따르면 NLRP3이 염증을 조절하는 인플라마좀을 활성화시키고, 활성화된 인플라마좀이 타우 단백질의 과인산화를 유도하는 효소에 영향을 미치는 것으로 밝혀졌다. 헤네카 교수는 "이번 연구는 베타 아밀로이드가 알츠하이머를 일으키는 주요 원인이라는 아밀로이드 가설을 뒷받침하는 결과"라고 설명했다.

헤네카 교수는 과거 연구에서 활성화된 인플라마좀이 베타 아밀로이드 플라크를 유발한다는 점을 입증한 바 있다. 이번 연구로 인플라마좀이 타우 단백질도 축적한다는 점을 밝혀내면서 베타 아밀로이드 단백질과 타우 단백질 둘 사이의 연결 고리를 만들어냈다. 헤네카 교수는 "이번 연구로 타우 단백질의 생성 원인이 밝혀진 만큼 이를 해결할 수 있다면 치매 치료를 위한 중요한 발걸음이 될 것"이라고 말했다.

FDA는 2021년 3월까지 아두카누맙의 승인 여부를 결정할 예정이다. 승인 확률은 반반이다. 아두카누맙의 신약 허가 심사를 담당하는 심사관은 2020년 11월 4일 홈페이지의 약물 검토 문서를 통해 "바이오젠의 임상 연구는 매우 설득력을 갖는다"며 "아두카누맙 효과에 대해서도 실질적 근거를 입증했다"고 강조했지만 불과 이틀 뒤인 11월 6일 FDA 산하 약물자문위원회는 "임상시험에서 약물의 효능이 입증되지 않았다"며 "아두카누맙의 승인을 권장하지 않는다"고 밝혔다. 물론 FDA가 자문위원회의 의견을 반드시 따를 필요는 없다. 하지만 산업 컨설팅 업체 맥킨지에 따르면 2001년부터 2010년까지 10년간 자문위원회로부터 반대 의견을 받은 신약 중 86%가 FDA의 승인을 통과하지 못했다.

국내 업체 중에는 FDA로부터 퇴행성 뇌질환 치료제 개발을 위해 FDA로부터 2건의 글로벌 임상2상을 승인받은 **디앤디파마텍**이 베타아밀로이드 가설에 도전하고 있다. 미국 존스홉킨스 의과대학 교수인 이슬기 대표가 창업한 이 회사는 자체 개발한 신약 후보물질 'NLY01'에 대해 2020년 2월과 11월에 각각 파킨슨병과 알츠하이머병 치료제로 임상2상을 승인받았다. NLY01은 디앤디파마텍이 100% 지분을 가진 미국 자회사 **뉴랄리**를 통해 글로벌 임상을 하고 있다. 파킨슨병 임상2상 대상자는 총 240명으로 2022년 하반기 마무리될 예정으로 임상 결과가 좋게 나오면 즉시 FDA에 조건부 허가를 신청한다는 방침이다. 알츠하이머병 임상2상은 미국과 캐나다, 유럽에서 518명의 치매 환자를 대상으로 추진하고 있다. 이슬기 디앤디파마텍 대표는 "518명 환자 규모는 전세계에서 진행 중인 250여 개 알츠하이머병 임상2상 가운데 상위 4%에 해당한다"며 "알츠하이머병 임상2상 평균 환자 수 160명의 3배가 넘는다"고 강조했다.

관심을 끄는 것은 디앤디파마텍이 보유한 NLY01의 작용 기전이다. 이는 주요 퇴행성 뇌질환 요인으로 꼽혀온 베타 아밀로이드 단백질을 직접 공략하는 대신에 뇌세포의 신경염증 반응을 억제하는 방식이다. 왜냐하면 기존에 베타 아밀로이드를 타깃하는 치료제들은 증상 완화 효과만 있을 뿐 완치에는 실패했기 때문이다. 반면 NLY01은 뇌에서 면역 기능을 담당하는 신경원 세포 중 하나인 미세아교세포microglia 활성화를 억제해 신경 독성 물질의 분비를 막고, 이로써 신경 염증을 줄여 뇌 신경세포를 보호하는 방식이다. 베타 아밀로이드를 비롯한 다양한 독성 단백질이 신경 염증을 일으켜 뇌질환으로 가기 때문에 베타 아밀로이드만을 목표로 해서는 완벽한 치료가 될 수 없다는 논리다. 따라서 신경 염증을 일으키는 다양한 원인들을 제거하는 데 초점을 맞춘 것이 NLY01이라는 설명이다. 2019년 과학 전문지 《네이처》에 신경 염증 억제를 통한 뇌질환 연구 논문이 실리면서 디앤디파마텍의 베타 아밀로이드 역할을 보완하는 임상에 관심이 커지고 있다고 회사 측은 강조한다. 디앤디파마텍은 이 대표가 속한 존스홉킨스 의과대학 내에 있는 브레인뱅크(뇌 은행)가 보유한 2500개가 넘는 퇴행성 뇌질환 환자의 뇌 조직 세포를 연구개발에 활용할 수 있다. 회사는 이와 별도로 뇌질환 환자들의 유전자 정보 빅데이터를 구축해 신약을 효과적으로 개발하는 자회사도 두고 있다. 향후 혈액 한 방울로 본인이 파킨슨병 및 알츠하이머병에 걸릴 가능성을 예측할 수 있는 진단키트와 함께 뇌질환 상태를 정확히 판별할 수 있는 바이오마커도 개발하고 있다.

3

줄기세포 치료제,
낙심한 환자들에 희망 될까

　도마뱀은 꼬리가 잘려도 몇 분 안에 꼬리가 재생되어 활동하는 데 지장이 없다. 인체에서 이러한 재생 기능을 활용할 수 있는 것이 줄기세포stem cell다. 줄기세포는 개념적으로 자가 재생산self-renewal과 분화능differentiation이라는 두 가지 특성을 갖는다. 즉 줄기세포는 태반이나 골수, 신경, 근육 등 다양한 인체 부위에 존재하면서 다양한 장기로 변화할 수 있는 다중분화 능력을 갖고 있다. 이로 인해 줄기세포 치료제는 병의 증상을 완화하거나 억제하는 약물 치료와는 달리 손상된 기능을 복구하는 '재생'에 중점을 두는 것이다. 줄기세포라는 용어는 나무의 줄기에서 수많은 가지들이 뻗어가듯이 여러 인체 기관과 조직으로 바뀔 수 있는 가능성을 염두에 둔 표현이다.

　줄기세포는 어느 단계에서 추출하느냐에 따라서 배아줄기세포

embryonic stem cell와 성체줄기세포adult stem cell로 나눌 수 있다. 전자는 세포에서 정자와 난자가 수정된 뒤 수차례 세포분열을 거쳐 뱃속에 착상되기 직전의 초기 배아(배반포)로부터 분리해낸 것이다. 특정 장기나 조직으로 분화가 정해지지 않은 터라 향후 모든 종류의 조직으로 분화 및 증식을 할 수 있는 전분화능pluripotency의 잠재력을 갖고 있다. 다만 종교나 법률상에서는 배반포를 생명체로 판단하고 있는 만큼 배반포를 해체한 뒤 세포를 꺼내는 것은 생명윤리법상 특정 사안에서만 행해지도록 엄격히 다뤄진다.

반면 성체줄기세포는 탯줄 혈액인 제대혈이나 다 자란 성인의 골수와 혈액 등에서 추출해낸 것이다. 이는 구체적인 장기가 되기 위해 세포로 분화되기 직전의 원시세포 혹은 조직 특이적 줄기세포라고도 불린다. 일부 특정한 조직으로만 분화되기 때문에 배아줄기세포의 전분화능과 구별해 다기능multipotent 줄기세포라고 한다. 예컨대 성체줄기세포 중에서 조혈모세포는 주로 골수에 존재하면서 증식과 분화 등을 통해 백혈구와 적혈구, 혈소판, NK세포 등 분화할 수 있는 분야가 한정되어 있다. 백혈병 치료에 쓰이는 골수이식이 바로 성체줄기세포를 투여하는 것이다. 구체적으로는 방사선 조사irradiation를 통해 암이 번진 세포들을 제거하고 난 다음, 그곳에 조혈모세포(골수줄기세포)를 이식하면 골수가 정상적인 혈구를 형성해 백혈병을 치료하게 된다. 이 성체줄기세포는 인체 내 조직 손상 부위에 잘 도달하는 특성을 갖고 있어 재생을 위한 치료 효과가 뛰어나다. 특히 초기 배아에서 추출한 배아줄기세포와 달리 골수나 뇌세포 등 이미 자란 신체 조직에서 추출하기 때문에 윤리적인 논쟁이 덜하다.

줄기세포 치료의 또 다른 강점은 상호보완성이다. 김현수 **파미셀**

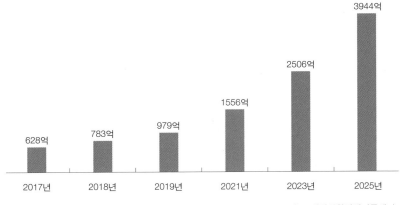

세계 줄기세포 치료제 시장 규모 (단위: 달러)

- 2017년: 628억
- 2018년: 783억
- 2019년: 979억
- 2021년: 1556억
- 2023년: 2506억
- 2025년: 3944억

자료: 생명공학정책연구센터

대표는 "장기이식은 공여자(장기·체액·골수 따위를 제공하는 사람)의 부족, 감염 위험성, 다양한 합병증, 고비용 문제로 인해 치료에 한계가 있는데 줄기세포 치료와 보완적인 역할이 가능하다"며 "장기이식이 이루어질 때까지 생명을 유지할 수 있는 다리 역할을 줄기세포가 할 수 있다"고 말했다.

줄기세포 치료제는 재생뿐만 아니라 일반 약으로 고치기 힘든 중증 및 희귀난치성질환 치료를 위한 마지막 보루로 여겨지고 있어 세계적으로 관심이 높다. 그동안 임상시험을 통해 치료 효과를 확인한 급성심근경색, 간경변, 뇌졸중, 척수 손상, 류머티스 관절염 등이 대상이 될 수 있다. 생명공학정책연구센터에 따르면 전 세계 줄기세포 치료제 시장은 2017년 628억 달러에서 2025년까지 연평균 25.8% 성장해 3944억 달러로 급증할 전망이다. 우리나라도 같은 기간 14억 5000만 달러에서 95억 8000만 달러로 매년 60% 이상 성장할 것으로 예상된다.

줄기세포 치료는 인체에서 뽑아낸 줄기세포를 배양해 그 양을 늘린 뒤 치료가 필요한 곳에 주사 등으로 투입하는 것이다. 혈관 내에 투여하는 방식과 기타 방식으로 나눌 수 있는데 대부분은 피하지방이나

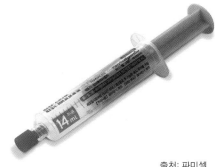

급성심근경색 줄기세포 치료제 '하티셀그램-AMI'

출처: 파미셀

손상된 연골 같은 국소 부위에 직접 주사한다. 반면 혈관 내 투여하는 줄기세포 치료제로는 **파미셀**의 급성심근경색 치료제인 하티셀그램-AMIHearticellgram-AMI가 사실상 유일하다. 이 제품은 2011년 7월 줄기세포 치료제로는 국내는 물론 세계 최초로 품목허가를 받았다.

메디포스트의 무릎 관절염 치료제인 카티스템Cartistem 같은 동종 제대혈에서 분리한 성체 줄기세포 치료제는 범용성으로 인해 대다수 환자에게 즉시 투여할 수 있다. 하지만 본인만의 줄기세포를 쓰는 자가유래 줄기세포 치료의 경우에는 국소 마취 후 환자의 골수를 채취한 뒤 세포 배양 시설로 옮겨 필요한 줄기세포만을 분리 및 배양하는 과정을 거치게 된다.

줄기세포 치료는 나이가 들어 수술이 힘들고 약이 잘 듣지 않는 고령자에게 유용할 수 있다. 최근에는 세포 배양 기술이 발달해 성체에서 줄기세포를 다량으로 뽑아낼 수 있게 되면서 제품화 가능성이 커졌다. 또 환자의 유전자 정보를 사전 파악해 줄기세포 투여 시 조직 내 거부반응을 줄이는 등 약물 안전성도 개선할 수 있게 됐다.

줄기세포 치료제의 기회 요인 및 도전 요인

기회 요인
고령화: 나이 들어 힘들어진 수술 치료 대안, 재생 효과 탁월
기술 혁신 : 세포 배양 기술 발달로 성체줄기세포 대량생산
적용 확대 : 희귀질환 등에 신약 개발, 인간 장기 대체재로 활용

도전 요인
높은 비용 : 보험 적용이 되지 않아 약 1000만 원이 넘는 치료비 부담
엄격한 규제 : 합성의약품 대비 개발 장기화, 윤리적 문제 발생
안전성 : 치료 효능에 대한 자료 부족해 다른 질환 유발 가능성

　줄기세포 치료의 단점 중 하나는 환자가 내는 비용 부담이 크다는 점이다. 보험 급여가 적용되지 않기 때문에 1회 투여 시 500만 원~ 2000만 원가량이 든다. 줄기세포 치료제는 대량생산이 힘든 데다 세포 채취와 배양 등 제조 과정이 복잡해 큰 비용이 들 수밖에 없다. 또한 줄기세포 치료제 개발을 위한 임상 환자 모집이 어렵고, 연구 비용 역시 합성의약품에 비해 상당히 높다. 줄기세포 치료제의 시장 진입을 빠르게 하기 위한 정부의 적절한 지원이 없다면 업체마다 연구만 하다가 끝날 수 있다는 얘기다.

　이에 따라 국내에서는 바이오의약품의 시장 진입을 앞당기기 위해 2016년 조건부 허가 제도를 도입했다. '생명을 위협하는 질환'이나 '중증의 비가역 질환'에 쓰는 줄기세포 치료제는 임상2상 결과만으로 조건부 허가를 받을 수 있도록 했다. 판매를 해가면서 임상3상을 할 수 있도록 한 것이 조건부 허가의 골자다. 특히 2020년 8월 28일, 바이오산업 활성화를 위한 '첨단재생의료 및 첨단바이오의약품

안전 및 지원에 관한 법률(첨단바이오재생법)'이 발효되면서 줄기세포 치료제는 가장 수혜를 받는 분야로 꼽히고 있다. 해당 법률이 희귀 및 중증질환자 치료 확대를 위한 바이오의약품의 우선 심사, 맞춤형 단계별 사전심사, 충분한 유효성이 입증된 경우 조건부 허가 등을 규정하고 있기 때문이다.

유럽에서는 치료 방법이 없는 말기 암이나 희귀질환 환자를 대상으로 허가 전이라도 줄기세포 신약을 무상 공급할 수 있도록 하고 있다. 일본 역시 기존 약사법을 개정해 허가받지 않은 줄기세포 치료를 의사 책임하에 시술할 수 있도록 했다. 일본 정부가 조건부 허가를 통해 줄기세포 치료제 개발을 독려하면서 일본 업체들은 유도만능 줄기세포iPS Cell 기술을 활용해 치료 분야를 넓히고 있다. 유도만능 줄기세포는 역분화 줄기세포로도 불리는데 이는 시간을 거꾸로 돌리는 듯한 역분화 기능 때문이다. 이미 다 자란 세포를 배아 단계로 되돌려 무한한 조직으로 변신이 가능한 배아줄기세포로 다시 만드는 것이다. 즉 유도만능 줄기세포의 제조는 다 자란 체세포에 특정 유전자를 주입하는 등 인위적인 자극을 가함으로써 배아줄기세포와 같은 만능성을 가진 세포로 만들 수 있는 기술이다.

특히 유도만능 줄기세포 기술은 황우석 박사가 시도한 체세포 핵 치환 기술과 비교해 배아줄기세포를 얻기가 상대적으로 수월하기 때문에 전 세계적으로 활용될 여지가 높은 편이다. 체세포 핵 치환은 난자의 핵을 제거하고서 특정 환자의 핵을 넣어주면 환자의 면역 특성을 갖는 배아줄기세포를 얻을 수 있다는 원리지만 핵 치환 기술 자체가 어렵고 난자 채취가 불법인 관계로 활용에 한계가 있다.

사실 국내의 줄기세포 연구는 논문을 조작한 것으로 확인된 황우석 사태 이후 크게 악화됐다. 황우석 사태를 계기로 배아 관련 연구가 위축되고 생명윤리 규제가 엄격해지면서 배아줄기세포 연구가 거의 실종됐다. 게다가 분야는 다르지만 2019년 **코오롱티슈진**의 골관절염 유전자 치료제 인보사Invossa의 성분 논란으로 같은 바이오의약품인 줄기세포 치료제 허가 역시 더욱 까다로워졌다. 이 때문에 국내 환자들이 줄기세포 관련 규제가 느슨한 일본으로 원정 치료를 받으러 떠나는 경우도 적지 않았다. 2020년 8월 말 첨단재생바이오법 시행 전까지 당국은 암 발생 등 안전성이 확인되지 않았다는 이유로 의료기관에서 줄기세포를 대량 증식 및 배양해 환자에게 투여하는 행위를 금지했다. 첨단재생바이오법 시행 이후에도 대체 치료제가 없거나 생명을 위협하는 중대 질환, 희귀난치성질환 등을 가진 환자에 대해서만 임상 연구가 가능하도록 제한했다.

우리나라의 줄기세포 치료제 기술력은 여러 바이오 분야 가운데 초일류에 가장 근접한 것으로 평가받고 있다. 전 세계에 출시된 줄기세포 치료제 10개 가운데 4개를 갖고 있을 뿐만 아니라 줄기세포 관련 임상시험 건수도 미국 다음으로 많다. 식약처에 따르면 1999년~2016년 전 세계 줄기세포 치료제 임상시험은 미국이 155건(49%)으로 가장 많고, 한국 46건(15%), 중국 29건, 스페인 15건 순이었다. 한국과학기술기획평가원이 2019년 작성한 「2018 기술수준평가 보고서」를 보면 우리나라의 생명·보건의료 기술력은 미국의 75.2% 수준으로 3.5년의 기술 격차가 존재한다. 하지만 줄기세포 활용 기술(치료제)은 미국 대비 85%로 기술 격차는 2년에 불과해 가장 앞서 있다. 원천 기술은 부족하지만 응용 개발 역량은 우수하다는 평가다.

국내 줄기세포 치료제 개발은 주식시장에 상장된 줄기세포 업체가 10여 개에 이를 정도로 활발하다. 태아의 제대혈 유래 줄기세포 기술력이 강점인 **메디포스트**는 2012년 1월 세계 최초 제대혈 유래 중간엽 줄기세포로 만든 골관절염 줄기세포 치료제 카티스템을 국내 출시했다. 카티스템은 미국과 일본 진출을 위해 현지 임상을 진행 중이다. 또한 미숙아의 기관지폐 이형성증 치료제인 뉴모스템 Pneumostem의 경우 2014년 희귀의약품 지정을 받아 국내에서 임상2상을 하고 있다. 알츠하이머병 치료를 위한 뉴로스템Neurostem도 국내와 미국에서 임상을 진행 중이다.

파미셀은 세계 최초의 줄기세포 치료제인 하티셀그램-AMI 외에 알코올성 간경변, 발기부전 등을 대상으로 치료제를 개발 중이다. 알코올성 간경변 치료제 셀그램-LCCellgram-LC는 조건부 품목허가와 관련해 식약처와의 법정 공방과 별도로 국내에서 임상3상을 진행 중이다. 미국에서도 임상 개시를 위한 FDA 승인을 받아 2019년 6월 임상에 착수했다. 발기부전 치료제 셀그램-EDCellgram-ED도 국내 임상2상을 승인받고 진행 중이다.

차병원그룹 계열사인 **차바이오텍**에서는 뇌졸중 치료제인 코드스템-STCordSTEM-ST를 개발하고 있다. 이는 뇌경색 발생 시점부터 7일 (168시간) 이내 급성 뇌경색 환자를 대상으로 해서 치료제 안전성과 초기 잠재적 치료 효과를 인정받아 국내 임상2상을 하고 있다. 또한 탯줄 및 태반 줄기세포를 활용한 무릎 관절연골 결손, 퇴행성 디스크, 알츠하이머병 치료제를 개발하고 있다.

강스템바이오텍은 만성 아토피피부염 치료제 퓨어스템-ADFurestem-AD 와 류머티스 관절염 치료제 퓨어스템-RAFurestem-RA, 크론병 치료제 퓨어스템-CDFurestem-CD 등의 파이프라인을 갖고 있다.

국내 3호 줄기세포 치료제인 큐피스템Cupistem을 개발한 **안트로젠**은 희귀난치성질환인 크론병의 누공 치료에 줄기세포를 적용했다. 다른 줄기세포 치료제와 달리 보험 약가가 적용되어 치료 비용이 상대적으로 저렴하다. 안트로젠은 당뇨병성 족부궤양 관련 줄기세포 치료제를 미국에서 임상2상을 진행 중이다. 2020년 5월 FDA로부터 첨단재생의학치료제로 지정받아 신속심사 등을 통해 개발 기간을 줄일 수 있게 됐다. 당뇨병성 족부궤양은 당뇨병 환자 발의 피부 또는 점막 조직이 헐어 생기는 합병증이다.

어른 세포를 젊게 돌려 활용 극대화 'iPS셀'

황우석 전 서울대 수의대 교수의 논문 조작 사건으로 대한민국이 시끌벅적하던 2006년, 일본 교토대학교의 야마나카 신야 교수는 국제 학술지 ≪셀≫에 논문 하나를 발표했다. 그로부터 불과 6년 뒤인 2012년 야마나카 교수는 노벨 생리의학상을 받았다.

그의 노벨 생리의학상 수상은 매우 짧은 기간에 이뤄져 이례적이라는 평가를 받았다. 노벨상은 보통 연구 결과를 발표한 뒤 10년~20년쯤 지나 그 연구가 실생활에 응용되기 시작할 때에야 받을 수 있기 때문이다. 예컨대 앞서 설명한 면역 관문 억제제 PD-1을 연구했던 일본 교토대학교의 혼조 다스쿠 교수가 PD-1의 존재를 처음 발표한 뒤 노벨상을 수상하기까지는 26년이 걸렸다. 면역 관문 억제제라는 개념을 확인하고 이를 활용한 면역 항암제가 개발되어 지미 카터 전 대통령의 흑색종이 완치되는 등 여러 사례가 등장하고 나서야 노벨상을 받았던 것이다.

야마나카 교수의 핵심 연구 분야는 '역분화 줄기세포'다. 피부세포, 뇌세포 등으로 분화되어 만들어질 용도가 이미 정해져 있는 기존 세포에 4가지 유전자(Oct4·Sox2·Klf4·c-Myc)를 도입하면 마치 배아줄기세포처럼 만능성을 갖게 된다는 것이 요지다. 일명 '유도만능 줄기세포'로 불리는 이유다.

줄기세포 연구의 시대 구분 자체가 야마나카 교수가 역분화 줄기세포 논문을 ≪셀≫에 싣기 전과 후로 나뉜다고 해도 과언이 아닐 정도로 줄기세포 업계는 이 새로운 기술에 열광했다. 역분화 줄기세포는 배아를 쓰지 않아도 되기 때문에 윤리 문제를 피해갈 수 있는데다 체세포 복제 배아줄기세포를 만들 때 필요한 핵 치환 같은 까다로운 기술을 쓰지 않아도 되어 각광받았다. 기존 배아줄기세포는 어떤 세포로도 바뀔 수 있는 만능성을 가졌지만 윤리상의 지적과 함께 세포 내 면역 적합성 항원HLA 유전자가 환자와 일치하지 않으면 면역 거부반응이 나타날 수도 있다. 골수나 지방 등에서 얻는 성체줄기세포의 경우 윤리적 속박에서 비교적 자유롭지만 이미 세포의 역할과 기능이 정해져 있어 그대로 사용할 수밖에 없다. 반면 역분화 줄기세포는 성체줄기세포와 배아줄기세포의 장점을 섞어놓은 것이다. 즉 어떤 세포로든 분화할 수 있는 데다 윤리적 이슈가 대두할 여지도 없다. 업계 관계자는 "대다수 생물학 연구는 논문을 읽고 재현해보려 해도 관련 경험이 부족하면 쉽게 수행할 수 없는데 야마나카 교수의 논문은 비교적 단순한 방법으로 역분화라는 정말 상상하지도 못한 일을 해냈다"며 "노벨위원회에서도 수상자를 결정할 때 실제 약으로 나와 효능을 확인할 때까지 기다릴 필요가 없었을 것"이라고 말했다.

이 같은 성과에 힘입어 일본 정부는 임상1상과 2상에서 안전성이 확인된 치료제에 대해 사용승인 허가를 먼저 내주고 치료 과정에서 부작용 여부를 감시 관리하는 내용의 재생의학법을 2014년 제정했다. 일본 정부는 2013년 교토대학교 유도만능줄기세포연구소를 중심으로 10년간 총 1100억 엔을 투입하기로 하는 등 적극적으로 재정을 지원하고 있다. 이어 2018년에는 유도만능 줄기세포를 활용해 심장질환 및 파킨슨병 치료제 개발을 위한 임상시험을 세계 최초로 승인했다. 혈관이 막혀 혈액이 심장 근육에 공급되지 않는 허혈성 심근증 환자에게 유도만능 줄기세포 심근 시트를 붙여 심장 근육을 재생시키는 방식이다. 또 유도만능 줄기세포로 신경세포를 만들어 파킨슨병을 앓고 있는 50대 남성 환자 뇌에 이식하는 임상시험도 실시했다. 이 밖에 유전병을 가진 성인의 유도만능 줄기세포에서 유전적 결함을 가진 세포 속 DNA를 찾아내 유전자 가위 기술을 통해 치료하는 것도 이론상 가능하다고 한다. 이에 따라 파킨슨병이나 유전병 등 각종 중증 및 희귀질환에서 완벽한 치료제가 없는 가운데 역분화, 유도만능 줄기세포가 향후 근본적인 치료 대안을 내놓을 수 있을지 관심이 집중되고 있다.

물론 역분화 줄기세포의 단점도 있다. 앞서 언급한 4가지 유전자 중 c-Myc가 암을 유발할 수 있다. 즉 치아나 체모 등 주변 세포와 전혀 상관없는 조직으로 형성되는 암의 일종인 테라토마(teratoma·기형종)가 발생할 수 있는 것으로 알려져 있다. 이에 최근 역분화 줄기세포 연구는 c-Myc 없이도 역분화를 일으킬 수 있는 방향으로 진행되고 있다.

4

스마트폰 중독에
급증하는 안과질환

유전자 치료제 개발과 함께 주목받는 분야가 안과질환이다. 눈은
유전질환이 있을 때 이상이 쉽게 생긴다. 어린이 실명의 60%가 유전
성 질환이 원인이며 성인 실명의 원인인 녹내장과 황반변성도 유전
요인을 갖고 있다. 유전자 결함에 따른 진행성 망막 변성은 실명에
이를 정도로 증세가 심각하지만 그동안 별다른 치료법이 없었다.

2017년 FDA가 **스파크 테라퓨틱스**에서 개발한 럭스터나Luxturna를
승인한 것을 계기로 안질환 치료에 유전자 치료가 본격적으로 도입
됐다. 유전성 망막질환은 유전자 치료제를 적용할 수 있는 분야 중
하나다. 원인 유전자를 명확하게 알고 있는 데다 눈은 면역반응이
일어나지 않아 유전자를 전달하기 위해 사용하는 바이러스 등의 외
부 물질을 투여해도 과다 면역반응이 일어나지 않기 때문이다. 각막

이 장기이식의 대표 사례로 꼽히는 이유다.

럭스터나는 시력에 필요한 단백질을 만드는 RPE65 유전자에 결함을 갖고 있는 환자의 치료를 돕는다. 구체적으로 환자의 안구에 럭스터나를 주사하면 약물에 있는 아데노 바이러스Adenovirus 벡터(운반체)가 망막 세포에 들어간다. 아데노 바이러스 벡터에는 회사가 주입한 건강한 RPE65 유전자가 포함되어 있는데 환자는 이 유전자를 통해 제대로 된 RPE65 단백질을 만들어낼 수 있게 된다. 임상시험에서 환자들은 시력을 완전히 되찾지 못했지만 대부분의 환자들이 약한 빛에서도 장애물 코스를 통과하는 등 긍정적인 성과를 보였다. 다만 실명된 한 쪽 눈을 치료하는 데 대략 42만 5000달러가 든다는 게 문제다.

황반변성 치료제와 황반부종 치료제도 주목받는 분야다. 황반은 안구에서 초점을 맺는 부위로 사물의 명암이나 색, 형태 등을 감지한다. 65세 이상에서 많이 생기는 황반변성은 사물이 찌그러져 보이는 증상이 나타나며 심해질 경우 실명으로 이어진다. 황반부종은 당뇨병 합병증으로 망막혈관이 약해져 혈액 속 혈장 단백질 등이 망막에 흘러 들어가서 생기는데 망막이 두꺼워지고 신경에 손상을 입으며 시력이 떨어진다.

대표적인 황반변성 치료제로는 아일리아Eylea와 루센티스Lusentis가 있다. 두 제품이 시장의 88%를 차지하고 있다. **제넨텍**과 **노바티스**가 공동 개발한 루센티스의 연 매출은 2019년 기준으로 4조 7000억 원, **리제네론**과 **바이엘**이 공동 개발한 아일리아는 8조 7000억 원이다. 이 두 제품은 특허 만료를 앞두고 있어 관련 업계는 바이오시밀러 개발에 열중하고 있다. 루센티스의 특허 만료는 미국 2020년 6월,

유럽 2022년 1월이며, 아일리아는 미국과 유럽이 각각 2023년 6월, 2025년 5월이다. **삼성바이오에피스**는 루센티스와 아일리아 바이오시밀러의 임상3상을 진행하고 있는데 루센티스 바이오시밀러의 경우 705명의 황반변성 환자를 대상으로 한 임상3상에서 의학적 동등성을 입증해 미국 FDA의 품목허가 절차에 돌입했다.

국내 바이오벤처 **올릭스**는 2020년 10월 유전자 치료를 활용한 황반변성 치료제 후보물질 'OLX301A'와 'OX301D'을 프랑스 안과 전문기업 **테아 오픈이노베이션**에 4500억 원 규모로 기술이전했다. 테아 오픈이노베이션은 유럽 내 안과 의약품 시장점유율 1위 업체로 올릭스는 이 회사에 2년 내 새 안질환 치료 후보물질 2개를 추가로 기술이전할 수 있는 권리도 확보했다. 이 후보물질은 RNA 간섭RNAi 기술을 활용했다. RNA 간섭 기술은 조그마한 RNA 조각을 활용해 질병을 유발하는 특정 단백질이 만들어지지 않도록 차단하는 방법이다. 기존 RNA 간섭 기술은 질병을 일으키는 유전자 외에 엉뚱한 유전자를 공격하는 부작용이 생길 수 있는데 올릭스는 특정 유전자에만 치료물질이 달라붙도록 만들었다.

안질환 치료제의 성장 가능성에 글로벌 제약사들은 유망한 바이오벤처 인수에 적극 나서고 있다. **로슈**는 2019년 럭스터나를 개발한 **스파크 테라퓨틱스**를 48억 달러에 사들였고, **바이오젠**은 **나이트스타 테라퓨틱스**를 8억 달러에 인수했다. 나이트스타 테라퓨틱스 역시 럭스터나처럼 유전성 망막질환에 대한 아데노 바이러스 치료제 개발에 주력하는 회사다. 남성에게 주로 발병하는 맥락막결손CHM 치료용 유전자 치료제 'NSR-REP1' 등을 개발 중이다. 바이오젠 관계자는 인수 당시 "잠재력을 보유한 2개 유전자 치료 자산을 확보해 안과 분야로의 진입을 가속화할 것"이라고 설명했다.

노바티스도 2020년 10월 유전자 치료를 통한 안질환 치료에 나서는 바이오벤처 베데레바이오를 2억 8000만 달러에 사들였다. 이를 통해 광범위한 유전성 망막 이영양증IRDs 장애를 포함해 광 수용체 장애로 인한 시력 상실 치료제를 개발할 것이라 밝혔다.

안구건조증도 안질환 치료 시장에서 새롭게 커지고 있다. 안구건조증에 걸리면 눈이 자주 시리고 건조감 등의 증상이 나타난다. 원인은 공해나 스트레스 등 다양한데 스마트폰을 자주 사용하고 미세먼지가 극성을 부리는 최근 들어 발병률이 크게 높아졌다. 글로벌데이터 분석업체 PIc는 2028년까지 9개 주요 국가(미국·유럽 5개국·일본·중국·인도)의 안구건조증 치료제 시장 규모가 13조 원이 넘을 것으로 예상했다. 하지만 현재 글로벌 제약 시장에서 미국 FDA 허가를 받은 안구건조증 치료제는 엘러간의 레시타시스Restasis와 샤이어의 자이드라Xiidra, 산텍제약의 디쿠아스Diquas 3개에 불과하다.

휴온스는 안구건조증 치료제 나노복합점안제 'HU-007'이 국내 임상3상을 마치고 식약처에 품목허가를 신청했다. 이 약은 사이클로스포린cyclosporine, 히알루론산hyaluronic acid 등 단일 제제의 치료제만 있는 안구건조증 시장에서 항염 효과를 내는 사이클로스포린과 눈물막 보호 효과를 내는 트레할로스trehalose를 복합해 안구건조 증상을 신속히 개선하도록 설계된 개량 신약이다.

바이오벤처 지트리비앤티는 개발 중인 안구건조증 치료제 'RGN-259'에 대해 2021년 1분기 미국 임상3상의 톱라인(주요 임상지표) 결과를 발표할 예정이다. 지트리비앤티 측은 RGN-259의 글로벌 출시 시점을 2022년으로 잡고 있다.

한편 건강기능식품 중 루테인Lutein이 포함된 제품에 대한 관심도 높다. 눈의 황반부를 이루는 주요 시각 색소인 루테인은 노화가 진행되며 점차 감소한다. 루테인이 부족할 경우 백내장 등이 발생할 수 있다. ≪미국 임상영양학회지≫에 실린 논문에 따르면 루테인을 꾸준히 섭취한 그룹은 섭취하지 않은 군에 비해 백내장 위험이 22% 낮은 것으로 나타났다.

하지만 과다 복용은 독이 될 수 있다. ≪미국 의학협회저널≫에 실린 모런 안과병원의 연구에 따르면 장기간 과도하게 루테인을 복용한 60대 여성의 눈에 노란색 결정체가 생성되어 황반변성 증상이 나타났다. 아울러 미국 노스캐롤라이나대학교 연구팀은 루테인 속 카르티노이드carotinoid 성분을 일일 섭취량 이상으로 장기간 복용할 시 폐암 발병 위험이 2배 이상 증가한다는 연구 결과를 내놓기도 했다. 식약처는 루테인의 하루 권장량으로 10mg~20mg를 제시했다.

눈가 주름까지 없애는 보툴리눔 톡신

생물학 테러에 쓰이는 치명적인 독성 물질 중 하나인 보툴리눔 톡신Botulinum Toxin은 보툴리눔 균에서 추출한 바이오 단백질이다. 현재까지 인류가 개발한 독소 가운데 독성이 가장 강한 물질 중 하나다. 청산가리의 치사량이 0.15g, 복어 독인 테트로도 톡신이 400mg, 방사성물질인 폴로늄이 10mg인데 반해서 보툴리눔 톡신의 치사량은 0.00014mg에 불과하다.

하지만 사람은 이 독을 얼굴에 맞는다. 보톡스Botox라는 이름으로 성형외과, 피부과 등에서 널리 시술하는 물질이 보툴리눔 톡신이다. 이를 근육에 투여하면 근육이 마비되며 수축되는데 이 과정에서 주름살이 펴지는 원리를 미용 성형에 이용했다.

보툴리눔 톡신은 초기에 눈꺼풀 치료에 쓰이는 의약품으로 출시됐지만 사각 턱, 주름 개선 등에서 큰 효과를 보여 '회춘의 명약'이라고도 불린다. 치료 영역에서도 다한증, 사시, 뇌성마비 등 10개 질환에 사용된다. 최근에는 암세포와 연결된 신경을 차단해 초기 암을 치료하는 항암제로도 개발되고 있다. 업계에서는 현재 30여 개 정도 질환을 치료할 수 있는 보톡스가 정제 기술의 발달로 향후 100개 이상의 질환을 치료할 수 있을 것으로 보고 있다. 국내에서 시판 중인 보툴리눔 독신 중 가장 많은 적응증을 보유한 제품은 미국 **엘러간**의 보톡스다. 오리지널 격인 보톡스는 사시 및 눈꺼풀 경련, 첨족 기형, 목근육 긴장 이상, 겨드랑이 다한증, 뇌졸중 관련 근육 경직, 미간 주름, 만성 편두통, 방광 기능 장애, 눈가 주름과 미간 주름 동시 치료 등 10개의 치료 분야를 갖고 있다.

전 세계 보툴리눔 독신 제제 시장 규모는 약 80억 달러다. 이 중 80%를 엘러간의 보톡스가 차지하고 있다. 보툴리눔 독신 제제를 그냥 '보톡스'라고 부르는 것은 엘러간 제품의 시장 지배력 때문이다.

보툴리눔 독신 제제는 높은 영업이익률을 보장해 알짜 캐시카우(Cash Cow·수익 창출원)로도 꼽힌다. 원가와 관리비, 판매비 등을 빼고도 매출의 절반이 남는다. 일반 가전 업체의 영업이익률이 4%에 불과한 것과 대비된다. 원재료인 보툴리눔 균은 미생물이라 온도와 습도 등 조건만 맞으면 자체 증식을 하는데 이는 추가 투자 없이도 원재료가 계속 늘어난다는 의미다.

과거 국내에서는 **메디톡스**와 **휴젤** 제품이 보툴리눔 독신 시장의 70%가량을 차지했다. 벤처기업으로 출발한 메디톡스는 2006년 국내 기업 최초로 보툴리눔 독신 제제인 메디톡신Meditoxin을 내놓으며 국산 보톡스 시대를 열었다. 당시만 해도 국내 보톡스 시장은 원조인 미국 엘러간의 보톡스가 주도했으나 메디톡스는 합리적인 가격과 우수한 품질로 단숨에 1위 자리를 거머쥐었다. 엘러간과 기술수출 계약을 맺어 미국 진출도 시도했다. 하지만 2020년 허가 내용과 다른 원액으로 생산한 제품을 팔았다는 이유로 메디톡신의 품목허가가 취소됐다.

휴젤은 2010년 보툴리눔 톡신 제제인 보툴렉스Botulax 개발에 성공했다. 2016년 국내 시장 1위에 올랐으며 주력 제품인 보툴렉스는 대만, 일본 등 아시아 시장에서 성과를 내고 있다. 2020년 중국 품목허가를 획득하며 매출 신장이 기대된다.

2014년 나보타Nabota의 품목허가를 획득한 **대웅제약**은 휴젤과 메디톡스에 비해 국내 시장 진입이 늦었다. 그럼에도 2019년 2월 국내 최초로 FDA의 품목허가를 획득하며 미국 시장에 진출했다. 하지만 대웅제약은 이후 메디톡스와 보툴리눔 톡신 균주의 출처를 놓고 미국 ITC(국제무역위원회)에서 소송전까지 벌였다.

이 밖에 다른 국내 제약바이오 업체들도 속속 보툴리눔 톡신 제제 시장에 뛰어들고 있다. **종근당**, **휴온스**, **제테마**, **파마리서치바이오** 등은 자사 브랜드의 보툴리눔 톡신 제품을 잇따라 출시했다.

사용 및 시술 편의성도 높아지고 있다. 기존에는 정제된 보툴리눔 톡신 가루를 희석해 써야 했지만 액상형과 무통, 바르는 제품도 개발되고 있다. 메디톡스가 내놓은 세계 최초의 액상형 보툴리눔 톡신인 이노톡스Innotox는 액상형으로 되어서 기존 제품과 달리 물을 섞어 별도의 희석 과정 없이 바로 사용이 가능하다. 의사들의 시술 편의성을 개선하고 환자에게 정확한 투약 용량을 산정하는 데 유리하지만 현재는 식약처 행정처분을 받아 제조·판매 중지 위기에 놓여 있다. **칸젠**은 세포투과성 펩타이드를 이용해 피부에 바르는 보툴리눔 톡신을 개발하고 있다. 휴젤은 피부에 붙이는 패치형과 함께 시술 후 통증 발생을 없앤 무통 액상형 제품을 준비 중이다.

국내 보툴리눔 톡신 사용량의 90%는 미용 목적이다. 하지만 미국 등에서는 보툴리눔 톡신 시장의 60%가 치료 목적이다. 글로벌 시장 분석업체 대달 리서치는 2021년 세계 보툴리눔 톡신 시장 규모가 59억 달러에 달할 것이며 이 중 약 55%인 32억 달러를 치료용 시장이 차지할 것으로 예측하기도 했다.

2019년 글로벌 제약사 **애브비**가 보툴리눔 톡신 제제 시장 1위 업체인 엘러간을 인수한 것 역시 이 때문이다. 애브비는 자그마치 630억 달러에 엘러간을 인수했는데 이는 2019년 일어난 제약바이오업계 인수합병 중 **BMS**의 **셀진** 인수에 이은 두 번째 규모다.

애브비는 엘러간을 인수하며 보톡스를 차세대 바이오의약품의 대표 주자로 육성하겠다는 청사진을 제시했다. 글로벌 매출액 1위 의약품 '휴미라'의 미국 특허는 2023년 만료된다. 2018년 매출액 328억 달러 중 휴미라의 비중이 60%(191억 달러)에 달했던 애브비는 휴미라를 대체할 새로운 성장 동력을 찾아야 하는 처지다. 이미 휴미라의 아성을 위협하는 바이오시밀러가 등장하기 시작한 유럽 시장에서는 매출액 감소가 현실화하고 있다. 합병한 회사는 면역학, 의학 미학, 신경학, 여성 건강 등 여러 가지 분야를 연구할 예정이다.

애브비가 엘러간을 인수하기 전에 **화이자**도 엘러간 인수에 뛰어든 적이 있다. 2015년 1600억 달러를 제시했다. 하지만 화이자가 세금을 줄이기 위해 아일랜드로 본사 이전을 시도하자 미국 재무부가 세금 회피용 인수합병을 금지하는 규정을 신설하며 거래가 무산됐다.

5

바이오시밀러는
꿩 대신 닭인가

바이오의약품의 복제약은 바이오시밀러, 합성의약품의 복제약은 제네릭이다. 바이오시밀러와 제네릭은 둘 다 복제약이지만 바이오의약품과 합성의약품이 서로 다른 것만큼이나 차이가 있다. 바이오시밀러는 제네릭에 비해 임상시험 등 신약에 준하는 개발 절차로 인해 시간과 비용이 더 많이 들 뿐만 아니라 높은 제조 기술력도 필요하다.

제약바이오업계 내부에서조차 바이오시밀러가 신약이 아니라는 이유로 '짝퉁 약'으로 낮춰 얘기하는 사람들이 있는데 이는 사실과 다르다. 바이오시밀러를 만드는 데 드는 노력은 신약 개발 수준까지는 아니라고 해도 제네릭 제조 과정에 비해 수십 배는 더 든다. 복제약들은 특정 제약사가 만든 오리지널 약에 걸려 있는 각종 특허가 끝나는 시점에서 출시되는데 제네릭은 임상시험 대신에 오리지널 의약품과 동등한 약효와 안전성을 입증하기 위한 절차를 거친다. 일명 '생동성 시험'으로 불리는 생물학적 동등성 시험을 통해 특정 의약품이 몸속에서 흡수되는 속도와 물량 등을 비교해 오리지널 약과 동등한지 여부를 살펴보는 것이다. 복잡한 임상시험 절차를 거쳐야 하는 신약이나 바이오시밀러 개발에 비하면 매우 수월한 편이다. 그렇기 때문에 하나의 오리지널 합성약에는 특허가 끝나기 무섭게 다수의 카피 약이 생겨나는 것이다.

반면 바이오시밀러는 임상1상과 3상, 두 단계의 임상시험을 거치도록 되어 있다. 신약과 달리 한 차례의 임상이 면제되지만 오리지널 약과의 비교 실험 차원이 아니라 독립된 임상을 해야 한다는 점에서 신약에 준하는 난이도를 갖는다.

대규모 임상을 해야 하는 만큼 투자 금액도 많이 든다. 바이오시밀러는 세포 배양을 위해 대용량의 첨단 세포 배양기는 물론 반도체 생산공정 이상의 무균 설비도 갖춰야 한다. 제네릭의 경우 오리지널 합성의약품과 화학적 분자구조가 똑같은 제품을 만들어낼 수 있어 생동성 시험만 거치면 되지만 바이오시밀러는 살아 있는 세포를 배양해 만들기 때문에 인체 임상을 통해 오리지널 약과의 안전성 및 효능 측면에서 동등성을 증명해야 한다. 바이오시밀러는 염기서열이 동일한 의약품을 개발하려고 해도 구조적인 복잡성으로 인해 특성 분석이 어렵고, 세포 배양을 위한 배지(세포 배양에 필요한 영양소가 들어 있는 액체나 고체)와 온도, 정제 방법 등 생산 환경에 매우 민감해 오리지널 의약품과 똑같은 복제약을 제조하는 것은 사실상 불가능하다. 그래서 비슷하다는 의미의 접미사 '시밀러'를 붙이는 것이다.

바이오시밀러의 최대 강점은 고가의 오리지널 바이오의약품 가격의 50%~70% 정도로 처방받을 수 있어서 환자뿐만 아니라 정부의 건강보험 재정에도 도움이 된다는 점이다. 치료 효과는 높지만 가격이 비싸서 그림의 떡이던 바이오의약품이 바이오시밀러 방식으로 재탄생해 더 많은 환자들이 찾을 수 있게 된 것이다. 연 매출 1조 원이 넘는 글로벌 블록버스터급 바이오의약품들의 특허가 만료되는 시점을 잘 포착해 바이오시밀러로 신속히 출시하는 업체는 신약이 독점했던 시장의 일부를 차지할 수 있는 기회를 가질 수 있다.

셀트리온이 개발한 바이오시밀러 램시마는 2013년 9월 유럽에 출시된 지 5년여 만에 글로벌 제약사인 **얀센**의 오리지널 약 레미케이드Remicade의 처방액을 넘어섰다. 유럽에서 오리지널 약을 포함한 해당 약품 시장에서 램시마의 판매 비중은 2020년 2분기 기준 55%에 달한다. 램시마는 류머티즘 관절염, 염증성 장질환 등 자가면역질환을 대상으로 하는 약인데 미국에도 2016년 11월 '인플렉트라'라는 이름으로 출시됐다. 의약품 시장조사 기관인 아이큐비아에 따르면 램시마는 1년간(2017년 3분기~2018년 2분기) 전 세계에서 1조 3000억 원 이상의 처방을 처음 기록했다. 신약과 바이오시밀러를 합쳐 국산 단일 의약품이 해외 시장에서 연간 처방액 1조 원을 넘긴 것은 램시마가 최초다.

램시마의 성공 사례는 오리지널 바이오의약품의 특허가 만료된 뒤 바이오시밀러 가운데 가장 먼저 나오는 제품이 퍼스트 무버(First mover·시장 개척자)가 되어 시장을 장악한다는 통설을 뒷받침한다. 오리지널 약이 비싸서 처방 및 구입을 실행하지 못한 대기 수요가 가장 먼저 나온 바이오시밀러에 몰릴 수밖에 없다. 병원에서는 맨

셀트리온의 바이오시밀러

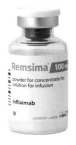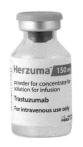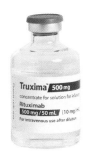

처음에 써본 바이오시밀러를 차후에 나오는 제품과 잘 바꾸려 하지 않기 때문에 제약업체로서는 서둘러 바이오시밀러를 출시해서 보험 적용을 받고 병원에 납품하는 것이 중요하다.

하지만 바이오시밀러 시장도 다수 업체가 진출하면서 경쟁이 치열해지고 있다. 자금 사정에 여유가 있는 글로벌 제약사들은 퍼스트무버가 되지 못하더라도 장시간 버티면서 기존 네트워크를 활용해 대형 병원의 납품을 따내는 방식으로 앞서 진입한 바이오시밀러 기업들을 밀어내고 있다. 특히 오리지널 약을 생산해온 업체들은 특허 만료와 함께 판매 단가를 낮추면서 시장에 갓 출시된 바이오시밀러를 고사시키는 작전에 들어가기도 한다. 2018년 미국 **애브비**가 연간 판매액 약 20조 원에 달하는 세계 최대 바이오의약품 휴미라의 약가를 일부 지역에서 최대 80% 할인 공급하겠다고 밝힌 것도 유럽에서 그해 동종 바이오시밀러 4종이 출시되자 위기감을 느낀 탓이다.

오리지널 의약품 제약사들은 바이오시밀러 업체들이 시장 진입을 못 하도록 다양한 특허 장벽을 쳐놓고, 문제가 되면 법적 소송도 불

삼성바이오에피스의 바이오시밀러

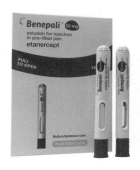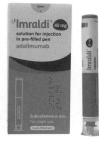

출처: 삼성바이오에피스

사하고 있다. **삼성바이오에피스**가 2019년 1월 미국 FDA로부터 유방암·전이성 위암 치료 바이오시밀러인 온트루잔트Ontruzant 판매 허가를 받고도 출시하는데 이후 1년 3개월이나 걸린 것은 원개발사인 **제넨텍**과 10여 건의 특허 소송이 남아 있었기 때문이다. 오리지널 유방암 치료제로 유명한 허셉틴Herceptin의 물질 특허는 끝났지만 제넨텍이 온트루잔트의 론칭을 막기 위해 치료 및 제조 방법 등에 관한 특허를 이유로 소송을 제기하면서 진출이 지연된 것이다. 양사는 2019년 7월 소송을 취하하고 합의를 통해 법적 갈등을 해결할 수 있었다.

　문제는 허셉틴의 바이오시밀러가 온트루잔트 외에도 **화이자**의 트라지메라Trazimera, **암젠**과 **엘러간**의 칸진티Kanjinti를 포함해 개발 중인 것까지 포함하면 10개가 넘는다는 사실이다. 바이오시밀러가 대박은커녕 이제는 시장 포화 상태로 레드오션화 되고 있다는 지적이 나오는 것은 이 때문이다.

　이처럼 바이오시밀러 시장이 레드오션화하면서 셀트리온과 삼성바이오에피스 등 국내 바이오시밀러 업체들은 신약 개발에도 관심을 두기 시작했다. 셀트리온이 코로나19 퇴치를 위한 항체 치료제 개발에 나선 것도 그 일환이다. 이러한 행보는 글로벌 제약사들이 신약 개발을 먼저한 뒤 최근 바이오시밀러로 영역을 넓히는 것과 순서가 반대인 셈이다. 국내 업체들은 시간과 비용이 많이 드는 신약 개발 대신에 먼저 바이오시밀러부터 성공시켜 밑천을 마련한 뒤 그것으로 신약 사업에 뛰어드는 전략을 세우고 있다.

한편 바이오시밀러의 잠재력이 무궁무진하다는 주장도 계속된다. 바이오시밀러가 모방하는 오리지널 신약은 대부분 연간 매출액 1조 원을 넘는 초대형 제품으로서 바이오시밀러가 일부 시장만 확보해도 큰 수익을 보장받을 수 있다는 논리다. 또한 각국이 재정 건전성을 위해 의료비 부담을 줄이려 하기 때문에 국가 정책적으로도 바이오시밀러를 선호하는 분위기다. 의료정보 분석조사기관인 프로스트앤드설리반에 따르면 전 세계 바이오시밀러 시장 규모는 2017년부터 2023년까지 연평균 30.6%씩 크게 성장해 2023년에는 481억 달러 규모에 이를 전망이다. 같은 기간 전체 바이오의약품에서 바이오시밀러가 차지하는 비중은 4.2%에서 12.9%로 높아질 것으로 예상된다.

2019년 스페인 마드리드에서 열린 유럽류머티스학회에 참석한 **바이오젠**의 블레이크 리치 바이오시밀러 글로벌 마케팅본부장은 "바이오시밀러는 환자에게 오리지널 약에 맞먹는 고품질 제품을 낮은 가격에 제공해 의료비 절감에 기여할 수 있는 유용한 치료 옵션으로 입지가 확고하다"고 강조했다. 그는 "자가면역질환만 해도 바이오시밀러의 등장으로 2019년 유럽에서만 38억 유로의 의료비가 절감되는 등 정부와 환자에게 큰 도움이 된다"고 덧붙였다. 바이오젠은 **삼**

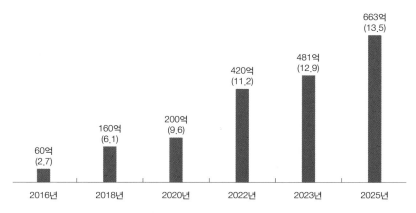

세계 바이오시밀러 시장 규모 (단위: 달러, %)

자료: 프로스트앤드설리반. 괄호 안은 바이오의약품 대비 바이오시밀러 비중

성바이오로직스와 공동으로 바이오시밀러를 개발하는 삼성바이오에피스를 2012년 설립했고, 삼성바이오에피스가 생산한 제품을 유럽 전역에 판매하고 있다. 고한승 삼성바이오에피스 사장은 "일각에서 바이오시밀러를 복제약으로 폄하하는 분위기가 있지만 기술력 측면에서 신약과 바이오시밀러는 사실상 동일한 수준"이라며 "중국만 해도 100개가 넘는 바이오시밀러 업체들이 있지만 한국을 따라오기 힘든 것은 바이오시밀러만의 기술 노하우와 진입 장벽이 높기 때문"이라고 말했다. 그는 바이오시밀러는 바이오 신약과 함께 지속적으로 성장할 것으로 예상했다.

　셀트리온의 램시마 임상시험을 주도했던 유대현 한양대 류머티스병원 교수는 바이오시밀러가 복제약이라는 인식을 넘어 신뢰를 높여야 확장성을 가질 수 있다고 지적한다. 유 교수는 "개인 경험상 환자에게 오리지널 치료제를 바이오시밀러로 전환하려고 할 때 환자

100명 중 2명가량이 반대를 한다"며 "이는 일부 사람들은 여전히 바이오시밀러를 신뢰하지 않는다는 말인데 의사가 확신을 준다면 바이오시밀러로 전환해 확대 사용이 용이해질 것"이라고 설명했다.

유럽에 비해 그동안 바이오시밀러 처방에 인색했던 미국 병원과 보험사들도 최근 들어 바이오시밀러를 적극적으로 밀고 있다. 미국 의약품 가격이 최근 5년간 연평균 10% 넘게 오르면서 정부는 약가 인하와 함께 가격이 저렴한 바이오시밀러 처방을 늘리는 데 주력하고 있다. 예컨대 대장암 등에 쓰이는 오리지널 항암제 아바스틴Avastin의 바이오시밀러로 암젠과 엘러간이 2019년 7월 미국에서 출시한 엠바시Mvasi는 시판 1년 만에 2020년 6월 기준 미국 시장점유율 40.6%를 기록했다. 화이자도 2020년 초 아바스틴을 복제한 자이라베브Zirabev를 출시하면서 지금까지 FDA로부터 7종의 바이오시밀러 품목허가를 획득했다. 아바스틴은 매년 글로벌 매출액이 8조 원이 넘는 블록버스터 항암제로 미국 내 판매 규모만 3조 5000억 원에 달한다. 하지만 암젠과 화이자가 개발한 바이오시밀러의 공세에 2020년 상반기 원개발사인 **로슈**의 아바스틴 글로벌 매출은 28억 3500만 스위스프랑(약 3조 6845억 원)으로 전년 동기 대비 22.5% 감소했다.

업체들은 치열해진 바이오시밀러의 시장 경쟁에 대비해 환자 편의성이나 약효 개선 등 차별화에 주력하고 있다. 환자 편의성을 높인 대표적 사례가 병원 처방을 받아 집에서 스스로 간편히 투여할 수 있도록 피하주사SC 제형으로 바꾼 램시마SCRemsimaSC다. 셀트리온은 기존의 정맥주사 형태를 간편한 피하주사로 바꾼 램시마 SC를 개발해 2020년 초부터 유럽 각국에 판매하기 시작했다. 기존 램시마는 병원을 찾아가 2시간~4시간 투여해야 하는 반면 램시마SC는 병원 처방 후 집에서 혼자 투여할 수 있어 거동이 불편한 고령자나 바쁜 직장인 등 병원 방문이 힘든 환자들에게 적합하다. 셀트리온에게 램시마SC는 램시마보다 개선된 약효 및 투약 방식 등을 갖춘 바이오베터(biobetter·바이오의약품 개량 신약)다. 오리지널 바이오의약품에 기반해 효능이나 안전성·편의성 등을 개량한 제품이다.

미국 바이오시밀러 전문 업체인 **산도즈**는 엔브렐Enbrel의 바이오시밀러인 에렐지Erelzi와 휴미라의 바이오시밀러인 하이리모즈Hyrimoz를 펜형으로 출시해 대다수 환자와 의사, 간호사들로부터 호평을 받고 있다. 펜형은 손에 류머티스 질환이 있어 자가 주사가 힘든 환자들이 버튼을 한 번 클릭하는 것만으로 약을 투여할 수 있는 방식이다. 이 밖에 화이자나 **일라이 릴리** 등은 입으로 쉽게 복용할 수 있는 경구용 바이오시밀러를 개발 중인데 주사제 형태와 동일한 효능과 안전성을 어떻게 확보하느냐가 관건이다. 화이자가 개발한 바이오 신약 젤잔즈Xeljanz는 류머티스 관절염에 듣는 경구용 치료제로 2012년 FDA 승인을 받아 판매되고 있다. 최근엔 궤양성 대장염 등 장질환으로 적응증을 확대해 시장점유율을 높이고 있다. 젤잔즈는 2023년 물질 특허 만료를 앞두면서 일부 제약사들이 이를 동일한 경구용 바이오시밀러로 내놓기 위해 뛰어들고 있다.

승승장구 중인 K바이오시밀러

바이오시밀러는 우리나라가 바이오의약품 분야에서 최상위권을 다투는 흔치 않은 분야 중 하나다. 국내 시가총액 최상위에 속한 **셀트리온**은 글로벌 차원에서도 바이오시밀러 분야의 선구자다. 바이오시밀러 초기 1세대 제품은 생물의 분자구조가 비교적 작고 간단한 당뇨병 치료제 등이 주를 이뤄 2006년 유럽에서 맨 처음 승인됐다. 하지만 셀트리온이 관심을 기울인 것은 연 매출 1조 원 이상의 블록버스터급 항체 치료제를 대상으로 한 2세대 바이오시밀러였다. 환자가 많아 돈이 될 수 있는 시장성이 컸기 때문이다. 셀트리온은 자가면역질환 오리지널 치료제인 레미케이드를 복제하는 데 성공했다. 이것이 세계 최초의 항체 의약품을 대상으로 한 바이오시밀러 램시마다. 셀트리온은 램시마로 2013년 EMA(유럽의약품청), 2016년 미국 FDA의 승인을 받아 글로벌 상업화에 나섰다. 이후 유럽에 진출한 램시마는 오리지널 의약품인 레미케이드의 판매액을 앞지르며 우리나라 바이오시밀러의 성장성을 입증했다.

국내에서는 2010년대 초반만 해도 바이오시밀러에 대한 우려와 불신이 매우 컸다. 이런 상황 속에서 셀트리온은 램시마의 유럽 시장 출시를 시작으로 혈액암 치료제 리툭산Rituxan 바이오시밀러인 트룩시마Truxima, 유방암 치료제 허셉틴의 바이오시밀러 허쥬마를 유럽과 미국 시장에 잇따라 내놓았다. 현재 셀트리온이 임상 중인 바이오시밀러는 5종에 달한다. 셀트리온은 2020년 1월 JP모건 헬스케어 콘퍼런스에서 약 400억 달러에 이르는 전 세계 당뇨병 치료를 위한 인슐린 바이오시밀러 개발에 착수하겠다는 의사를 처음 밝혔다. 오리지널 당뇨병 신약인 란투스Lantus는 미국에서 30조 원 규모의 시장을 형성하고 있다. 특히 자가면역질환에 쓰이는 휴미라의 바이오시밀러 'CT-P17'의 경우 2019년 3월부터 한국과 미국, 유럽에서 임상1상과 3상을 동시에 진행해 2020년 3월 유럽에 품목허가를 신청했다. 2021년 상반기 유럽 허가를 받을 것으로 예상되고, 국내와 미국에서도 조만간 허가 신청을 할 것으로 보인다. 휴미라는 미국에서 2023년 특허가 풀리기 때문에 회사는 이때에 맞춰 CT-P17를 출시할 것으로 알려졌다. 휴미라를 모방한 바이오시밀러는 전 세계적으로 5종~6종이 완성되어 있는 상태라 셀트리온은 CT-P17을 고농도 제형으로 만들어 차별화할 방침이다. 기존 바이오시밀러가 4회 투여하던 것을 휴미라와 동일하게 2회로 줄여 환자 편의성을 개선하는 것이다.

삼성바이오에피스를 대표하는 제품은 자가면역질환 오리지널 약인 엔브렐의 바이오시밀러 베네팔리Benepali다. 2016년 1분기에 유럽 시장에서 출시된 뒤 4년 만에 유럽 내 시장 규모가 큰 5개국(독일·영국·프랑스·스페인·이탈리아)에서 엔브렐을 뛰어넘었다. 베네팔리 외에 램시마와 같은 제품군에 속한 플릭사비Flixabi와 휴미라 바이오시밀러 임랄디Imraldi, 허셉틴 바이오시밀러 온트루잔트, 아바스틴 바이오시밀러 에이빈시오Aybintio 등 5개 제품이 유럽에 출시되어 순항 중이다. 미국에서는 렌플렉시스(Renflexis·플릭사비의 미국 제품명)와 온트루잔트 등 2개 제품이 판매되고 있다. 삼성바이오에피스의 하드리마(Hadlima·임랄디의 미국 제품명)와 에티코보(Eticovo·베네팔리의 미국 제품명)는 미국 판매 허가를 받았다. 이 가운데 하드리마는 2023년 미국 시장에 선보일 계획이다. 이 밖에 삼성바이오에피스는 추가로 5종의 바이오시밀러 제품 개발 및 판매 허가를 진행 중이다.

　LG화학의 바이오시밀러 사업은 일본 시장에 집중되어 있다. 출시 제품은 엔브렐의 바이오시밀러인 유셉트Eucept다. 2012년부터 일본 제약사 **모치다**와 공동 임상1상에 나서 3상까지 마무리한 후 2018년 5월과 6월에 각각 일본과 한국에 출시했다. 일본의 엔브렐 판매 시장은 연간 4000억 원 규모로 미국에 이어 두 번째로 크다. LG화학은 또한 'LBAL'이란 이름의 휴미라 바이오시밀러도 개발하고 있다. 2016년부터 모치다와 공동 임상3상을 진행해 2018년에 마무리했다. LBAL은 첨가제 배합을 달리해 단백질의 제형 구성을 바꿔 장기간 보관할 수 있는 점이 특징이다. 조만간 한국과 일본 당국에 품목허가를 신청할 계획이다. LG화학 측은 "미국이나 유럽이 아니라 성장 잠재력이 큰 일본의 바이오시밀러 시장을 공략하는 틈새 전략을 택했다"며 "일본 최초의 엔브렐 바이오시밀러인 유셉트는 현지 당국의 복제약 확대 정책 덕분에 시장점유율이 높아지고 있다"고 밝혔다.

　한편 **GC녹십자**는 직접 생산 대신 외국 업체가 개발한 바이오시밀러를 수입해 판매하고 있다. GC녹십자는 인도 제약사 **바이오콘**이 만든 당뇨병 치료제 바이오시밀러 글라지아Glarzia를 2018년 11월 한국에 출시했다. 글라지아는 하루 1회 투여하는 장기 지속형 인슐린으로 프랑스 **사노피**가 개발한 오리지널 약 란투스의 바이오시밀러다.

6

장기 복용이 답인
만성질환 치료제

 글로벌 의약품 시장의 주류가 생명과 직결된 항암제 개발뿐만 아니라 보다 나은 삶의 질을 보장하기 위한 만성질환 치료제 쪽으로도 퍼져가고 있다. 이는 치료에 앞서 질병 여부를 정확히 판정하는 진단의학과 함께 평소 건강을 유지하기 위한 예방의학으로 기술의 방향이 변하는 흐름을 반영한다. 획기적인 치료제가 없고 완치가 어렵다는 점도 만성질환에 글로벌 제약사들이 주목하는 이유다. 평생 치료제를 복용해야 하는 탓에 제약사 입장에서 꾸준하게 수익을 창출할 수 있기 때문이다.

 만성질환은 당장 생명에 직접적인 영향을 주지 않지만 방치하거나 제때 치료하지 않을 경우 삶의 질이 급격히 저하되거나 다른 합병증을 유발하는 질병을 일컫는다. 꾸준하게 치료제를 복용하면 관리가 가능한 우울증, 당뇨병, 고혈압 등이 대표적이다. 하지만 여전히 만성질환을 일으키는 요인으로 고령화, 스트레스, 생활습관이 거론될 뿐 뚜렷한 원인을 파악하지 못하고 있다.

선진국을 위주로 한 급격한 고령화로 만성질환 치료제에 대한 수요도 폭발적인 성장세를 이어가고 있다. 경제협력개발기구OECD 회원국의 65세 이상 노인 중 만성질환을 앓고 있는 비중은 80%에 육박한다. 시장조사 기관 시온마켓리서치는 2018년 39억 2000만 달러 규모였던 글로벌 만성질환 치료제 시장이 연평균 17.5% 성장해 2024년 103억 달러에 이를 것으로 전망한다.

글로벌 제약사가 관심을 가지는 대표적인 만성질환이 비알코올성 지방간염NASH이다. 비알코올성 지방간염은 음주 이외의 요인으로 생긴 지방간인데 아직 뚜렷한 원인이 규명되지 않았다. 간 내 지방 축적으로 시작되어 간섬유증이나 간세포가 괴사하는 염증성 징후까지 나타나며 비만, 당뇨 등 대사성 질환과 연관 있다고 추정하고 있다. 당연히 특별한 치료제도 없다. 비알코올성 지방간염이 악화하면 간경화, 간암까지 발전할 수 있다. 미국 국립보건원은 이 질병의 미국 내 환자 수를 3000만 명으로 보고 있다. 컨설팅 기업 글로벌데이터는 비알코올성 지방간염 치료제 시장이 2016년 6억 1800만 달러에서 10년간 연평균 45%씩 성장해 2026년 253억 달러에 이를 것으로 전망했다. 신약으로 허가받으면 그 즉시 블록버스터 의약품 등극이 확실시된다.

이 때문에 국내 제약사의 비알코올성 지방간염 치료제 개발 열기도 뜨겁다. **유한양행**은 현재 2건의 치료제 후보물질을 미국 **길리어드 사이언스**와 독일 **베링거인겔하임**에 기술수출했다. 특히 길리어드 사이언스에 수출한 물질은 이름조차 붙여지지 않은 전임상 초기 단계였다. 글로벌 제약사들이 이 시장에 얼마나 많은 관심을 가지고 있는지 알 수 있는 하나의 사례다.

한미약품도 미국의 제약사 **얀센**에 기술수출했다가 반환됐던 비만 치료제의 적응증을 비알코올성 지방간염으로 바꿔 2020년 8월 또 다른 해외 제약사 MSD에 1조 원 규모로 재수출했다. 듀얼 아고니스트 HM12525A가 그 주인공이다. 이 물질은 인슐린 분비와 식욕 억제를 돕는 GLP-1과 에너지 대사량을 증가하는 글루카곤을 동시에 활성화한다. 한미약품이 보유한 약효 지속 기반 기술 '랩스커버리'가 적용됐다. 한미약품은 MSD로부터 계약금 1000만 달러를 포함해 개발 성공시 최대 8억 6000만 달러를 수령하게 된다. MSD에 기술수출한 신약 후보물질 외에 자체 개발 중인 물질도 있다. 신약 후보물질 랩스트리플 아고니스트 HM15211는 현재까지 진행된 임상에서 비알코올성 지방간염을 동반한 비만 환자에게 이 약물을 투여했을 때 안전성과 내약성, 그리고 지방간 감소 효능이 확인됐다. 이에 2020년 7월 미국 FDA로부터 패스트트랙으로 지정받아 임상2상 중이다. 랩스트리플 아고니스트는 FDA로부터 원발 경화성 담관염 치료를 위한 희귀의약품으로도 지정받은 상태다. 원발 경화성 담관염은 간 안쪽과 바깥쪽에 있는 담도에 원인 미상의 염증과 섬유화가 발생하는 질환으로 환자 수가 극히 적다.

사실 임상3상까지 순항했던 비알코올성 지방간염 치료제 후보물질은 많았다. 길리어드 사이언스의 세론세르팁Selonsertib, **인터셉트 파마슈티컬**의 오칼리바Ocaliva, **엘러간**의 세니크리비록Cenicriviroc, **장피트**의 엘라피브라노Elafibranor 등이 품목허가 목전까지 갔다. 이에 글로벌 투자은행 골드만삭스는 2019년을 '비알코올성 지방간염의 해'로 선언할 정도였다.

하지만 2020년 5월과 6월 장피트와 인터셉트 파마슈티컬 모두 비알코올성 지방간염 치료제 개발을 중단했다. 길리어드 사이언스 역시 2019년 4월 세론세르팁의 임상3상에 실패했다고 발표했다. 길리어드 사이언스는 이미 비알코올성 지방간염 치료제 개발에 두 차례 실패했다. 'GS-9450'는 2010년 임상2상에서 안전성 문제로 중단됐고, 심투주맙Simtuzumab은 2016년 효과 부족으로 임상2상을 넘지 못했다. 세론세르팁마저 임상에 실패하면서 길리어드 사이언스는 전 세계 비알코올성 지방간염 치료제 후보물질을 사모으기 시작했다. 이름조차 없던 유한양행의 신약 후보물질을 거액에 사들인 이유다.

비알코올성 지방간염 치료제 개발이 지지부진하자 FDA는 비알코올성 지방간염 치료제 개발 촉진을 위한 가이드라인도 발표했다. 간 질환은 병의 진행 속도가 느려 환자의 생존율이나 진행률 평가가 어려운데 이 가이드라인은 간의 조직검사를 통해 증상이 완화되었다는 사실만 증명하더라도 신속 승인이 가능하다고 명시했다.

국내 제약사들도 비알코올성 지방간염 치료제 개발에 뛰어들고 있다. LG화학은 2020년 8월 중국의 트랜스테라 바이오사이언스와 신약 후보물질 도입 계약을 체결했다. 트렌스테라 바이오사이언스가 연구개발 중인 후보물질 'TT-01025'는 간 염증과 관련이 높다고 알려진 VAP-1 단백질의 발현을 억제하는 역할을 한다. LG화학은 2020년 10월 미국 FDA에 임상1상 계획을 제출했고, 같은 해 12월 FDA는 이를 승인했다.

동아에스티와 HK이노엔(옛 CJ헬스케어)은 각각 에보글립틴Evogliptin

과 'CJ-14199'의 임상1상을 진행하고 있으며 **에스티팜**도 한국화학연구원과 비알코올성 지방간염 치료제 후보물질 공동 연구 협약을 체결해 개발 중이다. **삼일제약**은 비알코올성 지방간염 치료제 아람콜Aramchol에 대해 3상을 앞두고 있다. 임상 후기2상(2b상)에서 환자의 간 섬유화 악화 없이 통계적으로 유의미한 효과가 있음을 입증했다.

비알코올성 지방간염 외에도 만성질환은 글로벌 제약사들의 관심이 쏠려 있는 분야다. 염증성 장질환IBD은 몇 년 전까지만 해도 생소한 질환으로 여겨졌다. 소장과 대장 등 소화관에 지속적으로 염증이 생기는 난치성질환은 단순 장염과 달리 면역계 이상으로 발생한다. 호전과 재발을 반복하며 궤양성 대장염과 크론병 등으로 발전한다.

최근 염증성 장질환 치료제로 떠오르는 약물이 휴미라와 같은 TNF-알파 차단제다. 우리 몸에서 면역세포 간 정보 전달을 촉진하는 TNF-알파를 차단해 과도한 면역반응을 줄인다. 휴미라는 이 밖에 류머티즘 관절염, 건선 등 15개 질환을 치료하며 연간 매출액이 20조 원이 넘는 글로벌 1위 의약품이다.

셀트리온 역시 TNF-알파 차단제인 램시마를 개발했다. 레미케이드의 바이오시밀러인 램시마는 현재 정맥주사 외에 피하주사 제형을 개발했으며 알약형 개발에도 돌입했다. 셀트리온은 2020년 6월 일본 **다케다제약**의 만성질환 치료제 사업부인 **프라이머리케어**를 인수해 만성질환 치료제 시장 공략에 나섰다. 셀트리온은 국내 당뇨 및 고혈압 환자가 1700만 명에 달하고 만성질환을 3개 이상 보유한 환자도 전체 고령 인구의 60%를 넘어서는 등 만성질환 치료제 시장의 중요성이 날로 커지고 있다며 인수 배경을 밝혔다. 이를 통해 셀트리온은 아시아태평양 지역 내 9개 국가에서 판매 중인 당뇨, 고혈압 의약품 18종의 권리를 매입했다. 회사는 국내뿐 아니라 2030년 11조 원까지 성장할 것으로 예상되는 아시아태평양 지역 당뇨·고혈압 치료제 시장 공략을 본격화하며 안정과 성장을 동시에 노릴 것으로 보인다. 이번 인수로 셀트리온의 포트폴리오는 바이오시밀러부터 합성의약품까지, 항암제와 자가면역질환 치료제부터 만성질환 치료제까지 대폭 두터워질 전망이다. 셀트리온은 국내 의료기기 업체 **풍림파마텍**과 함께 펜형 주사제도 개발 중이며 2025년 출시 예정이다. 인슐린 펜형 주사제는 세계 약 4억 6300여 명의 당뇨병 환자 중 절반이 사용하고 있으며 관련 시장이 매년 9%씩 커져 2023년 최소 37조 원에 달할 것으로 분석된다.

만성질환에서는 혁신 신약의 개발로 매출 규모가 줄어들기도 한다. C형 간염이 대표적인 사례다. 원래 C형 간염은 완치가 어려워 장기간 꾸준히 약을 복용해야 하는 만성질환이었다. 한 번 감염되면 80% 이상 만성 간염으로 진행되고 이 중 30%~40%는 간경변과 간암으로까지 악화되는 위험한 질병이었다.

하지만 길리어드 사이언스가 2013년 12월 미국 FDA의 품목허가를 받은 소발디Sovaldi는 C형 간염을 완치 가능한 질환으로 바꿨다. 97% 완치가 가능해 '기적의 신약'이라는 평을 받으며 2014년 매출 100억 달러를 기록하는 블록버스터 의약품으로 자리 잡았다. 그런데 오히려 완치된 C형 간염 환자가 폭발적으로 늘며 간염 의약품 매출 자체가 감소했다. 2019년 기준 소발디의 매출은 10억 달러에 미치지 못한 것으로 알려졌다.

애브비가 2017년 개발한 마비렛Maviret은 여기에 결정타를 때렸다. 마비렛은 C형 간염이라면 유전자형 구분 없이 단독 처방만으로도 환자를 치료할 수 있는 데다가 간경변증을 동반한 환자나 C형 간염 치료 경험이 없는 환자에게도 사용할 수 있다. 마비렛은 치료 기간도 8주로 단축하는 데 성공했다.

　C형 간염 의약품 시장 매출은 줄어들었지만 신약 개발로 인해 인류는 C형 간염 바이러스의 공포에서 해방될 수 있었다. 아울러 C형 간염 바이러스를 찾아낸 마이클 호튼, 하비 알터, 찰스 라이스는 2020년 노벨 생리의학상 수상자로 선정됐다.

살 빼고 성욕 높여요 '해피 드러그'

1998년 글로벌 제약사 **화이자**가 출시한 비아그라Viagra는 20세기 최고의 발명품으로 꼽힌다. 본래 동맥을 확장해 혈류를 증가시키며 심장질환을 치료하겠다는 목적으로 개발한 약이었지만 임상시험 과정에서 발기가 일어나는 부작용이 발견되어 치료 질환을 바꿨다. 이약은 음지에 머물렀던 노년층의 성생활을 양지로 끌어낸 주역이다.

100세 시대가 성큼 다가오면서 단순히 질병을 치료하는 데만 집중해왔던 의약품 시장에도 변화의 바람이 불고 있다. 면역 항암제, 유전자 치료제 등 첨단 치료제만큼이나 행복한 삶을 유지하도록 도와주는 '해피 드러그' 시장이 글로벌 제약사들의 차세대 격전지로 떠오르고 있다. 약을 먹는 것만으로 기분이 좋아지고 우울 증상을 완화한다는 의미의 해피 드러그는 다양한 질환을 상대로 삶의 질 전반을 개선하는 의약품을 뜻하는 용어로 자리잡았다.

탈모, 비만, 성 기능 장애 치료제 등이 대표적인 해피 드러그로 꼽힌다. 이런 증상들은 당장 생명에 영향을 주는 질환은 아니지만 자신감을 위축시키고 삶의 질을 떨어뜨리기 때문이다. 소득 수준이 높은 국가에서는 해피 드러그를 통해 일상에서의 자신감을 키우려는 사람들이 빠른 속도로 늘고 있다. 업계에서는 해피 드러그 시장이 이미 1000억 달러를 넘어섰다고 분석한다.

2015년 FDA 승인을 받은 애디Addyi는 여성의 성욕을 증가시키는 의약품이다. 비아그라와 유사한 점이 많은데 당초 우울증 치료제로 개발하고 있던 약물의 적응증을 변경해 만든 것까지 닮았다. 색깔이 분홍색이라서 핑크 비아그라라는 별명이 붙었는데 뇌에 직접 작용하는 기전이라 효과를 보기까지 시간이 오래 걸리고, 술과 함께 복용할 수 없다는 단점이 있었다.

2019년에는 여성용 성욕 감퇴증 치료제로 **팰러틴 테크놀로지**의 바이리시Vyleesi가 미국에서 출시됐다. 이 약은 성관계 45분 전 복부와 허벅지에 펜 타입 주사기로 자가 주사하는 형태다. 브레멜라노타이드Bremelanotide라는 성분의 호르몬을 통해 성욕과 관련된 뇌 경로를 활성화한다. 억제력을 줄이고 신경계를 흥분시키는 등 성적 반응에 관여하는 수용체의 반응을 활발하게 만든다. FDA는 이 약을 폐경 전 여성의 후천적 성욕 감퇴 장애에 쓸 수 있도록 승인했다.

비만 치료제 삭센다Saxenda와 탈모 치료제 프로페시아Propecia는 이미 국내에도 널리 유통되고 있다. 2018년 3월 국내에 출시된 삭센다는 2018년 4분기부터 국내 매출 1위를 놓치지 않고 있다. 2020년 상반기 국내 매출은 183억 원으로 국내 비만 치료제 시장의 26%를 차지했다. 2위인 **알보젠**의 큐시미아Qsymia가 102억 원의 매출을 올려 14.5%의 점유율을 기록한 것보다 크게 높다. 2015년 미국에서 개발된 삭센다는 출시한 지 5년 만인 2019년 글로벌 시장에서 1조 원의 매출을 올렸다. 북미와 유럽 등에서 70% 이상의 점유율을 차지했다.

출산 직후 많은 여성에게 고통을 주는 산후우울증 치료제도 대표

비만 치료제 '큐시미아'	불안장애 치료제 '부스파'	발기부전 치료제 '팔팔'	탈모 치료제 '로게인폼'

출처: 각 판매업체

적인 해피 드러그다. 2019년 FDA의 품목허가를 얻은 줄레소Zulresso는 임상에 참여한 여성 75%의 우울 증상이 50% 이상 호전됐다는 결과를 얻었다. 병원에 입원해 60시간 동안 정맥주사를 맞아야 하는 불편함이 있지만 업계는 줄레소가 그동안 특별한 치료법이 없었던 산후우울증 환자들에게 단비가 될 것이라고 예측하고 있다.

줄레소는 기존 항우울제에 비해 효과가 빠르다는 장점이 있다. 2일~3일 내 작용하기 시작해 산후우울증에 동반되는 슬픔, 불안 등에서 산모를 빠져나오게 한다. 이 약품의 개발사 **세이지**의 CEO 제프 조나스는 "줄레소의 주성분인 브렉사놀론brexanolone은 산후 급격히 감소하는 호르몬과 유사한 기능을 한다"며 "이를 투입하면 정상적인 감정 상태를 회복할 수 있다"고 밝혔다. 산후우울증은 미국 내 산모 9명 중 1명에게 나타날 만큼 흔한 질환이다. 보건복지부의 「2018년 산후조리 실태조사」 보고서에 따르면 우리나라 산모 중 50.3%가 산후우울증을 경험한 것으로 나타났다.

'마음의 감기'라고도 불리는 우울증 치료제 개발도 활발하다. 우울증 치료제는 뇌에 직접 작용하는 중추신경계 약물이라 뜻하지 않은 부작용이 빈발해 그동안 개발이 쉽지 않았다. 이러한 가운데 이른바 강간용 약물에 포함된 물질이 새로운 우울증 치료제의 원료가 됐다. FDA는 2019년 비강용 스프레이 형태의 항우울제 스프라바토Sprabato를 허가했다. 1987년 출시한 프로작Prozac 이후 최초로 등장한 항우울제다. 이 약의 주성분은 케타민ketamine과 분자구조가 거의 비슷한 에스케타민esketamine이다. 케타민은 '스페셜 K'라는 이름으로 더 잘 알려진 향정신성 의약품이다. 1990년대 클럽 약물로 나이트클럽 등에서 악명을 떨쳤다. 클럽 '버닝썬'에서 물뽕이라는 이름으로 유통되어 유명세를 탄 마약이다. 개발사 **얀센**은 이 케타민의 용량을 줄이고 정맥주사 대신 흡입하는 비강용 스프레이 형식으로 바꿔 부작용을 줄였다. 기존에 유통되던 항우울제 프로작은 기분을 좋게 만드는 신경전달 물질 세로토닌serotonin을 많이 분비하도록 만드는 방식이라 길게는 몇 달이 지나야 효과가 나타났다. 반면 스프라바토는 뇌세포를 즉각적으로 회복시켜 빠르면 투여 후 수 시간 뒤 우울증이 개선되는 효과를 보였다.

7

부가가치 높은
희귀난치성질환 치료제

마땅한 치료제가 없거나 수술 방법이 통하지 않아 완치가 어려운 병을 통틀어 희귀난치성질환이라고 부른다. 물론 엄밀히 얘기하면 희귀질환과 난치성질환은 그 의미가 분명히 다르다. 암이나 알츠하이머병은 여러 사람에게서 나타날 수 있는 보편적인 병으로 희귀질환은 아니지만 아직까지 완전한 치료제가 나오지 않은 만큼 난치성질환에서 속한다. 물론 최근에는 좋은 면역 항암제의 출시와 수술요법 개선 등으로 일부 암의 경우는 상당히 높은 수준의 완치율을 기록하며 점차 난치성질환의 영역에서 벗어나고 있다. 반대로 극소수 환자에게서 나타나는 희귀질환임에도 손쉽게 치료제를 구할 수 있어 난치성질환이 아닌 경우도 있다.

대체로 희귀질환하면 '그런 병도 있었나' 싶을 정도로 종류가 매우 많은 데다 일반인들은 이름이 너무 어려워 한 번 듣고 나서 선뜻 기억해내기도 어렵다. 전 세계적으로 7000종이 넘는 희귀질환이 있지만 이 가운데 제대로 된 치료제가 나와 있는 사례는 1%도 안 된다. 특히 각국마다 희귀질환을 정의하는 기준도 달라 이를 다루는 정책도 차이가 있을 수밖에 없다. 유럽연합EU에서는 희귀질환을 2000명 중 1명 미만의 환자에게서 발생하는 병으로 정의한다. 나라별로는 병을 갖고 있는 유병 환자 인구를 기준으로 삼는다. 미국은 20만 명 이하, 프랑스는 2000명~3000명 미만의 환자가 발생한 병으로 정의하고 있다. 우리나라에서는 2만 명 이하의 환자가 앓고 있는 질병 및 증상을 뜻한다.

중요한 점은 전 세계 극소수 환자가 앓고 있는 희귀질환은 발생 기전이 복잡해 치료제 개발이 어렵기 때문에 대부분 난치성질환으로 남아 있는 경우가 흔하다는 것이다. 여기에서 희귀질환과 난치성질환 간에 공통분모가 생긴다. 특히 희귀질환 치료제 개발은 다량의 약을 생산해 수익 마진을 높이려는 제약사들의 기존 전략과 상충하기 때문에 약을 개발할 유인이 상대적으로 적어 난치성질환으로 남아 있는 경우도 있다. 비싼 돈을 들여 약을 만들어봐야 대상이 한정되어 있어 판로가 좁다면 신생 희귀질환 치료제를 개발할 유인은 그만큼 줄어들 수밖에 없다. 따라서 희귀난치성질환 치료제 개발은 정부의 지원 없이는 사실상 불가능하다. 예컨대 일반 신약과 달리 치료제 개발을 신속하게 할 수 있도록 절차를 달리해 간소화해주고, 임상 비용을 보전해주는 등 다양한 지원이 필요하다. 또한 어렵게 개발한 약을 비싸다는 이유로 환자가 처방받지 못한다면 국가 전체의 후생 손실이 될 수 있기 때문에 정부는 건강보험이나 민간 실손

보험 등을 통해 보험 급여 제공이 가능하도록 정책적 대안을 마련해야 하는 것이다.

하지만 최근에는 희귀난치성질환을 겪는 환자들에 대한 의료복지와 정부의 정책적 지원이 강조되면서 희귀난치성질환 치료제 분야는 의약품 시장에서 새로운 블루오션으로 떠오르고 있다. 막강한 자금력과 기술을 갖춘 소수 기업만 도전할 수 있어 진입 장벽이 상대적으로 높은 데다 개발에 성공하면 그 시장에서는 독과점적 지위를 통해 수익 창출을 극대화할 수 있기 때문이다. 또한 개발해놓은 희귀질환 치료제가 이후 적응증을 추가로 넓히게 된다면 부가가치를 계속해서 높여갈 수 있다. 어려운 희귀난치성질환 치료제 개발을 통해 전 세계에 실력 있는 회사로 이름을 알리게 되는 것은 덤이다.

글로벌 의약품 분석업체인 이밸류에이트파마는 세계 희귀난치성질환 시장 규모가 2019년 1270억 달러에서 2026년 2550억 달러로 2배 이상 커질 것으로 내다본다. 한국보건산업진흥원에 따르면 세계 희귀의약품 시장은 매년 11%씩 커지는데 이는 일반 의약품 성장률(5.3%)의 2배에 달한다. 실제 2020년 식약처가 허가한 해외 신약 23개 가운데 희귀질환 제품은 8개로 34.8%에 달했다. 3개 중 1개가 희귀질환 치료제인 셈이다.

글로벌 의약품 시장을 선도하는 미국에서도 최근 들어 희귀질환 의약품 개발에 속도가 붙고 있다. 희귀질환 분야는 의료기술이 비교적 덜 발전했고 경쟁이 심하지 않은 데다 고부가가치를 창출할 수 있어 바이오벤처부터 기존 대형 제약사들까지 뛰어들고 있다. FDA 의약품평가연구센터에 따르면 2018년 미국에서 허가된 59개 신약 가운데 34개(44%)가 희귀질환 치료제다. 2018년 미국 바이오 기업

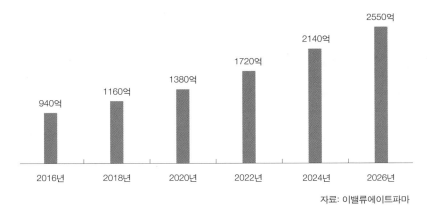

세계 희귀질환 치료제 시장 규모 (단위: 달러)

- 2016년: 940억
- 2018년: 1160억
- 2020년: 1380억
- 2022년: 1720억
- 2024년: 2140억
- 2026년: 2550억

자료: 이밸류에이트파마

셀진이 혈액암 치료제를 개발 중인 신생 바이오벤처 **임팩트**를 11억 달러에 인수한 것은 희귀질환 사업 포트폴리오를 강화하기 위해서였다. 미국 제약사인 **알렉시온**이 개발한 희귀질환 치료제 솔리리스 Soliris의 경우 1인당 연간 치료비가 50만 달러에 달해 '세계에서 가장 비싼 약'으로 불린다. 글로벌 매출액은 4조 원으로 희귀난치성질환 치료제 역시 블록버스터 신약이 될 가능성이 열려 있는 것이다. 이에 다국적 제약사 **아스트라제네카**는 2020년 12월 알렉시온을 390억 달러에 인수해 희귀질환 치료제 분야를 강화하기로 했다. 솔리리스를 의식한 듯 아스트라제네카 CEO 파스칼 소리오는 "알렉시온은 희귀질환 환자들의 삶에 변화를 가져왔다"고 강조했다. 양사는 주주 승인과 규제 당국의 검토를 거쳐 2021년 3분기에 인수 작업을 마칠 계획이다.

이 같은 배경에서 국내 업체들도 희귀난치성질환 치료제 개발에 뛰어들고 있다. **메지온**은 선천적으로 심실이 하나뿐인 단심실증 환자를 대상으로 한 경구용 합성의약품인 유데나필Udenafil 개발을 마치고 미국 FDA에 신약 품목허가를 신청한 상태다. 정상인보다 심실이 하나 부족하게 태어난 환자들은 정맥혈과 동맥혈이 분리되지 않고 섞여서 저산소증과 운동 능력 저하를 일으키는데 대개 문제가 나타나기 시작하는 10대 때 대정맥과 폐동맥을 연결하는 '폰탄 수술'을 받게 된다. 하지만 30세가량이 되면 폐동맥에 혈류 찌꺼기가 쌓여 심장 능력이 다시 떨어지는 재발 문제를 일으키는데 이때 혈관을 확장시켜 운동 능력을 개선해주는 약이 유데나필이다.

박동현 메지온 회장은 "FDA에서 희귀질환 치료제로 지정을 받았기 때문에 품목허가 심사가 10개월에서 6개월로 단축됐다"며 "FDA도 단심실증 환자를 위한 최초 희귀질환 치료제로 높게 평가하고 있어 신약 허가를 기대하고 있다"고 밝혔다. 그는 희귀질환 치료제의 강점에 대해 "단심실증을 치료하는 기존 약이 없기 때문에 병원에 유데나필을 대신 써달라고 애원할 필요가 없고, 시장 진입이 상대적으로 유리하다"고 강조했다. 유데나필은 당초 **동아에스티**가 자이데나Zydena라는 상품으로 개발한 발기부전 신약으로 메지온이 심장질환으로 적응증을 바꾼 것이다. 메지온은 2002년 **동아제약** 연구 조직이 분사해 **동아팜텍**으로 설립된 뒤 자이데나의 글로벌 특허를 인수해 단심실 치료제를 개발해왔다. 2013년 메지온으로 사명을 바꿨다.

SK바이오팜은 2019년 FDA로부터 기면증 치료제 수노시(Sunosi·성분명 솔리암페톨)와 뇌전증 치료제인 엑스코프리의 신약 허가를 받았다. 이 외에도 신경계 질환 치료제 6개를 개발 중이다. 이 중 개발 속도가 가장 빠른 것은 소아 희귀성 뇌전증 치료제인 카리스바메이트Carisbamate로 2017년 FDA 희귀의약품으로 지정된 뒤 현재 미국에서 임상1상과 2상을 동시 진행 중이다. SK바이오팜은 2021년 상반기에 임상3상에 착수해 2024년 FDA 신청 후 2025년 출시를 목표로 하고 있다. 카리스바메이트는 2008년 SK가 임상1상 완료 후 **존슨앤드존슨**에 전신발작 등 일반 뇌전증을 적응증으로 해서 기술수출을 했다가 존슨앤드존슨이 3상을 마친 뒤 FDA 신약 허가에 실패한 물질이다. 이에 SK바이오팜은 반환된 물질을 소아 희귀 뇌전증으로 적응증을 변경해 임상을 계속 하고 있는 것이다. SK바이오팜은 또 하나의 희귀질환 치료제가 세 번째 FDA 승인에 가까이 와 있다고 강조한다.

메디사피엔스는 신생아의 희귀질환을 찾아낼 수 있는 진단 시스템을 개발하고 있다. 신생아는 희귀질환의 가능성을 갖고 있어도 너무 어려서 아직 발현되지 않거나 증상이 나타나도 특정 질병으로 판별하기 힘든데 이를 조기에 진단할 수 있는 보조 장치를 개발하는 것이다. 출생 후 16주, 약 4개월까지의 신생아에 나타날 수 있는 7000여 종 질병 가운데 조기 확진하면 생명을 살리거나 증상을 완화할 수 있는 200여 종이다. 메디사피엔스는 한 번의 채혈로 이 희귀질환의 감염 여부를 판별하는 시스템을 구축하고자 한다. 신생아를 대상으로 한 이유는 희귀질환 중 80%가 유전적 요인에 기인한 것으로 이 중 절반 이상이 소아에게서 발생하기 때문이다. 검사 방식은 신생아 발뒤꿈치에서 채취한 미량의 혈액에서 얻은 DNA를 메디사피엔스가 개발한 희귀질환 검사 패널과 NGS(차세대 염기서열 분석)를 통해 진행한다. 메디사피엔스의 분석 결과 소프트웨어인 'MedyCVi'는 유전자 변이, 단백질 변화 형태 등 여러 정보를 활용해 검출된 변이를 양성, 병원성, VUS(불확실성 변이형)으로 구분한다. 양성은 희귀질환 발생 가능성이 없는 것이고, 병원성은 가능성이 높은 것, VUS는 확정할 수 없다는 의미다. 강상구 메디사피엔스 대표는 "기존 검사법으로는 희귀질환 유무를 아직 판정할 수 없다는 뜻의 VUS가 90% 이상 나와 진단의 의미가 축소된다"며 "하지만 MedyCVi를 쓰면 VUS는 낮아지고, 양성과 병원성 판별이 증가한다"고 설명했다.

이수그룹 계열사인 **이수앱지스**는 항암 및 희귀질환 의약품을 주로 개발하는 회사로서 보유 중인 제품은 모두 6종이다. 시판 중인 희귀 의약품으로는 심근경색 예방 등에 쓰이는 항혈전제 클로티냅Clotinab, 고셔병 치료제 애브서틴Abcertin, 파브리병 치료제 파바갈Fabagal 등 3종이다. 고셔병은 필수 효소인 베타-글루코세레브로시다아제의 결핍으로 복합지방질이 장기나 세포에 축적되어 생기는 질환으로 이수앱지스는 2012년 고셔병 치료제인 애브서틴을 개발해 식약처 품목 허가를 받았다. 이후 이란, 멕시코 등에 출시했고, 유럽 판매를 위해 호주에서 비교임상을 진행 중이다. 파브리병은 X염색체의 유전적 변이로 인해 손발 통증, 신부전, 좌심실 비대증, 뇌졸중 등 전신에 걸쳐 발생하는 비특이적 질환이다. 특히 이수앱지스가 바이오시밀러로 개발 중인 발작성 야간 혈색소뇨증의 오리지널 치료제인 솔리리스는 환자 1인당 연간 치료비가 50만 달러에 이르는 초고가 의약품이다. 이수앱지스는 최근 호주 및 뉴질랜드에서 개발 중인 솔리리스 바이오시밀러 'ISU305'의 비교임상1상을 마쳤다. 현지 병원에서 148명의 건강한 성인을 대상으로 ISU305와 솔리리스 간 안전성과 내약성 등을 비교 평가해 약동학 및 약력학적 동등성을 입증했다.

솔리리스의 경우 오리지널 의약품 처방 비용이 워낙 크기 때문에 이수앱지스뿐만 아니라 **삼성바이오에피스**와 미국의 **암젠** 등도 수익성 높은 솔리리스의 바이오시밀러 개발에 나서고 있다. 이수앱지스가 개발 중인 B형 혈우병 치료 신약 후보물질 'ISU304'는 피하주사 제형으로 미국의 **카탈리스트 바이오사이언시스**와 공동으로 2020년 4월 임상 후기2상을 완료했다.

한미약품은 단장증후군 치료를 위한 'HM15912'가 FDA 희귀의약품에 지정되는 등 2019년에만 총 4건의 개발 물질이 FDA 희귀의약품 리스트에 올랐다. 단장증후군은 전체 소장 가운데 60% 이상이 소실되어 흡수 장애와 영양실조를 일으키는 희귀질환으로 HM15912는 융모세포 성장 촉진 등을 통해 환자들의 삶을 개선시킬 수 있을 것으로 기대를 모으고 있다. HM15912 외에 선천성 고인슐린증 치료제 'HM15136', 혈관육종 치료제 오락솔, 급성골수성 백혈병 치료제 'HM43239'이 희귀의약품 리스트에 올랐다.

이 밖에 **GC녹십자**는 헌터증후군 치료제인 헌터라제Hunterase를 개발한 뒤 2019년 중국과 일본에 자국 내 개발권과 판권을 넘기는 기술수출을 했다. 헌터증후군은 IDS 효소 결핍으로 골격 이상, 지능 저하 등을 일으키는 선천성 희귀질환이다. 남자 어린이 10만~15만 명당 1명꼴로 발생하고, 현재 전 세계에 2000여 명의 환자가 있는 것으로 알려져 있다.

혜택 커진 국내 희귀의약품 지정 제도

희귀질환을 치료하는 희귀의약품은 일명 고아 약orphan drug으로 불린다. 환자 수가 적어 수익이 나지 않아 기업이 신약 개발에 관심을 두지 않고 버려둔 약이라는 의미다. 하지만 국민 의료복지 차원에서 희귀질환 치료제는 꼭 필요하기 때문에 각국은 개발을 독려하는 제도를 두고 있다.

'희귀의약품 지정 제도'는 희귀난치성질환 및 생명을 위협하는 질병의 치료제 개발과 허가를 원활히 하는 것을 목표로 하고 있다. 미국에서는 희귀의약품 개발을 장려하기 위해 1983년 관련 법을 제정했는데 미국 내 희귀병 기준은 연간 20만 명 이하의 환자가 보유한 질병이나 증상이다. 극소수 환자들을 대상으로 한 희귀의약품으로 지정되면 임상 허가 및 심사 절차 간소화, 세금 감면, 임상시험 비용 지원, 심사 신청 비용 면제 등의 다양한 인센티브가 주어진다. 또한 FDA 품목허가를 취득한 희귀질환 치료제는 일반 신약보다 5배가 높은 판매 가격을 책정할 수 있고, 허가 승인 후 7년간 시장 독점권도 부여받는다. FDA는 시판되지 않았지만 잠재적 치료 효과가 큰 임상 후보물질 위주로 희귀의약품을 지정하고 있다.

이러한 혜택과 관심으로 미국 내 희귀의약품 매출액은 향후 3년~4년 안에 전체 처방 의약품의 20%를 넘어설 것으로 예상된다. 물론 이 같은 희귀의약품에 지정되더라도 반드시 성공을 보장하는 것은 아니다. **신라젠**의 간암 치료제 펙사벡Pexa-Vec도 2013년 FDA로부터 희귀의약품 지정을 받았지만 결국 2019년 임상 중단을 선언했다.

국내에서도 미국처럼 희귀의약품 지정 제도를 운영하고 있다. 식약처의 '희귀의약품 지정에 관한 규정'에 따르면 국내 희귀의약품 기준은 환자 수 2만 명 이하인 질환을 대상으로 한다. 또한 희귀의약품은 '희귀질환을 진단하거나 치료하기 위한 목적으로 사용되는 의약품으로 대체 가능한 의약품이 없거나 대체 가능한 의약품보다 현저히 안전성 또는 유효성이 개선된 의약품으로 식약처장의 지정을 받은 의약품'으로 정의된다. 국내에 나와 있는 희귀의약품은 2020년 12월 1일 기준 375개 품목에 달한다. 대부분 해외 제약사들이 개발한 것으로 국내 제품은 40여 종에 그치고 있다.

이와 관련, 식약처 산하 한국희귀필수의약품센터는 국내 허가 및 공급되지 않는 170여 종의 희귀필수의약품을 취급하고 있다. 대부분 수입 의약품이지만 중증·응급 치료에 필요한 의약품을 미리 구매해 환자가 필요로 할 때 적기에 공급할 수 있도록 하기 위한 것이다. 반면 식약처는 '개발 단계 희귀의약품'을 별도로 지정해 국내 임상시험 단계에 있는 의약품을 지원하고 한다. 국내에서 희귀의약품으로 지정되면 희귀질환관리법 제 19조에 의해 약사법 규정보다 특례를 받을 수 있다. 품목허가 신청 시 안전성 및 유효성에 관한 자료 일부를 면제받을 수 있고, 임상2상 완료 후 조건부로 품목허가를 신청할 수 있다. 재심사 제도를 활용하면 10년간 시장 독점권도 누릴 수 있다.

8

잘 키운 플랫폼 기술 하나면
만사형통

플랫폼platform은 원래 수많은 사람이 다니는 기차역의 정거장을 의미하는데 바이오업계는 이를 유추해 다양한 작업을 반복적으로 해볼 수 있는 기반, 즉 '총괄적인 개발 시스템' 정도로 설명한다.

플랫폼 기술의 중요성을 가장 쉽게 확인할 수 있는 사례는 2020년 한 해에만 주가가 5배 넘게 폭등한 알테오젠이다. **알테오젠**이 수조 원대 기술수출에 성공한 인간 히알루로니다제 'ALT-B4'는 앞으로도 글로벌 제약사들을 상대로 지속적인 판매가 가능한 플랫폼 기술이다. 박순재 알테오젠 대표는 "ALT-B4는 신약 후보물질이 아니라 기존에 나와 있거나 개발 중인 정맥주사형 치료제를 피하주사로 변환시킬 수 있는 플랫폼"이라며 "앞으로도 추가 기술수출 계약을 계속해서 체결할 것"이라고 밝혔다. 정맥주사는 링거 주사처럼 병원에 가서 의사가 정맥을 찾아 2시간~3시간 주사해야 하지만 이를 피하주사로 바꾸면 당뇨병 환자가 스스로 인슐린을 피부에 주사하는 것처럼 집에서 간편하게 투여할 수 있다. 병원 방문이 힘든 바쁜 직장인이나 거동이 불편한 고령자 등에게 적합하다.

ALT-B4가 플랫폼 기술이기 때문에 정맥주사형 치료제를 피하주사로 바꿔 신제품을 출시하려는 제약사들로부터 러브콜이 이어질 수밖에 없다. ALT-B4를 도입하려는 업체들을 상대로 기술수출이 지속적으로 발생할 수 있는 것이다. 물론 특정한 약은 정맥주사형을 피하주사로 바꾸면 치료 효과가 떨어지거나 피하주사 전환이 아예 불가능한 경우도 있어 알테오젠 플랫폼 기술을 적용하지 못할 수도 있다. 병원에 누워 수 시간 동안 링거로 천천히 맞는 정맥주사 형태를 짧은 시간 내에 투여해서 동일한 효과를 내려면 피하주사를 고농도로 만들어야 하는데 이 과정에서 약물 흡수가 잘 안 되어 효능과 안전성 등에서 문제가 생길 수 있기 때문이다. 하지만 전환이 가능한 약들이 매우 많기 때문에 알테오젠은 플랫폼 기술 하나로 무궁한 수익을 창출해낼 수 있는 것이다.

히알루로니다제hyaluronidase는 원래 돼지나 소, 양의 고환에서 추출한 효소로 정자가 난자와 착상하기 위해 난자를 둘러싼 보호막을 분해시키는 물질이다. 동물에서 나오는 히알루로니다제는 필러 시술 후 울퉁불퉁해진 피부를 펴주거나 안과 수술 시 병용 투여에 주로 쓰인다. 반면 히알루로니다제를 남성 정자 끝에서 찾아내기도 하는데 이것을 동물과 구분해 '인간 히알루로니다제'라고 부른다. 이는 동물 추출물처럼 성형에 쓰일 수도 있지만 바이오의약품 시장에서 정맥주사를 피하주사로 바꿀 수 있는 효능을 갖고 있다. 몸에 맞은 주사가 효과를 내려면 약물이 피부 아래에 있는 피하층에 투과되어야 하는데 피부 속 방어기제 때문에 높은 활성을 나타내기 힘들다. 약물이 이 같은 방어막을 뚫고 혈액 속으로 잘 스며들도록 일종의 길을 내주는 것이 인간 히알루로니다제, 즉 ALT-B4 같은 플랫폼이다. 알테오젠이 만든 피하주사형 변환 플랫폼 기술은 미국 **할로자임**에 이어 전 세계 두 번째다. 할로자임 역시 'PH20'이라는 유사한 플랫폼 기술을 **로슈**, **얀센**, BMS 등 다국적 제약사에 수출해 큰 수익을 내고 있다.

잘 만든 플랫폼 기술 하나면 지속적인 수익 창출이 가능하기 때문에 제약바이오 업체들은 다양한 분야에서 플랫폼 개발을 서두르고 있다. 신약을 만드는 회사들도 플랫폼 기술 확보에 나서는 추세다. 자체 신약 개발 플랫폼 기술을 갖고 있으면 후보물질 발굴을 좀 더 빠르고 쉽게 할 수 있고, 도중에 약 개발이 중단되더라도 같은 플랫폼에서 다른 후보물질을 찾아내 지속적으로 개발할 수 있기 때문이다. 플랫폼 없이 후보물질 하나만을 외부에서 들여와 개발하다가 중간에 실패할 경우 그것으로 끝이지만 제대로 된 플랫폼이 있으면 하나가 망가져도 다른 것으로 대체 작업이 가능해진다. 업계 관계자는 "자체 플랫폼 기술이 없으면 지속적으로 신약을 출시하기 힘들고, 단편적인 개발에 그칠 위험이 크다"며 "임상이 실패하더라도 플랫폼을 따라 다른 약을 개발할 수 있기 때문에 기업의 능력을 판단할 때 플랫폼 기술의 보유 여부가 중요하다"고 말했다.

제약 플랫폼 기술 우위를 강조해온 **한미약품**은 랩스커버리, 펜탐바디, 오라스커버리 등 3개 플랫폼을 갖고 있다. 이 가운데 '랩스커버리'는 단백질 의약품의 반감기를 늘려 약효의 지속성을 연장시키고 투약 횟수를 크게 줄임으로써 환자의 삶의 질을 개선할 수 있다. 한미약품이 기술수출했거나 보유한 신약 파이프라인 30여 개 중 13개에 이 플랫폼 기술이 적용됐다. '오라스커버리'는 주사용 항암제를 경구용 제제로 바꿀 수 있는 플랫폼 기술로 기존 정맥주사 대비 효능과 편의성이 우수하고 부작용 발생을 줄이는 장점이 있다. 미국 제약업체인 **아테넥스**에 기술수출되어 오락솔, 오라테칸, 오라독셀 등의 약으로 개발되고 있다. 이 중 '오락솔'은 FDA와 EMA에서 혈관육종 희귀의약품으로 지정되기도 했다.

최근 미국에서 신약을 출시한 **SK바이오팜** 역시 'SKBP 디스커버리 포털', '약물 설계 시스템'과 같은 AI 기반 신약 개발 플랫폼을 갖고 있다. 이 플랫폼은 단순히 약물의 특성 예측을 넘어 물질 특허가 가능한 새로운 화합물까지 설계할 수 있기 때문에 신약 후보물질 발굴에 소요되는 시간과 비용을 크게 줄일 수 있다. 특히 중추신경계에 특화된 방대한 화합물 라이브러리를 구축해서 다양한 신경 관련 치료제 개발로 연결시킬 수 있다.

JW중외제약 자회사인 **C&C신약연구소**가 보유한 AI 기반 빅데이터 플랫폼 '클로버'는 300종이 넘는 암세포주, 유전자 정보 등을 갖고 있다. 신약을 개발하려면 수만 가지 단백질 결합 형태를 따져봐야 하는데 클로버는 암 유전체 정보는 물론 화합물, 약효 예측 등을 데이터베이스화해서 질환 특성에 맞는 후보물질을 골라낼 수 있다. 클로버를 통해 유효 물질을 찾아내고, 신약 개발 시 약효 등을 예측해 상용화 여부를 신속히 판단할 수 있다. JW중외제약이 클로버를 활용해 찾아낸 9종의 후보물질 가운데 3개는 현재 임상 단계다. 클로버 플랫폼으로 발굴한 아토피 피부염 치료제 'JW1601'와 통풍 치료제

'URC102'를 글로벌 제약사에 기술수출하기도 했다.

최근에는 AI를 도입한 플랫폼으로 신약 개발의 효율성을 높이고 있다. 기존에는 후보물질을 찾고, 약효와 안전성을 검사하는 데 일일이 조사가 필요했지만 지금은 AI 빅데이터를 통해 소수의 후보물질을 추려낼 수 있다. AI 기술까지 가미해 후보물질 발굴부터 임상 데이터 확보, 약효 검증 등을 각자 플랫폼에 저장된 방식과 경로를 따라 진행함으로써 신약 출시를 앞당길 수 있는 것이다.

30호에서 멈춘 국산 신약

말 그대로 기존에 없던 새로운 약으로 식약처의 품목허가를 받은 '국산 신약' 숫자는 2021년 1월 둘째 주 현재까지 30개다. 1999년 **SK 케미칼**의 위암 치료제 선플라Sunpla를 시작으로 2018년 **HK이노엔**(옛 CJ헬스케어)이 출시한 위식도 역류질환 치료제 케이캡정K-CAB까지다. 제네릭과 바이오시밀러가 제약바이오업계 수익의 대부분을 차지하고 있지만 이 약들은 복제약인 만큼 국산 신약에 포함되지 않는다.

30호를 끝으로 국산 신약이 추가되지 않고 있는 것은 당장에 수익 실현이 급한 제약사들로서는 신약 개발이 예전만큼 핵심 과제가 아니기 때문이다. 신약 개발은 장기 프로젝트로서 회사의 위상과 미래 가치를 높일 수 있긴 하지만 기존에 없는 새로운 약을 개발하는 데 들어가는 투자 비용 대비 수익성은 매우 낮다. 업계 인사는 "큰 비용과 시간을 투자해 국산 신약을 완성해도 국내외에서 수익을 장담하기 힘들다"며 "국내에서 임상하는 와중에 해외에서 유사한 약이라도 출시되면 비용을 날려버릴 위험도 있다"고 말했다.

식약처에 따르면 현재 시판 중인 국산 신약 21개의 2019년 총생산액은 2350억 원 규모다. 하지만 이 가운데 매출액 100억 원이 넘는 제품은 케이캡(HK이노엔), 카나브(보령제약), 제미글로(LG화학), 놀텍(일양약품), 듀비에(종근당), 펠루비(대원제약) 등 6개에 그쳤다. 이 중 당뇨 신약인 제미글로Zemiglo는 2019년~2020년 2년 연속 1000억 원이 넘는 매출을 기록한 국내 최대 국산 신약이다. 국산 신약 매출이 2018년 대비 26%가량 증가한 것은 2019년 3월 출시된 케이캡정의 영향이 컸다. 케이캡정의 2019년 매출액은 264억 원으로 국산 신약 가운데 최단 기간(9개월)에 200억 원을 넘어섰다. 2020년에는 코로나19 팬데믹 현상에도 불구하고 10월까지 577억 원의 원외 처방액을 기록했다. 위식도 역류질환 치료에 쓰이는 케이캡은 칼륨 경쟁적 위산분비 차단제P-CAB로 불리는데 기존의 약 대비 효과가 빠르고, 야간에 위산 분비를 억제하는 등 지속력이 높다. 미국 시장 진출을 위해 2020년 6월 미국 FDA로부터 케이캡정의 임상1상 승인을 받았고, 2021년 상반기 코로나19 추이를 살펴 임상에 착수할 예정이다. 케이캡은 해외 24개국에 기술 및 제품 수출 형태로 진출해 있다.

반면 국산 신약이라는 타이틀을 얻고도 말로가 좋지 않은 제품들도 많다. 30개의 국산 신약 가운데 판매가 중단된 품목은 13개나 된다. 코오롱생명과학의 골관절염 치료제인 인보사는 2017년에 29호 국산 신약 허가를 받았지만 2년 만에 허가 취소로 판매가 금지됐다. 27호 국산 신약인 한미약품의 올리타정Olita은 허가 후 2년여만인 2018년 4월부터 판매가 중단됐다. 폐암 치료제로 개발된 올리타정이 복용 후 부작용 발생과 경쟁 약 출시 등으로 시장성이 없다고 판단한 데 따른 것이다. 국산 1호 신약인 선플라와 동화약품의 간암 치료제 밀리칸Milican 등도 비슷한 이유로 시장에서 사라졌다.

동아에스티는 슈퍼항생제 시벡스트로Sivextro를 개발해서 2015년~

2016년 주사제와 알약 형태의 제품까지 총 2종을 국산 신약 24호~ 25호로 출시했지만 2020년 6월 품목허가를 자진해서 취하했다. 허가 후 6년 이내에 3000건 상당의 시판 후 안전성 조사PMS 자료를 제출할 수 없어 허가를 스스로 반납하기로 한 것이다. 시벡스트로는 기존 항생제에 내성을 갖는 슈퍼박테리아를 없애는 항생제로 황색포도상구균을 포함한 급성 세균성 피부질환 치료 등에 쓰는 약이다. 2014년 FDA 허가를 받아 **머크**가 미국 시장에서는 판매하고 있다. FDA 허가 직후 보험 급여를 통해 국내 출시를 노렸지만 낮은 보험약가를 제시한 정부 측과 약가 협상이 난항을 겪으면서 5년 넘게 시장에 나오지 못했다.

2020년 8월에는 **삼성제약**의 췌장암 치료제 리아백스주Riavax의 신약 조건부 허가가 취소되기도 했다. 리아백스주는 임상3상을 조건으로 21호 국산 신약 허가를 받았다. 하지만 삼성제약이 췌장암 환자 148명에 대한 임상3상 결과 보고서를 시한 내에 제출하지 못하자 식약처는 직권으로 허가 취소를 결정했다. 국내 바이오 기업 **젬백스앤카엘**은 2008년 노르웨이의 제약사를 인수한 뒤 거기에서 항암 백신 'GV1001'를 확보해 리아백스주로 개발해오다가 이후 삼성제약이 리아백스의 국내 실시권을 이전받아 개발을 속개해왔다. 삼성제약은 2020년 12월 말 리아백스주에 대한 임상3상을 완료하고, 결과 보고서를 토대로 정식 허가 신청을 다시 준비 중이다.

한편 식약처는 2021년 1월 18일 **유한양행**의 비소세포폐암 치료제 렉라자정Leclaza을 31호 국산 신약으로 허가했다. 30호 신약 케이캡정 이후 2년 10개월 만에 나온 국산 신약일 뿐 아니라 항암제로는 최초다. 렉라자정은 폐암 세포의 증식과 성장을 억제하는 표적 항암제다.

3부

미래 바이오 기술 선점 경쟁

1

요구르트가 연상되는
마이크로바이옴

마이크로바이옴microbiome 치료제는 장내 미생물을 통해 자연적인 치유 효과를 낼 수 있어 최근 바이오업계가 큰 관심을 가지는 분야 중 하나다. '장내 미생물=유산균' 등식에 익숙한 우리나라에서는 유산균 하면 요구르트를 떠올리는 사람들이 많다. 마이크로바이옴은 요구르트에 있는 유익한 균의 작용을 통해 질병의 치료 효과를 높이는 것으로 생각하면 이해하기 쉽다.

마이크로바이옴은 미생물 군집을 의미하는 'microbiota'와 유전체를 뜻하는 'genome'의 합성어로 우리 몸속에 사는 장내 미생물인 장내 균과 그 유전적 정보를 뜻한다. 쉽게 말하면 인체에 서식하는 세균, 바이러스, 곰팡이 등 미생물과 그와 관련된 유전체 전체를 일컫는다. 인간의 몸속에는 100조 개가량의 장내 미생물이 있는데 이는

세계 마이크로바이옴 신약 시장 규모 (단위: 달러)

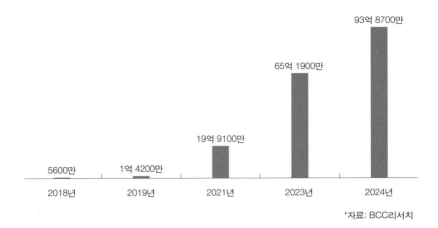

93억 8700만

65억 1900만

19억 9100만

5600만 1억 4200만

2018년 2019년 2021년 2023년 2024년

*자료: BCC리서치

인체의 세포 수보다 2배 이상 많은 것이다. 무엇보다 사람 유전자의 99%가 장내 미생물에서 결정된다고 하니 질병 예측과 신약 개발을 위해 마이크로바이옴을 분석하는 일이 중요해지고 있다. 마이크로바이옴과 같은 장내 미생물을 '제2의 게놈'이라고 부르는 이유다.

최근 연구를 통해 알레르기, 영양소 대사, 신경계·면역계 질환 등과 마이크로바이옴의 연관성이 속속 밝혀지면서 앞으로 신약 개발에 마이크로바이옴을 활용할 수 있다는 기대감이 날로 커지고 있다. 유익균과 유해균이 생성되는 원리 및 질병과의 연관성 등을 분석하면 식품이나 화장품은 물론 신개념의 치료제 개발 등에도 활용할 수 있다. 무엇보다 몸속의 유산균을 이용하다 보니 합성의약품에 비해 부작용은 훨씬 덜 하고 안전하기 때문에 치료 효과만 입증된다면 그 수요는 무궁무진하게 된다. BCC리서치에 따르면 마이크로바이옴 기반 치료제의 시장 규모는 2019년 1억 4210만 달러에서 2024년 93

억 8750만 달러에 달할 전망이다. 이에 따라 **화이자**나 **머크** 등 글로벌 제약사들은 마이크로바이옴을 활용한 신약 개발에 나서고 있다. 하지만 다른 약 대비 치료 효과가 어떤지에 대한 검증이 어렵기 때문에 전 세계적으로 마이크로바이옴에 기반한 치료제는 아직 임상 단계에 그치고 있다. 반면 전 세계가 초기 단계이기 때문에 국내 제약사들도 글로벌 기업들과 비교적 동등한 위치에서 경쟁해볼 수 있는 분야가 마이크로바이옴이기도 하다.

국내 업체들 가운데 마이크로바이옴으로 임상시험 진행 속도가 가장 빠른 곳은 **고바이오랩**이다. 자가면역질환과 아토피 피부염 등을 적응증으로 하는 신약 후보물질 'KBLP-001'에 대해 호주에서 임상1상을 마쳤다. 미국 FDA(식품의약국)로부터 임상2상 승인을 받아 개발을 진행 중이다. 고광표 고바이오랩 대표는 "우리 회사는 한국인 3000명 이상의 마이크로바이옴 데이터베이스, 임상 및 유전체 역학 자료, 5000종의 균주은행 등에 기반해 신약과 건강식품(유산균)을 개발할 수 있는 플랫폼을 갖고 있다"고 밝혔다. 회사는 이들을 활용해 자가면역(아토피성 피부염, 중증 천식), 대사(당뇨, 비만, 간손상), 감염 질환 등에 대한 다양한 신약 파이프라인을 갖추고 있다.

지놈앤컴퍼니는 마이크로바이옴에 기반을 두고 항암제 등을 개발하고 있다. 이 회사는 마이크로바이옴을 이용한 면역 항암 치료물질 'GEN-001'을 미국과 국내에서 동시 임상을 진행 중이다. GEN-001은 비소세포폐암, 두경부암, 요로상피암 등의 고형암을 대상으로 하는데 2019년 말 해외 제약사인 **머크**, **화이자**와 임상시험 협력 및 공급 계약을 체결하기도 했다. 또한 뇌질환 및 피부질환 마이크로바이옴 치료물질 'SB-121'은 2021년 상반기 임상1상을 개시할 예정이다. 지놈앤컴퍼니는 개발 중인 항암제를 기존에 나온 면역 항암제들과 병용 투여하는 임상도 계획하고 있다. 폐암 등의 다양한 암 치료에서 키트루다, 옵디보 등 기존 면역 항암제를 쓰고 난 뒤 내성이 생겼거나 효능이 떨어지는 환자들을 상대로 병용할 수 있는 마이크로바이옴 항암제를 개발하는 것이다.

마이크로바이옴 기반 신약을 개발 중인 **천랩**은 염증성 장질환과 신경계질환 등 기존의 치료 방법이 잘 듣지 않는 분야에서 치료제를 개발하고 있다. 회사는 2021년에는 염증성 장질환 치료제로 쓰일 후보 균주를 개발하는 데 주력할 예정이다. 또한 항암제 개발에도 마이크로바이옴을 활용하고 있다. 고형암을 대상으로 단독 투여 및 기존 면역 항암제와의 병용 사용을 위한 동물 모델 효능 데이터를 갖고 있다. 이를 위해 천랩은 독자 개발한 '정밀 분류 플랫폼'과 국내 최대 규모인 한국인 등 10만 명의 인간 장내 미생물 데이터베이스를 보유하고 있다. 또한 균주은행에 5600주 이상의 균주를 확보하고 있어 치료제 후보물질을 비교적 쉽게 찾을 수 있다.

제약사인 **HK이노엔**을 자회사로 두고 있는 **한국콜마홀딩스**는 바이오 분야에서 마이크로바이옴 사업을 키우고 있다. 이를 위해 2020년 11월 고바이오랩의 마이크로바이옴 신약 후보물질을 들여와 아토피 피부염, 염증성 장질환 등 자가면역질환 신약을 개발 중이다. 12월에는 마이크로바이옴 전문벤처인 **MD헬스케어**로부터 염증 및 호흡기질환 신약 후보물질 'MDH-001'에 대한 도입 계약을 체결했다.

프로바이오틱스? 프리바이오틱스? 헷갈리네

장내 미생물을 활용한 바이오의약품을 다룰 때 마이크로바이옴과 혼동을 일으키는 용어 중 하나는 프로바이오틱스probiotics다. 둘 다 장내 세균을 활용해 몸의 활성화와 건강에 도움을 준다는 차원에서는 비슷하지만 결론적으로 얘기하면 마이크로바이옴이 프로바이오틱스를 포괄하는 좀 더 큰 개념이다. 즉 프로바이오틱스는 장내에 살아 있어 장내 환경에 좋은 영향을 주는 유익균을 뜻한다. 체내에 들어가 건강에 좋은 효과를 유발하는 살아 있는 균으로 락토바실러스균, 비피더스균 등이 대표적이다.

반면 마이크로바이옴은 유익한 균인 프로바이오틱스뿐만 아니라 유해균까지 포함하는 등 인체와 관련된 모든 미생물을 대상으로 하는 개념이다. 프로바이오틱스가 우리 몸에 유익한 영향을 주는 균 자체의 기능과 작용을 활용하고자 하는 것이라면 마이크로바이옴은 미생물의 종합적인 정보를 이용해 인체와의 상관관계를 규명함으로써 의약품 개발 등에 도움이 될 수 있는 것이다. 따라서 마이크로바이옴은 미생물과 관련한 유전적 정보와 생태계 등을 총체적으로 아우르는 개념이다. 그렇기 때문에 범위를 따진다면 '마이크로바이옴

〉프로바이오틱스'가 되는 것이다. 업계 관계자는 "마이크로바이옴은 미생물과 그 유전체 전체를 지칭하지만 프로바이오틱스는 몸속에서 유용한 작용을 하는 약 19종의 미생물만을 의미한다"며 "마이크로바이옴은 유익한 균과 그렇지 않은 것들이 다 함께 존재하는 생태계"라고 말했다. 그는 "마이크로바이옴은 몸속의 생태계가 균형을 이루는 것이 중요하기 때문에 나쁜 균을 모조리 없애는 것만이 최선은 아니다"며 "애초에 건강한 장 속에는 유해한 '클로스트리디움'이라는 균이 있는데 당초 이 같은 해로운 균도 생태계가 균형 상태가 되면 질병을 유발하지 않는 항상성을 유지하게 된다"고 설명했다.

프로바이오틱스와 자주 혼동하는 또 다른 용어는 프리바이오틱스 prebiotics다. 이는 프로바이오틱스의 먹이가 됨으로써 프로바이오틱스의 장내 정착과 생장을 돕는 역할을 하는 물질이다. 즉 장내에 유익한 미생물(프로바이오틱스)의 생장을 촉진하거나 활성화시키는 물질로서 식이섬유 등이 대표적이다. 최근에는 장내에서 프로바이오틱스가 더욱 잘 번식할 수 있도록 프리바이오틱스를 함께 넣어 배합하는 방식이 생겨나고 있다. 유산균과 이를 키우는 먹이가 한곳에 들어 있으면 균의 생장 환경이 개선되어 건강에 보다 도움을 주는 제품을 만들 수 있다.

2

환자 맞춤형
세포 유전자 치료제

　유전자 돌연변이로 발생하는 척수성 근위축증SMA은 숨을 쉬는 등 기본적인 활동이 힘들어지는 질환이다. 미국의사협회에서 발행하는 ≪신경학저널≫에 따르면 이 병을 앓는 환자 중 90% 이상이 만 2세 이전 사망하거나 평생 호흡 장치에 의존한다. 신생아 2만 명당 1명 꼴로 발병하며 한국에서도 연간 20여 명의 영아 환자가 발생한다. 신생아 유전질환 중 사망 원인 1위로 알려져 있다.

　비정상 단백질의 응집체인 아밀로이드가 심장에 침투해 심장의 장애를 일으키는 트랜스티레틴 아밀로이드 심근병증ATTR-CM은 전 세계 유병률이 10만 명당 1명으로 극히 드물지만 발병 3년 내 환자의 절반이 사망할 정도로 무서운 질환이다.

　하지만 이제 주사 한 방으로 이러한 불치병들을 고치는 시대가 온

세계 유전자 치료제 시장 규모 (단위: 달러)

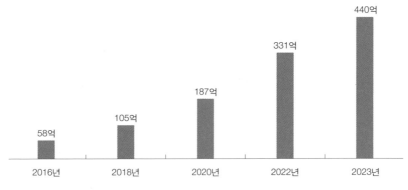

440억
331억
187억
105억
58억
2016년　2018년　2020년　2022년　2023년

*자료: 생명공학정책연구센터

다. RNA 치료제 등 유전자를 활용한 치료가 잇따라 개발되며 그동
안 불치병으로 불렸던 희귀질환 치료제들이 속속 등장하고 있다. 이
들 치료제는 유전공학적인 조작을 통해 유전자의 돌연변이를 한 번
에 바로잡을 수 있다는 점 때문에 의학계에서 각광받고 있다.

　유전자 치료제는 세계 최대 의약품 시장인 미국을 중심으로 폭발
적인 성장세를 이어가고 있다. 미국 재생의료협의회에 따르면 2019
년 1분기 글로벌 시장에서 진행된 유전자 치료제 임상시험은 372건
으로 전년 같은 기간보다 20% 가까이 늘었다. 상용화 확률이 반반인
임상3상 단계의 유전자 치료제도 32건에 달한다. FDA도 2025년까
지 매년 20개 이상의 유전자 치료제가 출시될 것이라는 보고서를 내
놓은 바 있다.

　노바티스가 2019년 5월 출시한 척수성 근위축증 치료제 졸겐스마
Zolgensma는 환자가 평생 한 번만 주사를 맞으면 되는 혁신적인 치료제

다. 태어나자마자 운동신경세포가 죽어가는 척수성 근위축증은 정상적인 SMN1(생존운동 신경원) 유전자가 결핍되어 발생한다. 무언가를 삼키기도 어려워지고, 숨도 쉴 수 없어진다.

졸겐스마는 아데노 바이러스에 SMN1 유전자 조각을 삽입했다. 몸 안에 들어간 바이러스는 인간에게 결핍됐던 SMN1 유전자를 방출하고, 우리 몸은 이를 활용해 신경세포에 필요한 단백질을 만들어낸다. 운동신경세포는 분열하지 않고 오래 생존하는 만큼 1회 투여로 꾸준히 약효를 낼 수 있다. 바이러스가 불치병 환자를 고치는 약이 된 셈이다. 임상시험 결과 환자들은 투여 후 평균 한 달 내 운동기능이 개선됐다. 앉기와 말하기도 가능해졌고, 걷는 환자도 생겼다. 임상3상에서 생후 4개월된 21명의 환자에게 졸겐스마를 투약했는데 4년 뒤 19명이 생존했다.

문제는 가격이다. 졸겐스마는 비싸다. 한 번 맞는 비용이 212만 5000달러로 세계에서 가장 비싼 치료제 중 하나다. 하지만 개발사인 노바티스는 경쟁 약물과 비교했을 때 오히려 싼 편이라고 강조한다. 졸겐스마가 개발되기 전 척수성 근위축증 치료제는 **바이오젠**의 스핀라자Spinraza밖에 없었다. 그런데 스핀라자 투약에는 첫 회에 75만 달러가 들고, 두 번째 해부터는 매년 37만 5000달러가 필요하다. 스핀라자로 10년 치료받는 것보다 졸겐스마를 한 번 맞는 게 나은 셈이다. 이를 증명하듯 졸겐스마는 출시 첫 분기인 2019년 3분기 판매 실적 1억 6000만 달러를 기록하는 등 승승장구하고 있다.

물론 졸겐스마 개발 전까지 유일한 척수성 근위축증 치료제였던 스핀라자 역시 유전자 치료제의 한 예다. 인위적으로 만든 RNA를 통해 질병을 발현시키는 유전자를 차단하는 RNA 간섭 치료제로 단백질 합성과 유전자 조절 등에 관여하는 유전물질인 RNA를 활용한다. 연구진이 인위적으로 만들고 구조를 바꾼 조그마한 이중나선 구조의 RNA가 인체 내부에서 특정 단백질을 합성하는 RNA와 결합해 단백질 합성을 조절하는 방식이다. 구체적으로 SMN1 유전자 자체를 삽입하는 졸겐스마와 달리 SMN1과 비슷한 유전자 SMN2에 결합해 발현을 촉진하고 이를 단백질로 바꿔준다. SMN2는 척수성 근위축증의 발병에 관여하지 않지만 스핀라자와 결합하면 충분한 길이의 SMN 단백질을 생성해 운동신경세포를 활성화한다.

앨나이램 파마슈티컬이 개발한 온파트로Onpattro도 RNA 간섭 치료제 중 하나다. 희귀병인 트란스시레틴 아밀로이드증을 앓고 있는 환자에 쓰인다. 트란스시레틴 아밀로이드증은 유전자 변형이 일어난 단백질이 심장이나 신경계 등에 축적되어 감각질환, 안질환, 심장질환, 신장질환 등의 증상을 나타내는 병이다. 온파트로는 RNA가 유전자 변형이 일어난 단백질이 비정상적으로 생성되는 과정을 억제한다.

인간의 세포 내 유전자를 조작해 사람의 몸에 다시 투여, 암세포를 공격하는 치료제도 개발 중이다. 대표적인 사례가 CAR-T(키메라 항원 수용체 T세포) 치료제다. 이는 기존 방법으로 치료할 수 없었던 급성백혈병 환자의 완치율을 80%로 끌어올려 기적의 항암제로 꼽힌다. T세포를 추출해 면역을 강화하도록 유전자 조작 과정을 거친 뒤 환자의 몸에 집어넣는다. 구체적으로 CAR-T 치료제는 환자 본인의 면역세포인 T세포를 체외에서 조작해 암세포 표면의 단백질 항원을 인식하는 CAR을 T세포 표면에서 생성하도록 만든다. 이를 다시 환자의 몸 안에 넣으면 T세포가 암세포만을 공격한다. 정상 세포가 손상되는 것을 최소화하면서 암세포 살상능력은 극대화했다.

암세포는 특유의 물질을 내뿜어 T세포의 공격을 피할 수 있다. 마치 우리 몸의 일부인 양 행동하며 아무런 기능을 하지 않는 세포를 무한정 만들어낸다. 하지만 유전자가 조작된 T세포인 CAR-T는 암세포를 인식하고 제거한다. 현재 킴리아Kymriah, 예스카타Yescarta, 테카르투스Tecartus 등 3종의 CAR-T 치료제가 FDA의 품목허가를 받았다. 시장조사 기관 코히어런트 마켓인사이트는 세계 CAR-T 치료제 시장이 2017년 7200만 달러에서 11년간 연평균 53.9% 성장해 2028년 85억 달러로 커질 것으로 예상했다.

다만 이들 역시 맞춤형이라 가격이 매우 비싸다. 2017년 8월 출시된 세계 최초의 CAR-T 치료제 킴리아는 환자가 치료 의사를 밝히면 노바티스의 과학자 2명이 21일 간 세포를 조작해 치료제를 만든다. 현재 미국에서 출시된 노바티스의 킴리아의 1회 투약 가격은 47만 5000달러, 길리어드 사이언스의 예스카타는 37만 3000달러이다.

이 때문에 글로벌 제약사들은 건강한 기증자에게 받은 T세포를 유전자 조작한 뒤 대량생산하는 방식의 오프 더 셸프(동종이형) CAR-T 치료제 개발에 나서고 있다. 건강한 기증자에게 T세포를 기증받은 뒤 유전자 변형 과정을 거쳐 대량생산하면 자가유래 CAR-T 치료제보다 훨씬 저렴하게 생산할 수 있는 데다 오래 걸리는 제조 공정도 개선할 수 있다.

이와 관련해 글로벌 바이오 기업 **셀렉티스**와 **알로젠 테라퓨틱스**가 함께 급성 림프구성 백혈병 치료제 'UCART19'의 임상시험을 진행하고 있다. 셀렉티스는 급성골수성 백혈병 치료제 'UCART123', 소아 급성 백혈병 치료제 'UCART22'도 개발 중이며 알로젠 테라퓨틱스 역시 다발성 골수종 치료제 'ALLO-715'의 임상시험에 나섰다.

다만 면역 거부반응 극복이 숙제다. 다른 사람의 면역세포를 사용하는 만큼 환자의 면역세포가 삽입된 치료제를 공격할 수 있기 때문이다. 아울러 과다 면역반응으로까지 이어질 수 있다. 이 때문에 개발사들은 암세포를 죽이면서도 거부반응을 유도하는 물질을 발현시키지 않는 T세포를 만들어내는 데 집중하고 있다.

국내의 유전자 치료제 관련 기업으로는 **툴젠**과 **제넥신**이 있다. 두 기업은 제넥신이 연구 중인 면역 항암제 'GX-I7'을 이용해 고형암 대상의 동종유래 CAR-T를 개발하기 위해 손을 잡았다. 애초 툴젠과 제넥신은 유전자 및 세포 치료제 시장을 선점하기 위해 2019년 통합 법인 툴제넥신 출범을 계획했지만 증시 침체 등 외부 요인으로 무산됐다. 하지만 두 회사는 합병 여부와 상관없이 유전자 교정 원천 기술이 과다 면역반응을 제어할 수 있는 핵심이라 판단하고 공동 개발을 협의했다. 제넥신은 2020년 12월 툴젠의 최대 주주 김진수 박사 등과 최대 주주 변경을 수반하는 주식양수도 계약을 체결했다. 제넥신이 툴젠의 지분 16.64%를 확보하며 툴젠의 최대 주주에 오른다는 내용이다.

국내 바이오벤처 **큐로셀** 역시 국산 CAR-T 치료제 개발을 위해 나섰다. 2020년 9월 식품의약품안전처(식약처)에 임상시험 계획을 제출했다. CAR-T 치료제는 일일이 손으로 제작하기 때문에 국내에서 생산하는 것이 훨씬 더 용이하다. 미국, 유럽 등 해외에서 임상시험을 진행하는 다른 바이오벤처와 달리 큐로셀이 국내에서 임상시험을 하는 이유다. 김건수 큐로셀 대표는 "일반적인 항체 의약품들의 경우 해외에서 임상시험을 하려면 약만 해외로 운송하면 되지만

CAR-T 치료제는 과학자들이 직접 환자의 유전자를 조작해야 하는 등 인력이 필요해 해외에서 임상시험을 진행하기 쉽지 않다"며 "개발과 생산 여건이 나은 국내에서 약효를 확실히 입증한 뒤 세계 시장에 진출해도 큰 문제는 없다고 판단했다"고 밝혔다.

앞서 언급했듯 CAR-T 치료제는 면역 과다 반응이라는 부작용이 있다. T세포가 강력한 면역세포인 만큼 과도하게 발현될 경우 멀쩡한 장기도 적으로 인식하고 파괴한다. 사이토카인 폭풍cytokine storm, 신경독성, 이식편대 숙주병 등이 과도한 면역으로 일어나는 대표적인 증상들이다. 사이토카인 폭풍은 면역력 증강이 필요한 코로나19 환자들의 치료 과정에서 사망을 일으키는 원인이 되기도 했다.

이 같은 한계를 극복할 치료제로 CAR-NK(키메라 항원 수용체 자연 살해 세포) 치료제도 주목받고 있다. 원리는 CAR-T와 같다. 건강한 사람의 혈액에서 추출한 선천성 면역세포인 자연 살해 세포, 즉 NK세포의 수용체를 변형해 면역 효능을 강화하고 암세포에 특이적으로 결합할 수 있도록 만들었다. 차이점은 면역원성이다. T세포는 후천성 면역세포인 만큼 사람마다 그 특성이 다르다. 따라서 다른 사람의 면역세포를 몸 안에 넣었을 경우 격렬한 면역 거부반응이 일어나기 쉽다. 반면 NK세포는 선천 면역세포인 데다 공격성도 적어 이 같은 부작용이 적다.

국내 바이오 기업 **엔케이맥스**는 고순도의 NK세포를 대량 배양할 수 있는 원천 기술인 '슈퍼NK'를 바탕으로 CAR-NK 치료제를 위한 후보물질을 최적화하는 단계에 있다. **GC녹십자랩셀** 역시 2023년까지 혈액을 치료할 수 있는 CAR-NK 치료제를 개발하겠다는 청사진을 내놓았다.

하지만 여전히 국내 유전자 치료제 개발은 걸음마 수준이라는 평이 많다. 특히 **코오롱생명과학**이 개발한 골관절염 유전자 치료제 인보사가 허가된 세포와 다른 세포를 사용해 식약처의 품목허가 취소 처분이라는 철퇴를 맞고, **헬릭스미스**가 당뇨병성 신경병증 치료제 엔젠시스의 임상3상에서 좋은 결과를 얻어내지 못하며 시장의 의구심은 더욱 깊어지고 있다. 게다가 천문학적인 비용과 긴 시간이 필요한 만큼 비교적 규모가 작은 국내 바이오 기업들이 뛰어들기 쉽지 않은 분야라는 평이 많다.

업계는 그럼에도 국내 바이오 기업들이 유전자 치료제 개발에 더 뛰어들어야 한다는 입장이다. 첨단 바이오의약품인 만큼 글로벌 제약사도 임상시험에 실패하는 경우가 잦은 데다 이제 막 상용화에 접어든 초기 단계라 우리나라 업체들도 시장 진입의 기회가 많기 때문이다. 회사의 수익성을 생각했을 때 높은 약가도 매력적이다. 세포·유전자 치료제는 그동안 치료할 수 없었던 질환을 치료할 수 있는 만큼 비싼 약가에도 불구하고 일정한 판매량이 보장된다.

DNA 유전정보 전달 원리 '센트럴 도그마'

분자생물학의 '중심 원리'라는 뜻을 가진 센트럴 도그마central dogma
는 DNA의 유전정보가 RNA를 거쳐 단백질로 전달된다는 이론이다.
이 이론은 제임스 왓슨과 함께 DNA 구조를 발견한 프랜시스 크릭이
1958년 발표했으며 일종의 설계도인 유전물질이 어떻게 실제 기능
을 수행하는 단백질로 변하는지 설명한다.

인간의 유전물질인 DNA는 세포의 핵 속에 있다. 우리 몸 안에는
무수히 많은 양의 세포가 있는데 각 세포의 핵에는 완전히 똑같은
DNA가 존재한다. DNA는 우리 몸을 구성하는 설계도의 원본과 같
다. 편집이 불가능하도록 여러 장치가 존재한다. 기다란 실처럼 생
긴 가닥이 똘똘 뭉쳐 있는 데다가 매우 길어 그대로 쓰기도 어렵다.
DNA의 상징과도 같은 이중나선 구조 역시 유전물질이 쉽게 변형되
지 않도록 안정성을 높인 장치다. 실처럼 생긴 DNA 사슬 두 가닥이
서로 맞물린 채 엉켜 실 내부의 구조인 DNA 염기서열 순서를 함부
로 변형하지 못하도록 한 게 특징이다.

코로나 바이러스 등 RNA 바이러스는 DNA 대신 RNA를 유전물질
로 갖는다. RNA는 DNA에 비해 안정성이 떨어지는 만큼 변이가 훨

썬 잦은데 코로나19의 정복이 힘든 이유는 이 때문이다. 백신을 개발하더라도 순식간에 돌연변이를 일으켜 그 순간까지 남아 있는 항체를 무력화 할 수 있기 때문이다.

따라서 세포는 핵 속의 DNA를 통해 단백질을 만들기 전에 사본을 만든다. 이 사본이 RNA, 좀 더 구체적으로 표현하면 전령(메신저)을 뜻하는 mRNA다. RNA 중합 효소가 DNA의 특정 부위에 붙으면 DNA 두 가닥이 벌어지고 사슬이 풀린다. RNA 중합 효소가 이동하면서 DNA의 염기서열에 상호보완적으로 염기를 붙이며 RNA를 만든다. DNA 정보를 베낀 RNA는 핵 밖으로 빠져나와 단백질을 만들 준비를 한다. 이 과정을 전사transcription라고 한다.

핵 속에서 만들어진 RNA는 핵 밖으로 빠져 나와 세포 내의 소기관인 리보솜ribosome으로 이동한다. 이곳에서 RNA의 정보에 따라 아미노산이 순서대로 결합해 단백질이 만들어진다. DNA와 RNA에는 네 종류의 염기(일종의 유전정보)가 번갈아가며 등장한다. 반면 단백질을 구성하는 아미노산은 20개가 존재한다. 네 종류의 염기만으로 어떻게 20개의 아미노산 정보를 지정할 수 있을까.

비밀은 염기 3개가 하나의 아미노산을 특정하는 데 있다. 전령 RNA에 아데닌 3개가 연달아 붙어 있는 경우 라이신L-lysine이라는 아미노산을 합성하고, 아데닌·구아닌·아데닌이 연달아 붙어 있을 경우 아르기닌이라는 아미노산을 붙이는 식이다. 이렇게 완성된 아미노산의 덩어리를 '폴리펩티드'라고 부르며 이 폴리펩티드가 접히고 가공되며 단백질이 완성된다.

센트럴 도그마의 예외도 있다. 에이즈를 일으키는 인간면역결핍바이러스HIV와 같은 레트로바이러스retrovirus가 대표적이다. 이들은

RNA를 유전물질로 해서 DNA를 합성한 뒤 이 DNA를 숙주의 DNA에 끼워 넣는다.

광우병의 원인으로 지목된 프리온prion 단백질도 기존 센트럴 도그마를 반박하는 예다. 프리온은 단백질을 의미하는 'protein'과 바이러스 입자를 뜻하는 'virion'의 합성어다. 바이러스처럼 전염력을 가진 단백질 입자라는 의미에서 붙여진 이름이다. 일반적인 생명체와 달리 세포 증식이 세포 증식이나 유전에 필요한 DNA, RNA와 같은 유전자가 없는 단백질임에도 불구하고 전염성을 가지고 스스로 복제하여 증식한다. 정상 단백질과 결합해 그 결합된 단백질을 다시 변형시키는데 이는 DNA, RNA, 단백질로 정보가 흐른다는 센트럴 도그마의 설명과 달리 단백질에서 단백질로 정보가 흐르는 것이다.

3

1개 항체로 2배 효과 내는 이중항체

이중항체Bispecitic Antibodies는 말 그대로 이중(두 겹)으로 된 항체다. 처음에는 마치 항체가 2개인 것처럼 들리지만 사실은 1개의 항체가 두 개 이상의 세포에 작용하는 것이다. 일반적으로 병원균(항원)에는 하나의 항체가 작용하지만 이중항체는 항체 1개로 2곳 이상에 영향을 줄 수 있으니 그만큼 효율적이다. 질병에 관여하는 복수의 인자에 작용함으로써 치료 효과는 당연히 일반 항체에 비해 높을 수밖에 없다. 이중항체는 주로 치료가 어려운 항암제에서 효력을 발휘한다. 암세포와 면역세포에 동시에 작용해 면역세포의 활성도를 높이는 한편 암세포에는 직접 공격을 가하거나 면역세포가 암에 작용할 수 있도록 한다. 결과적으로 암세포를 좀 더 쉽게 사멸시키는 것이다. 이 같은 특성 때문에 이중항체는 면역력을 높여 병원균을 죽이는 면역 항암제와 증상을 공격하는 표적 항암제의 역할을 동시에 수행하게 된다. 전문가들은 "항체 의약품은 대부분 암이 대상인데 암은 재발과 전이가 많아 치료가 어렵다"며 "이중항체 기전의 치료제는 한 가지 항체로 두 가지 세포 단백질을 타깃하기 때문에 암세포 변이에 대처하는 데 뛰어나다"고 설명한다.

하지만 두 가지 이상의 세포에 작용하도록 항체를 위치시키는 데 기술적 한계가 있기 때문에 FDA의 품목허가를 받은 이중항체 치료제는 전 세계적으로 3개에 불과하다. 2009년 **네오팜 바이오텍**의 악성 복수 치료제 리무밥Removab을 시작으로 그 이후 다국적 제약사 **암젠**의 혈액암 치료제 블린사이토와 **로슈**의 A형 혈우병 치료제 헴리브라Hemlibra가 품목허가를 받았다.

2014년 FDA 품목허가를 받은 '블린사이토'는 혈액암과 그 일종인 급성림프구성 백혈병 치료에 쓰이는데 미국과 유럽뿐만 아니라 국내에도 출시되어 있다. 블린사이토는 바이트BiTE라는 고유한 작용기전을 통해 백혈병 세포 내의 항원인 CD19와 면역 T세포의 표면에 있는 CD3를 연결한다. 이로 인해 T세포와 백혈병 세포 사이에 일종의 시냅스(연결 다리)가 생성되어 가까이 놓임으로써 T세포가 인근의 암세포를 인지하게 된다. T세포는 그 내부에 있는 면역물질인 퍼포린perforin과 그란자임granzyme을 활성화시켜 시냅스를 통해 문제된 세포 쪽으로 전달함으로써 백혈병 조성 세포의 사멸을 유도한다.

암세포가 공격을 피하기 위해 정상 면역세포에 붙어 한 덩어리의 면역세포처럼 위장하려는 것을 파괴하는 것이 키트루다 같은 면역관문 억제제(면역 항암제)의 방식이라면 이중항체 기전의 블린사이토는 오히려 면역세포와 암세포를 연결시켜 면역세포 물질이 암세포로 쉽게 이동하도록 해서 암을 치료한다. 블린사이토가 암을 치료하는 방식은 암세포를 직접 공격하지는 않지만 암세포와 면역세포 간 연결을 통해 암세포를 공격할 수 있는 기반을 만든다는 점에서 이중항체의 원리를 제시한 것으로 평가받는다. 특히 최근 들어 표적 항암제와 면역 항암제 간 병용 투여의 치료 효과가 높다는 점이 입증되면서 수많은 병용 투여 임상이 진행되고 있는 점에서 이중항체 기술은 면역 및 표적 항암제 역할을 동시에 할 수 있는 차세대 항체 치료 기술로 평가받고 있다.

일반적인 이중항체 기술의 작동 방식 중 하나는 암세포가 증식하는 데 필요한 신생 혈관을 억제하는 것이다. 암세포는 정상적인 세포가 사용할 영양분과 산소를 빼앗아가기 위해 새로운 혈관을 만들어 잦은 변이를 일으킨다. 이 과정에서 암세포 증식과 변이를 돕는 것이 VEGF(혈관내피 성장인자)라는 물질이다. 만일 이중항체 기술을 쓰게 되면 한편에서는 VEGF를 공격해 암세포 혈관의 성장을 억제하고, 다른 편에서는 정상 혈관을 미세하게 만들어 암세포로 가는 영양소와 산소의 전달을 줄인다. VEGF를 공격해 암의 변이 가능성을 없애는 한편으로 암이 빼앗아가는 유익한 물질의 이동을 줄이도록 함으로써 암세포가 서서히 고사되도록 만드는 것이다.

이중항체의 또 다른 강점은 우수한 치료 효과뿐만 아니라 완성된 플랫폼만 갖추면 다양한 질병으로 치료 대상을 확대할 수 있어 수익성이 무궁무진하다는 것이다. 그렇기 때문에 국내 업체들도 비교적 새로운 분야인 이중항체 개발에 뛰어들고 있다.

시장정보 분석업체인 루츠 애널리시스에 따르면 세계 이중항체 치료제 시장 규모는 2018년 2억 5000만 달러에서 2030년 79억 1000

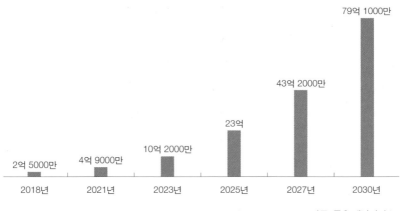

세계 이중항체 치료제 시장 규모 (단위: 달러)

79억 1000만

43억 2000만

23억

10억 2000만

4억 9000만

2억 5000만

| 2018년 | 2021년 | 2023년 | 2025년 | 2027년 | 2030년 |

자료: 루츠 애널리시스

만 달러까지 40배가량 고속 성장할 전망이다.

한미약품은 중국 현지법인 **북경한미약품**이 자체 개발한 면역 및 표적 항암치료가 동시에 가능한 차세대 이중항체 플랫폼인 '펜탐바디'를 확보해 유방암, 위암, 폐암, 대장암 등 다양한 암종을 대상으로 항암 신약을 개발 중이다. 펜탐바디는 자연적인 면역글로불린 G와 유사한 구조적 특징을 갖추고 있어 면역원성과 안정성 등이 우수하고, 생산 효율이 높다는 장점이 있다.

에이비엘바이오는 국내 업체 가운데 이중항체에 기반을 둔 신약을 가장 많이 개발하고 있다. 에이비엘바이오가 보유한 '그랩바디-T' 이중항체 플랫폼은 종양 항원과 면역세포를 동시에 타깃하도록 설계됐다. 중국 바이오텍 **아이맵**과 공동 개발 중인 이중항체 후보물질 'ABL503'은 암세포 표면의 단백질인 PD-L1 및 면역 T세포 활성화를 돕는 4-1BB를 동시에 타깃한다. 아이맵과 공동 개발 중인 또 다른 후보물질 'ABL111'은 위암과 췌장암을 대상으로 하는 이중항체 기반의 면역 항암제다. 에이비엘바이오는 ABL111에 대해 동물임상과 영장류 독성 시험에서 각각 뛰어난 항암 효과와 약물 안전성을 확인했다. 이를 바탕으로 2021년 미국에서 인체 임상을 계획하고 있다. 또한 'ABL001'는 위암, 대장암 등 고형암을 대상으로 하는데 이중항체 물질로는 국내 최초로 임상1상에 진입해 있다. 이 밖에 에이비엘바이오는 이중항체 기술을 응용해 두터운 혈관-뇌 장벽을 통과해 파킨슨병, 알츠하이머병 등 뇌질환을 치료하는 후보물질도 연구하고 있다. **유한양행**과 **동아ST**는 각각 에이비엘바이오로부터 이중항체 기술을 도입해 대장암·두경부암 면역 항암제 'ABL104'와 유방암·위암 면역 항암제 'ABL105'에 대한 세포주 및 공정 개발을 함께 진행하고 있다.

항체 기반 치료제 개발 업체인 **앱클론**은 2개의 질병 단백질에 동시에 작용해 약효를 높일 수 있는 이중항체 플랫폼 기술인 '어피맵'을 보유하고 있다. 회사는 이를 적용해 자가면역질환인 류머티스 관절염을 대상으로 이중항체 신약을 개발 중이다. 앱클론은 2020년 8월 개발 중인 자가면역질환 치료제 'AM201'이 중증 코로나19 환자들이 겪는 사이토카인 폭풍을 억제할 수 있는 기전을 갖고 있다며 코로나19 항체 신약 개발 추진 의사를 밝히기도 했다.

종근당은 항암 이중항체인 'CKD-702'를 개발하고 있다. 이는 폐암이나 위암 등 고형암의 성장과 증식에 필수적인 간세포 성장인자 수용체c-Met와 상피세포 성장인자 수용체EGFR를 동시에 저해하는 방식이다. 각 수용체에 결합해 암세포의 증식 신호를 차단하고, 수용체 수를 감소시켜 암을 치료하는 새로운 기전의 바이오 신약을 목표로 한다. 기존 항암제의 내성 발생 문제도 해결할 수 있다. 2020년 6월 미국암학회의 'CKD-702' 전임상 연구 결과 발표에서 내성이 생긴 동물 모델에서도 항암 효과가 우수한 것으로 나타났다. 현재 비소세포폐암을 적응증으로 국내에서 임상1상을 하고 있고, 향후 위암, 대장암, 간암 등으로 적용 범위를 확대해 글로벌 임상에 나설 계획이다.

유도미사일 항암제 'ADC'

ADC(Antibody Drug Conjugate·항체약물접합체)는 이중항체처럼 항암제의 치료 효과를 높이는 기술이다. 이중항체나 ADC 모두 암이나 류머티스 관절염 등을 치료하는 데 주로 쓰이는 항체 의약품의 효력을 키우기 위한 것이다. ADC는 암세포 항원을 찾아 정확히 도달하는 항체의 장점과 암세포를 없앨 수 있는 약물 효과를 제대로 결합시키면 어떨까 하는 아이디어에서 나왔다. '항체약물접합체'라는 말그대로 항체에다 항암제 등의 약물을 붙여 암세포로 날아가게 한 다음 문제된 세포에서 터지게 함으로써 약효가 잘 발현되도록 한다. 항체가 미사일처럼 암세포에 빠른 속도로 정확히 도달하고 나서 항체에 붙어 있는 약물이 탄두처럼 터지면서 암세포를 무차별 공격하는 것이다. 바이오 항체와 합성의약품의 약물이 콤비를 이뤄 암세포를 동시에 공격하는 만큼 기존에 둘 중 하나만 작동하던 것에 비해 치료 효과가 배가될 수 있다.

문제는 항체와 약물을 연결하는 링커linker 부위가 견고하지 못하면 암세포를 향해 날아가는 도중에 약물이 분리되어버려 당초 의도했던 효과를 낼 수 없다는 것이다. 이 경우 항체에 붙어 있던 약물이 중간에서 떨어져 나가 다른 정상 세포를 침투하게 되면서 부작용을 일으킨다. 또한 효과를 높이려고 항체에 붙인 약물의 분량을 늘리게 되면 오남용 문제도 발생한다.

그럼에도 ADC의 유용성에 대해서는 대다수 전문가가 인정하고 있다. 한 약학대학 교수는 "안전성과 유효성 측면에서 기존 항체 의약품의 단점을 보완하려는 많은 연구 가운데 혁신적인 플랫폼 중 하나가 ADC"라며 "ADC 결합 시 세포독성 약물 효력은 단독 사용 때보다 100배~1000배 이상 크다"고 밝혔다. 또한 "정상 조직에는 심각한 부작용을 유발하지 않고, 표적 암세포에 매우 특이적으로 작용하는 약품을 개발하는 것이 ADC의 주요 목표"라고 덧붙였다.

국내에서 대표적인 ADC 기술 업체는 **레고켐바이오사이언스**다. 이 회사가 보유한 플랫폼인 '콘쥬올'은 개선된 링커를 가진 차세대 ADC 기술이다. 2020년 5월 레고켐바이오사이언스는 ADC 플랫폼 기술과 이에 기반한 항암제 후보물질 'LCB73'을 영국 **익수다테라퓨틱스**에 기술이전하는 등 수차례 해외 기술수출을 달성했다. 같은 해 12월에는 미국 바이오기업 **픽시스 온콜로지**와 ADC 항암제 후보물질의 개발 및 한국을 제외한 글로벌 판권에 대한 기술이전 계약을 맺었다. 레고켐바이오사이언스는 2020년 총 4번의 ADC 플랫폼 기술이전 계약을 성사시켜 그해 기술수출 총 규모는 1조 5000억 원에 달했다.

알테오젠은 ADC 플랫폼 기술인 '넥스맵'을 적용한 유방암 치료제 'ALT-P7'의 국내 임상을 진행하고 있다. 알테오젠은 블록버스터급 유방암·위암 치료제 허셉틴의 바이오시밀러 개발에 나섰지만 전 세계적으로 출시를 앞둔 허셉틴 바이오시밀러가 많아지면서 ADC를 적용해 바이오베터(바이오의약품 개량 신약)로 출시할 방침이다.

4

노벨상 탄
크리스퍼 유전자 가위

　2018년 중국에서 전 세계를 경악하게 한 소식이 전해졌다. 허젠쿠이 전 중국 남방과학기술대 교수가 세계 최초로 유전자 가위를 통해 유전자를 교정한 인간 아기가 태어났다고 발표한 것이다. 허젠쿠이 교수 연구진은 불임 치료를 받던 일곱 커플의 배아에 대해 에이즈 면역력을 가진 유전자 편집을 시도했는데 이 중 한 커플이 쌍둥이를 출산했다고 밝혔다. 유전자 편집을 시도한 이유는 쌍둥이 여아가 인간면역결핍바이러스HIV 양성인 아버지와 음성인 어머니를 두고 있어 병에 걸릴 위험이 높았기 때문이다.

　이 발표는 당시 거센 생명윤리 논란을 불러일으켰다. 안전성이 확인되지 않은 기술을 인체에 적용하는 것은 둘째치더라도 인간이 인간의 유전자를 마음대로 조작할 수 있는지 사회적 합의가 이루어지지 않았기 때문이다. 급기야 2019년 3월 세계 7개국 18명의 생명과학자들이 '향후 5년간 인간 배아의 유전자 편집 및 착상을 전면 중단하고 이 같은 행위를 관리, 감독할 국제기구를 만들어야 한다'는 내용의 공동 성명서를 학술지 ≪네이처≫에 발표했다. 중국 정부 역시 불법의료행위죄로 허젠쿠이 교수에게 징역 3년과 벌금 300만 위안(약 5억 원)을 선고했다.

이에 앞서 1987년 일본 오사카대 연구팀은 대장균의 유전자에서 독특한 서열을 발견했다. 특정 서열이 반복되어 있었는데 이것이 어떤 역할을 하는지는 당시에는 알아내지 못했다. 한참 후에야 연구진은 대장균이 공격을 받았을 때 공격한 바이러스를 기억하기 위한 용도로 사용한다는 사실을 밝혀냈다. 자신의 유전정보에 자신을 공격한 바이러스의 염기서열 일부를 삽입하는 방식이다. 유전자는 후손에게도 그대로 이어지는 만큼 이후에 동일한 바이러스가 침투하더라도 대장균은 바이러스의 서열을 읽어내 바이러스를 잘라낼 수 있다. 이때 바이러스를 잘라내는 단백질이 'Cas 단백질'이다. 20년이 더 지난 2012년, 이 염기서열이 DNA 가닥을 편집하는 데 쓸 수 있다는 사실을 확인했다. 학계는 이 서열에 크리스퍼CRISPR라는 이름을 붙였는데 이는 '규칙적 간격으로 분포하는 짧은 회문 구조의 반복서열'이라는 의미를 갖고 있는 영어 단어(Clustered regularly interspaced short palindromic repeats)의 머리글자다. 여기서 회문 구조란 DNA 염기서열이 역순으로 배치되어 앞뒤 어느 방향으로 읽어도 똑같이 읽히는 구조를 말한다. Rotator, Nurses run 등의 예가 있다.

크리스퍼 유전자 가위CRISPR-Cas9는 DNA를 자르는 가위 역할을 하는 절단 효소인 Cas9 단백질과 크리스퍼 RNA 단백질을 붙인 형태다. 막스 플랑크 연구소의 에마뉘엘 샤르팡티에 교수와 UC 버클리의 제니퍼 다우드나 교수는 기존 유전자 가위의 오류와 부정확성을 개선하기 위해 2012년 'Cas9'이라는 단백질과 가이드 RNA로 구성된 크리스퍼 유전자 가위를 개발해 발표했다. 이들이 발표한 바에 따르면 크리스퍼 유전자 가위는 크리스퍼 RNA, 트레이서 RNA와 Cas9 단백질로 구성됐다. 크리스퍼·트레이서 RNA는 자르고자 하는 표적 DNA와 결합하는 역할을 진행하며 Cas9 단백질은 원하는 부위의 DNA를 자른다.

이 두 교수는 2011년부터 공동 연구를 시작했다. 편도염을 유발하는 화농성 연쇄상구균 연구자인 샤르팡티에 교수는 화농성 연쇄상구균에서 발견한 작은 RNA 조각인 트레이서 RNA를 찾아냈는데 이 조각이 Cas9 단백질을 유도한다는 사실을 알아냈다. 또 다우드나 교수는 크리스퍼와 연결된 Cas9 단백질이 DNA를 자르는 역할을 한다는 사실을 발견했다. 이들은 바이러스가 자신을 보호하는 면역체계로 크리스퍼·Cas9 복합체를 갖췄다는 사실을 확인했고, 이를 이용해 원하는 DNA의 특정 염기서열을 잘라낼 수 있음을 발견했다. 이 두 교수는 크리스퍼 유전자 가위 기술을 개발한 공로로 2020년 노벨 화학상을 수상했다.

샤르팡티에 교수와 다우드나 교수가 개발한 크리스퍼는 유전자를 편집할 수 있는 유전자 가위 가운데 3단계 수준이다. 최초의 유전자 가위 기술은 1980년대 중반 발견된 징크 핑거zinc finger다. 징크 핑거는 아프리카 발톱개구리에 붙은 특정 단백질에서 따왔다. 징크 핑거 단백질이 특정 유전자의 염기서열 부위에 붙어 유전자의 작동을 조절하고 질환을 유발하는 변이 유전자를 절단한다. 2세대 유전자 가위

탈렌TALEN은 2011년 등장했는데 3개의 염기서열에 1개씩 결합하는 징크 핑거와 달리 1개의 염기서열에 1개만 결합해 보다 더 정확하다. 하지만 징크 핑거와 탈렌 모두 인식하는 유전자 염기서열이 10개 내외에 불과하고 제작과 활용이 복잡하다는 단점이 있다.

3세대 유전자 가위인 크리스퍼는 원하는 부분을 빠르고 손쉽고 정확하게 잘라낼 수 있다. 앞서 설명했듯 유전정보를 전달해 단백질로 만드는 복사본인 RNA를 길라잡이로 Cas9 단백질이 특정 DNA 염기서열과 결합하도록 만든 뒤 원하는 DNA를 잘라내는 기술이다. 이전 세대의 유전자 가위와 달리 복잡한 단백질 구조가 없고 DNA도 더욱 깊숙이 절단할 수 있다. 가이드 역할을 하는 RNA만 교체하면 다른 DNA도 교정할 수 있다.

발견된 지 10년도 채 되지 않았지만 이 기술의 위력은 막강하다. DNA 유전정보가 단백질로 변환되기 전 RNA로 옮겨지는 전사 과정의 조절뿐 아니라 돌연변이 유전자 교정을 통한 체세포 유전자 치료, 유전병을 막기 위한 배아 세포 돌연변이 유전자 교정, 멸종 동물의 복원 등에 광범위하게 쓰일 수 있다.

생명과학계에서는 크리스퍼 유전자 가위의 강점을 시의성, 대중성, 확장성으로 설명한다. 인류는 인간 게놈 프로젝트를 통해 한 사람 한 사람의 유전정보를 파악할 수 있게 됐다. 이제 그다음 과제로서 이 유전정보를 어떻게 활용할 수 있을지를 모색하는 단계에 왔다. 크리스퍼 유전자 가위는 바로 이 시기에 유전정보를 교정할 수 있는 도구로 떠올랐다. 대중성도 한몫했다. 하루 만에 완성할 수 있을 정도로 기술의 설계가 쉽고 비용도 저렴하다. 활용 범위도 무궁무진하다.

물론 한계도 분명이 있다. 학계 설명에 따르면 현재 유전자 가위로 수리할 수 있는 DNA의 범위는 한 번에 하나 정도이며 효과도 제한적이다. '제거' 방식은 성공률(재현율)이 높지만 '교체'나 정교한 '변형' 등은 아직 어려운 수준이다.

2020년 크리스퍼 유전자 가위를 활용한 임상시험이 시작됐다. 안과 의사인 마크 페네시 미국 오리건보건과학대학교 의대 교수 연구진은 선천성 희귀망막질환인 LCA10(레베르 선천성 흑내장) 환자를 대상으로 눈에 크리스퍼 유전자 가위를 주입하는 임상시험에 착수했다. LCA10은 CEP290라는 유전자의 돌연변이 때문에 빛을 감지하는 망막 광수용체가 제 기능을 하지 못해 시력을 잃는 질환으로서 치료법이 없다. 페네시 교수팀은 이 유전자의 돌연변이를 제거하도록 설계한 유전자 가위를 환자의 눈 망막에 직접 주입하는 방식으로 치료를 시도하고 있다.

페네시 교수는 "CEP290 돌연변이는 망막 광수용체를 불능화하지만 물리적으로 망가뜨리는 것은 아니기 때문에 광수용체는 여전히 LCA10 환자의 눈 속에 살아 있다"며 "목표는 이들의 광수용체를 다시 활성화해 앞을 볼 수 있도록 하는 것"이라고 설명했다. 발병 원인인 유전자 돌연변이 자체를 제거하는 방식인 만큼 효과가 반영구적이라는 장점도 있다.

만약 임상시험에서 크리스퍼 유전자 가위의 안전성과 효능이 검증된다면 향후 유전자 이상으로 생긴 불치병을 치료할 때 유전자 가위를 통한 치료가 보다 더 활발해질 것으로 예측된다. 이미 동물실험에서는 유전자 가위의 치료 효과를 확인한 바 있다. 국내에서도 2017년 당시 기초과학연구원IBS 유전체교정연구단장이었던 김진수

툴젠 창업자와 김정훈 서울대병원 안과 교수 연구진이 크리스퍼 유전자 가위를 노인성 황반변성을 앓는 쥐의 눈에 주입해 유전자를 교정한 결과 치료 효과가 나타났다고 국제 학술지 ≪네이처 커뮤니케이션즈≫에 발표한 바 있다.

최근에는 4세대 유전자 가위로 불리는 염기 편집 기술까지 등장했다. 이 기술은 RNA는 그대로 두고 DNA를 잘라내는 절단 효소 Cas9을 Cpf1으로 바꿨다. Cpf1 단백질은 트레이서 RNA 없이 크리스퍼 RNA로만 작동한다는 특징이 있다. 이 때문에 RNA 제작이 더 용이하다. 3세대 크리스퍼 유전자 가위가 DNA 이중가닥을 자른 뒤 교체하는 방식인 반면 4세대는 가닥을 자르지 않고도 원하는 염기를 선택해 교체할 수 있다. DNA 절단 없이 해당 염기를 교체할 수 있기 때문에 단일 염기의 돌연변이로 발생하는 질환을 치유할 수 있는 길도 조만간 열릴 것으로 전망된다.

툴젠의 유전자 가위 특허 소송 내막

현재 크리스퍼 유전자 가위에서 가장 앞섰다고 평가받는 기관은 에마뉘엘 샤르팡티에 교수·제니퍼 다우드나 교수 공동 연구팀, 국내 바이오벤처인 **툴젠**의 김진수 연구팀, 미국 브로드연구소의 장펑 연구팀 등 3곳이다.

샤르팡티에 교수·다우드나 교수 공동 연구팀은 2012년 5월 25일 이 셋 중 가장 먼저 크리스퍼 유전자 가위 특허를 출원(신청)했다. 이 연구팀은 크리스퍼 서열에서 복제된 RNA가 원하는 DNA의 짝이 맞는 부위를 찾아내고 함께 데려간 단백질이 그 DNA를 잘라낸다는 사실을 밝혀냈다. 특히 이 RNA는 사람이 설계할 수 있다는 데 의의가 있었다. 툴젠의 김진수 연구팀은 2012년 10월 23일 비슷한 특허를 출원했다. 브로드연구소의 장펑 연구팀도 2012년 12월 12일 특허를 출원했다.

그런데 막상 세 기관 중 가장 늦게 특허를 출원한 브로드연구소가 신속 검사 경로를 밟아 2014년 4월 미국 특허청으로부터 첫 번째로 특허를 취득했다. 샤르팡티에 교수·다우드나 교수 공동 연구팀은 2016년 브로드연구소의 특허에 대해 무효 소송을 제기했지만 2018

년 브로드연구소가 승소하는 등 우여곡절을 겪은 뒤 2019년에야 특허를 등록할 수 있었다.

샤르팡티에 교수·다우드나 교수 공동 연구팀과 브로드연구소 사이의 특허 소송에서 미국 연방특허항소법원은 브로드연구소의 주장을 받아들였는데 향후 이 기술을 둘러싼 특허 전쟁의 향방을 보여준다는 점에서 시사하는 바가 크다고 업계는 분석한다. 당시 연방특허항소법원은 "원핵세포를 대상으로 한 샤르팡티에 교수·다우드나 교수 공동 연구팀의 유전자 교정 기술보다 진핵세포를 대상으로 한 브로드연구소의 유전자 기술이 더욱 진보한 발명"이라고 판단했다.

샤르팡티에 교수·다우드나 교수 공동 연구팀이 출원한 크리스퍼 유전자 가위 특허는 원시적인 원핵생물에 적용되고, 김진수 교수팀과 브로드연구소의 크리스퍼 유전자 가위는 진핵생물에도 사용할 수 있다. 원핵생물은 핵막이 없고 진핵생물은 핵막이 있다는 차이가 있다. 원핵생물에는 세균과 남조류 등 하등생물이 있고, 진핵생물에는 동식물이 포함된다. 툴젠은 브로드연구소보다 2달 앞서 진핵생물에 적용할 수 있는 유전자 가위 기술 특허를 미국에 출원했다. 미국 연방특허항소법원의 판결대로라면 진핵세포를 대상으로 한 유전자 가위 기술은 툴젠이 가장 먼저 특허 출원한 만큼 이후 벌어질 유전자 가위 특허 전쟁에서 툴젠이 가장 유리한 고지를 점유하게 됐다는 평가다.

툴젠은 뒤이어 2020년 10월에는 미국 특허청에 3세대 유전자 가위 크리스퍼 Cas9 특허(568특허)를 등록해 글로벌 플랫폼 기업 및 연구기관과 나란히 경쟁할 수 있는 전환점을 맞았다.

툴젠은 자체 개발한 특허 권리 범위를 확장하기 위해 '분할 출원'

전략으로 미국은 물론 중국, 우리나라에도 특허를 등록했다. 분할 출원은 기술을 세분화해 여러 특허를 확보하는 지식재산권 취득 전략 중 하나다. 특허권으로 보장받으려는 기술을 세부적인 기술과 권리별로 구분해 개별 특허로 여러 개를 출원하는 방법이다.

이병화 툴젠 대표는 "현재 전 세계적으로 4개~5개 원천 기술 보유처와 경쟁을 벌이고 있으며 지적재산권 경쟁력이 높다"고 설명했다. 이어 "분할 특허 전략을 통해 2020년 10월 미국, 11월 19일 한국, 23일에는 중국에 특허를 등록했다"며 "특히 미국은 4건의 특허 출원이 이뤄졌고, 상황에 따라 추가로 출원이 이뤄질 수 있다"고 덧붙였다. 원출원 특허에 해당하는 510특허는 2020년 6월 미국 특허심판원으로부터 긍정적인 판단을 받아 등록 가능성이 높은 상황이다.

5

진단 기술의 진화
프로테오믹스

미국 헐리우드 유명 배우 안젤리나 졸리는 2013년 전 세계인들을 깜짝 놀라게 했다. 멀쩡한 본인의 양쪽 유방을 잘라내는 예방적 유방 절제 수술을 받았기 때문이다. 여기에는 그녀의 모친과 외할머니까지 유방암 병력을 가진 유전적인 영향이 컸다. 졸리는 '브라카1 BRCA1'이라는 돌연변이 유전자를 갖고 있었는데 이로 인해 유방암과 난소암이 발병할 확률이 각각 87%, 50%나 된다는 진단을 받았다. 졸리는 2015년에는 난소암 예방을 위해 난소 적출 수술까지 받았다.

유전자의 존재감은 사람이 아플 때 먹는 약이 모든 환자에게서 동일한 효과를 내지는 않는다는 점에서도 드러난다. 환자마다 질병에 대한 유전자가 달라 특정 약물을 흡수한 뒤 나타나는 반응에 차이가 생긴다. 뇌혈관 질환을 예방하기 위해 아스피린 등 항응고제를 복용하더라도 특정 유전자의 변형 상태에 따라 필요한 약의 용량은 사람마다 큰 차이를 보인다.

이처럼 유전자를 분석하면 어떤 사람이 무슨 질병에 얼마의 확률로 걸릴지 알아낼 수 있을 뿐 아니라 특정 사람에게 보다 효과를 발휘하는 맞춤형 치료제도 만들 수 있다. 이와 관련해 질병 예방과 진단, 치료를 위한 유전자를 분석하는 데 있어 최근 주목을 받는 분야 중 하나는 NGS(차세대 염기서열 분석)다. 2017년부터 본격 상용화된 이 기술은 기존에 유전자 데이터를 직렬식으로 분석하느라 몇 주씩 걸리던 결과 도출을 병렬식 분석으로 전환해 몇 시간만에 끝낼 수 있다. 직렬식 분석이 유전자를 처음부터 끝까지 일일이 따라가며 염기서열을 분석하는 방식이라면 병렬식 분석은 유전자를 여러 조각으로 나눠 체계적이면서도 동시에 서열을 분석해낸다. 특히 NGS는 초고가의 대형 장비를 여러 대 쓰던 것을 소형 장비 1대로도 가능하게 함으로써 분석 비용도 대폭 낮췄다. 기존 10만 달러가 넘던 진단 검사 비용이 100달러 안팎으로 크게 떨어지면서 대중화를 선도하고 있다.

국내 대표적인 유전자분석업체인 **마크로젠**은 NGS 방식으로 탈모 등의 발생 확률을 예측하는 DTC(소비자 직접 의뢰) 유전자 검사를 시행하고 있다. 또한 한국전쟁 당시 전사자 유가족에 대한 유전자 검사를 통해 전사자 신원을 확인하는 등 개인 식별 및 혈연관계 유전자 검사 서비스 등도 하고 있다. **테라젠바이오**는 2020년 NGS 기술로 3만여 개의 코로나19 RNA 전장 염기서열을 분석해 고민감도 진단 키트를 개발하기도 했다.

이렇듯 인간 유전체 정보를 얻을 수 있게 되면서 이에 기반을 둔

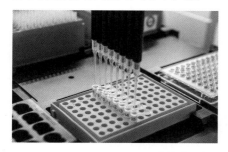
단백체 진단 분석을 위한 혈액 전처리 작업

출처: 베르티스

맞춤형 치료제, 정밀의료 개념이 강조되고 있다. 정밀의료를 위해서는 질병이 발생했거나 앞으로 발생할 가능성이 얼마나 있는지 등 조기 진단과 검진이 필수다. 그동안 질병 예방을 위한 선제적인 진단 방식으로는 유전체 (유전자+염색체)를 검사하는 것이 주를 이뤘다. 하지만 유전체 속의 DNA나 RNA가 변화를 일으켜 유전체를 둘러싼 단백질의 성분이 바뀌게 되는 과정에 대한 연구가 심화되면서 유전체와 단백질을 합친 개념인 '단백체'를 동시에 분석하는 방법이 강조되고 있다. 단백체는 개체 내에 있는 단백질의 총집합을 뜻한다.

유전자 DNA에 담긴 유전적 정보가 mRNA로 옮겨지고, mRNA의 정보가 리보솜에서 단백질로 합성된다. 이러한 일련의 과정을 '유전자 발현'이라고 한다. 메신저 RNA로 불리는 mRNA는 DNA의 유전정보를 옮겨적은 일종의 청사진 역할을 하는데 이것이 단백질로 합성되는 것이다. 이로 인해 유전체에 비해 개체의 변이 정보가 폭넓게 담긴 단백체는 생명 현상을 규명하는 데 좀 더 효과적일 수 있다. 유전체 정보를 갖고 합성된 단백질은 이후 변형이 나타나기 때문에 기존의 DNA 등 유전자에 담긴 정보만으로는 질병을 완벽히 예측해 내기가 어렵다. 또한 유전체와 단백체가 서로 발현하는 상관성은 40%~50%에 불과해 단백질의 변형과 분해 등의 과정을 연구하는 것이 더욱 중요해졌다. 즉 질병을 정확히 진단해내고 맞춤형 치료제를 개발하는 데 있어 단백질을 뜻하는 'protein'을 따서 프로테오믹스 (proteomics·단백체학)라는 방식이 등장하게 된 것이다. 이와 함께 유전체와 단백체, 전사체, 대사체 등 다양한 분자 수준에서 생성된 여러 데이터들을 모두 관찰해 진단하는 멀티오믹스(multiomics·다중체학) 방식도 관심을 끌고 있다.

원래 프로테오믹스는 생체 내 존재하는 100만여 개 단백질의 기능과 구조를 분석해 생명과 질병 현상을 규명해내는 학문이다. 인간의 DNA를 연구하는 지노믹스(genomics·유전체학)를 넘어 최근에는 유전체와의 융합 연구가 강조되면서 멀티오믹스가 등장했고, 이 중 하나인 프로테오믹스를 활용한 진단 분야에 관심과 투자가 급증하고 있는 것이다. 이는 인간 생체 활동의 기본 단위는 단백질이고, 이 수많은 단백질의 종류와 변이 등을 연구해야 생명과 질병 현상을 규명할 수 있기 때문이다. 기존의 유전체학을 통해서는 질병의 원인이 되는 유전자의 돌연변이를 파악할 수 있지만 실제로 암을 일으킨다고 밝혀진 유전자의 돌연변이가 많지 않고, 각각의 유전자가 어떤 질환과 어떻게 연결되는지는 명확하지가 않아 병의 발병이나 진행 과정을 이해하는데 한계가 있다. 반면 프로테오믹스는 질량 분석기의 높은 민감도와 특이도 때문에 표적 단백질을 정확하게 정성 및 정량 분석함으로써 정확한 진단이 가능하다.

업계 관계자는 "지노믹스가 질병 연구의 기초 데이터가 되는 도구로서의 역할이라면 최근 각광받는 프로테오믹스는 최종적으로 암을 유발하는 단백질이 어떻게 유전자의 변이와 연결되는지를 규명하는 것"이라며 "유전체가 궁극적으로 발현되어 나타나는 단백체에 대한 정보 활용이 중요해지고 있다"고 밝혔다. 즉 겉으로 드러난 단백체

질병 조기 진단 방식의 진화

유전체 검사(지노믹스)
유전자 검사 통해 예상 가능 질병 사전 파악

액체생검(리퀴드 바이옵시)
혈액 등 체액에서 암세포 조각 등 발견

단백체 검사(프로테오믹스)
유전체가 변화해 만든 단백질 성분 검사

다중오믹스(멀티오믹스)
유전체·전사체·단백체 등 복합 관찰로 질병 적발률 증가

를 검사해 질병의 유무를 파악한 뒤 근원적인 치료법을 찾기 위해 유전체 분석을 가미하는 방식으로 멀티오믹스가 전개될 것이라는 얘기다. 경희의과학연구원 멀티오믹스연구소장 김광표 교수는 "질병을 예견하고 근원적인 치료법을 찾는 데 정확성을 높이려면 조기 진단은 멀티오믹스로 진화할 수밖에 없다"며 "이 중 프로테오믹스로 정확한 조기 진단은 물론 맞춤형 치료와 정밀의료, 나아가 질병 예방이 가능해질 것"이라고 말했다.

이 같은 분위기에서 해외 업체들은 단백체를 위주로 해서 유전체 정보를 가미하는 융합된 진단 방식을 속속 도입하고 있다. 미국 업체인 **프리놈**은 유전체 기반 기술로 시작했지만 2018년 단백체 선도 기업인 **바이오지노시스**와 협약을 맺고 융합된 진단 기술 개발에 나서고 있다. 또 다른 업체인 **바이오드식스**는 폐암 조기 검진 키트를 제작하면서 혈액 내 유전체와 단백체 마커를 동시에 분석할 수 있도록 했다. 미국 **노틸러스 바이오테크놀로지**는 인간의 생리에 관여된 단백질을 보다 쉽고 완벽하게 이해하기 위해 단백질을 분석하는 플랫폼을 개발 중이다. 프로테오믹스 관련 스타트업들은 대규모 투자를 받고 있다. 프로테오믹스를 바탕으로 분자 진단을 하는 미국의 **시어**는 지금까지 2억 달러 이상의 투자를 받았고, 단백질의 분해 경로를 바꾸는 방법을 개발 중인 **몬테로사 테라피틱스**도 4000만 달러의 투자를 받았다.

국내에서도 프로테오믹스 바람이 서서히 불고 있다. 2019년에는 고려대와 대구경북과학기술원 연구팀이 조기 발병 위암 환자 80명을 대상으로 암 조직과 주변 정상 조직에 대한 유전체와 단백체를 분석하는 작업을 했다. 이를 통해 세계 최초로 40대 이하에서 위암을 일으키는 유전자 3개를 찾아내기도 했다.

JW생명과학의 자회사인 **JW바이오사이언스**는 췌장암 진단 단백체 바이오마커로 기존의 CA19-9 뿐만 아니라 CFB라는 단백질까지 두 가지를 활용하고 있다. CA19-9는 췌장암 말기 환자에게서 나타나기 때문에 조기 진단이 힘들 뿐만 아니라 간암이나 난소암, 폐암에서도 반응이 생길 수 있어 CA19-9만으로는 췌장암의 발생을 정확히 찾아내기 힘들다. 반면 JW홀딩스는 췌장암 초기 환자의 혈액에서 CFB 단백질이 증가한다는 연세대 백융기 교수팀의 연구 결과와 원천 기술을 2018년 독점적으로 도입해 손자회사인 JW바이오사이언스를 통해 상업화를 진행 중이다. 췌장암 1기~2기의 초기 환자도 진단이 가능한 제품을 개발 중이고 2021년 상반기 임상에 들어갈 계획이다.

조기 진단 기술업체인 **베르티스**는 세계 최초로 상업화된 프로테오믹스 기반의 유방암 조기 진단 혈액 검사 제품 '마스토체크'를 출시했다. 2019년 식약처로부터 품목허가와 함께 보건신기술NET 인증을 받았고, 2020년에는 신용보증기금의 혁신 아이콘으로 선정되어 100억 원의 신용보증 지원을 받기도 했다. 마스토체크는 현재 국내 병원 및 검진 기관을 대상으로 판매를 개시했고, 미국, 유럽, 싱가포르 등의 인허가 절차 및 현지 기업들과 수출 계약을 추진하고 있다. 또한 유방암뿐만 아니라 심혈관질환, 췌장암, 난소암, 우울증 등 다양한 질병을 조기 진단할 수 있는 마커를 발굴해 프로테오믹스에 기반을 둔 정밀의료를 위한 파이프라인을 확장하고 있다.

진단 업체인 테라젠바이오도 유전체, 전사체, 후성유전체, 단백체 등을 종합 분석하는 멀티오믹스를 표방하고 있다. 최근에는 면역반응 유도가 가능한 신생 항원 기반의 맞춤형 암 백신 개발과 액체생검, 바이오마커 발굴 연구 등을 하고 있다.

고령화시대, 수술 대신 재생치료

수술로 완치되기 힘들거나 수술 시행이 힘든 환자들을 돕는 재생의학은 질병 진단과 함께 향후 유망한 의료 서비스 중 하나다. 수술요법은 재발이나 부작용 우려가 있고, 고령 환자한테는 활용되기 힘들 수 있지만 재생치료는 자가인체조직 등을 활용해 면역 거부반응 없이 효과를 낼 수 있기 때문이다. 여기에다 '젊고 건강하게 오래 살자'는 모토로 '안티 에이징'이 인기를 끌면서 재생의료(치료)의 활용 범위는 넓어지고 있다. 재생치료의 사전적 의미는 '인간세포와 조직, 장기를 대체하거나 재생시켜 원래 기능을 할 수 있도록 복원시키는 것'이다. 재생의학 치료제 시장에는 줄기세포 치료, 유전자 치료, 조직재생 등이 포함된다.

세계적으로도 재생의학 치료제의 파이프라인 숫자는 계속 증가하고 있다. 의료조사기관인 데이터모니터헬스케어에 따르면 1995년에는 전임상부터 임상3상까지 114개 약물이 개발 중이었지만 2015년부터 급증해 2017년에는 1100개를 넘어섰다. 데이터 리포트에 따르면 재생의학 치료제 시장은 기업공개IPO, 투자, 기술수출 등을 포함해 2017년 75억 달러에서 2020년 100억 달러를 넘어섰다.

FDA도 현재 상용화가 되지 않은 세포 및 유전자 치료제를 2025년까지 최대 20개까지 승인하겠다는 입장이다. 유전자 치료는 결핍이나 결함 있는 유전자를 교정 및 교체하기 위해 정상적인 유전자나 치료 유전물질을 환자 세포 내에 집어넣어 결함 있는 유전자 활동을 보완하는 것이다. 미국에서는 첨단재생의약치료제RMAT 지정 제도를 통해 유전자 및 세포치료 신약은 우선 심사와 가속 승인 절차를 밟을 수 있다. 일본 후생성은 다리 혈관이 막히는 중증 허혈성 질환을 대상으로 유전자 치료제 콜라테젠Collategene 판매를 2019년 조건부 승인했다. 일본 제약사 **안제스**는 수술 효과를 기대하기 힘든 환자의 다리에 새로운 혈관을 만드는 단백질 유전자를 주사해 치료하는 재생의약품을 개발했다. 당뇨병이나 중증 동맥경화로 다리 혈관이 막혀 괴사하거나 궤양을 일으키는 환자들이 그 대상이다. 일본 최초의 유전자 치료제로 콜라테젠의 1회 투여 시 약가는 60만 엔이나 된다.

국내에서는 **JW중외제약**이 신호 전달 경로를 조절하는 플랫폼 기술인 Wnt(윈트)를 이용해 재생의학 치료제를 개발 중이다. Wnt 신호 전달 경로는 조직 건강을 유지하는 역할을 하는 줄기세포에 주로 작용해 세포 재생과 분화를 조절한다. Wnt 신호 전달 경로를 활성화시켜 모낭 줄기세포와 모발 형성에 관여하는 세포를 증진하는 방식의 탈모 치료제 'CWL080061'가 대표적이다. 미국 펜실베니아 의과대학과 2021년 임상시험 개시를 목표로 전임상을 하고 있다. Wnt 플랫폼을 활용하면 치매·골관절염 치료제, 근육·피부 조직재생 등 다양한 재생 분야에서 성과를 낼 수 있다.

화상 치료 분야에서 성과를 내고 있는 **테고사이언스**는 재생의약 전문 업체다. 화상 치료제 칼로덤(경증)과 홀로덤(중증), 주름 개선용

로스미르를 출시한 데 이어 당뇨성 족부궤양, 회전근개 파열 치료 시장에도 뛰어들었다. 중장년층 어깨 통증 가운데 하나인 회전근개 파열은 재생치료에서 새로운 분야에 속한다. 테고사이언스는 2021년 초 FDA에 회전근개 파열 치료제 'TPX-115'에 대한 임상1상을 신청할 계획이다. TPX-115는 동종유래 세포로 만들어져 상용화가 되면 대량 범용 생산이 가능하다. 이와 별개로 또 다른 회전근개 파열 치료제인 'TPX-114'는 환자 본인의 세포에서 추출한 자가유래 세포를 활용한 것으로 국내 임상3상 중이다. 2021년 식약처에 품목허가를 받아 국내부터 출시할 예정으로 힘줄 자체의 재생을 목적으로 한 치료제가 된다. 건강보험심사평가원에 따르면 2019년 국내 회전근개 파열 환자는 96만 명이다. 전 세계 시장 규모는 2024년까지 13조 원에 달할 것이라고 한다.

7

피 한 방울로
암 판별하는 액체생검

2000년대 초반을 풍미했던 미국 진단 업체 **테라노스**의 창업자 엘리자베스 홈즈는 어린 시절 주사기 바늘이 무서웠던 경험에서 착안해 손가락 끝에서 얻은 피 한 방울로 질병을 쉽게 확인하는 기술을 개발했다고 선전했다. 그에 따르면 피 한 방울만 있으면 진단 가능한 질병 숫자는 암을 포함해 자그마치 240여 개에 달했다. 당연히 전세계인들은 테라노스의 마법 같은 기술에 열광과 찬사를 보냈다. 테라노스는 한때 기업 가치가 최고 90억 달러를 기록하며 실리콘밸리를 대표하는 유니콘 스타트업(기업 가치 1조 원 이상)으로 떠올랐다. 미국 시사주간지 ≪타임≫은 홈즈를 '세계에서 가장 영향력 있는 100인' 명단에 올렸고, ≪포브스≫는 그녀의 개인 재산을 5조 원이라고 평가했다.

하지만 테라노스와 홈즈가 쌓은 바벨탑은 2015년 ≪월스트리트저널≫의 탐사 보도로 가짜였음이 드러나면서 무너져 내렸다. 테라노스의 기술은 독일 **지멘스**에서 만든 진단기기를 들여와 몰래 검사해주는 수준이었지만 사내 견제 장치는 전무했다. 홈즈가 장악한 이사회는 거수기에 불과한 70대~80대 노인들이 주축을 이뤘다. 헨리키신저, 조지 슐츠, 윌리엄 페리, 제임스 매티스 등 국제 관계나 국방분야에서 내로라하던 인사들이 병풍으로 세워졌고, 이들은 바이오지식도 없이 비싼 보수를 받고 손녀뻘인 홈즈의 바람막이 역할을 했다. 홈즈는 본인 주식에 주당 100표 가치를 부여해 사내 투표권이 99.7%나 되는 등 황제 경영을 하며 이 같은 비밀을 철저히 차단했다.

테라노스는 모래성처럼 한순간에 사라졌지만 진단 분야가 바이오미래에 새로운 먹거리가 될 수 있다는 점을 세간에 각인시켰다. 암등 주요 질병을 간단한 방법으로 진단해낼 수 있다면 그 기술에 대한 투자가치는 엄청날 수밖에 없다는 점을 확실하게 보여줬다.

현재 암과 같은 치명적인 질병을 조기 진단할 때는 문제가 된 조직을 떼어내 살펴보는 '조직생검'을 주로 진행한다. 하지만 암세포가 포함된 조직을 발견하기도 어렵지만 몸속의 조직을 떼어내려면 절차도 복잡하고 시간도 많이 걸린다. 암이 있는지 여부를 판정하기 위해 장기 내부의 생체 조직 이곳저곳을 떼어내 검사한다고 상상해보라. 검진 과정도 오래 걸리고 이래저래 불편할 수밖에 없다.

반면 혈액이나 대·소변, 침 등 체액을 뽑아내 암 여부를 판단할 수 있다면 간편할 것이다. 따라서 혈액 등 체액 내부를 떠다니는 암 유래 조직을 찾아내 암 발생 여부 및 진행 상황 등을 확인할 수 있도록 시도되고 있는 것이 액체생검Liquid Biopsy이다. 기존의 조직생검이 시술에 따른 불편과 흉터 발생, 결과 도출에 시간이 걸리고, 떼어낸 조직 상태에 따라 암 유무 판단이 달라지지만 액체생검은 이 같은 단점을 극복할 수 있다. 수술 이후 체액만을 분석해 예후를 관찰하는데도 편리하다. 액체생검에서는 주로 혈액 내부를 떠다니는 순환암세포CTC나 암세포에서 유래한 순환종양유전자ctDNA 등을 분석해 암이 발생했는지 여부를 판단한다.

액체생검은 2017년 세계경제포럼WEF에서 미래혁신 10대 기술로 선정됐을 정도로 시장 전망이 밝은 편이다. 그랜드뷰리서치에 따르면 미국의 액체생검 시장 규모는 2016년 2349만 달러에서 2030년에는 23억 9100만 달러로 100배 이상 늘어날 전망이다. 세계 최대 유전체 분석 장비 업체인 **일루미나**의 자회사로 액체생검 전문 기업인 미국 **그레일**에 빌 게이츠 마이크로소프트 회장과 제프 베조스 아마존 회장이 함께 1억 달러를 투자한 것도 이 때문이다.

액체생검이 조직생검에 비해 간편하기는 하지만 문제는 극소량의 ctDNA 등의 바이오마커들이 얼마나 높은 민감도와 정확도를 갖느냐 하는 것이다. 혈액만으로 암 발생 여부를 모두 확진할 수 있다면 좋겠지만 지금까지는 조직생검을 완전히 대체하기는 힘든 상태다. 학계에서도 액체생검의 이론적 가능성은 인정하지만 전 세계적으로 액체생검만으로 병원에서 암을 확진하는 사례는 사실상 없다. 국내 업계 관계자는 "정확한 진단을 하려면 암 발생과 관련된 극미량의 유전자를 증폭시켜야 하는데 가격 부담이 크고, 의사들이 조직생검의 기존 방식을 벗어나기가 어렵기 때문에 액체생검이 단독으로 상용화되는 데 한계가 있다"고 밝혔다. 최소한 앞으로 10년은 지나야 액체생검만으로 암 발생 여부를 판단할 수 있게 된다는 얘기다.

액체생검 활용 분야

조기 진단
혈액 내 암 유래 물질(ctDNA, CTC 등)로 암 발생 판별
정확도 아직 낮음, 기존 조직생검 관습 등으로 활용 힘듦

동반 진단
암 환자 대상으로 맞춤형 표적 치료제 개발에 활용
초기 암 대신 2기 이상 진전된 암을 대상으로 연구

모니터링
수술 예후 판단, 재발 및 약물 치료 효과 확인 가능

세계 액체생검 시장 규모 (단위: 달러)

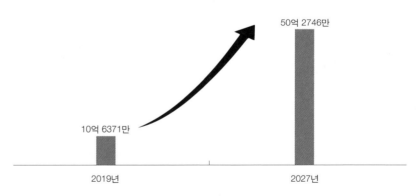

50억 2746만

10억 6371만

2019년   2027년

*자료: 베리파이드마켓리서치

이에 액체생검을 암 진단 대신에 특정 환자의 질환에 최상의 맞춤형 치료법을 찾는 데 활용하기도 한다. 즉 여러 항암제 가운데 자기 몸에 맞는 것을 선택하기 위해 액체생검에 따른 결과를 참고하는 것이다. 일명 동반 진단companion diagnostics으로 불린다. 국내 바이오 기업 **파나진**이 2019년 출시한 '파나뮤타이퍼 EGFR V2' 서비스가 대표적이다. 이는 검출된 표적의 민감도와 특이도를 높여 46종의 EGFR(상피세포 성장인자 수용체) 돌연변이를 검출해낸 뒤 환자별로 폐암 치료제의 효과를 파악할 수 있다. 회사 측은 "우리 제품은 폐암 2기 이상 환자를 대상으로 맞춤형 약물을 처방하기 위한 액체생검 서비스"라며 "폐암 환자들에게 이를 적용한 뒤 **아스트라제네카, 베링거인겔하임** 등이 만든 표적 항암제 중 개인에 맞게 처방하게 된다"고 말했다. 또한 "폐 조직은 시술로 채취하기가 힘들어 액체생검의 대상으로 가장 적합한 분야"라며 "폐암을 확진할 혈액 내 바이오마커를 찾아낼 수 있다면 가장 빨리 액체생검이 활용될 수 있을 것"이라고 전했다.

전 세계적으로 유전체 분석을 하거나 각종 진단기기를 개발해온 업체들이 주로 액체생검 사업에 뛰어들고 있다. 국내도 마찬가지다. 유전체 분석업체인 **마크로젠**은 '악센'이라는 액체생검 서비스를 출시했다. 혈액 내에 존재하는 암세포 유래 ctDNA를 분석해 유방암, 폐암, 간암 등 고형암을 진단하고 진행도를 모니터링하는 것이다. 액체생검 기술로 미래의 정밀의료 기반의 암 진단 및 치료법을 개발하기 위한 정부 과제에 참여하고 있다.

이원다이애그노믹스(EDGC)는 혈액 내에 ctDNA 양이 적어 초기 암 진단이 힘든 점을 개선해 조기 진단 가능성을 높이는 데 주력한다. 암이 진전되면 DNA에서 유전자 변형, 일명 '메틸화'가 일어나는데 회사는 이 과정에서 수만 개의 암 진단 타깃을 관찰할 수 있는 방법을 찾아냈다. 최근에는 강동경희대학병원과 공동으로 셀 프리cell-free DNA 액체생검으로 두경부암의 검출과 진행 경과를 추적하는 기술을 개발해 국제 학술지에 발표하기도 했다. 셀 프리 DNA 액체생검은 혈액 등 체액 속에 떠다니는 DNA를 분석해 암의 조기 진단과 진행 경과를 추적하는 혁신적인 진단법이다. 이원다이애그노믹스는 이를 활용해 폐암, 유방암, 대장암, 위암, 두경부암으로 조기 진단 영역을 넓히고 있다. 회사 관계자는 "3기~4기 암은 증상이 충분히 발현되기 때문에 병원에 가서 검사를 받는 경우가 많다. 우리 제품은 그보다 찾아내기 힘든 극초기~1기 진단을 목표로 하고 있다"고 말했다.

테라젠바이오는 암 치료 후 잔존 종양을 액체생검을 통해 탐지하는 기술을 개발하고 있다. 이를 통해 궁극적으로는 최신 유전체 분석 기법인 NGS(차세대 염기서열 분석)에 기반을 둔 체외 진단 의료기기(진단키트)를 출시할 계획이다. 특히 액체생검을 통해 확보한 개인정보에 따라 맞춤형 암 백신을 개발하기 위해 항암 치료백신 전문 기업인 **테라캔백**을 설립하기도 했다. 환자마다 다르게 발견되는 신생 항원을 파악한 뒤 이에 맞는 백신을 제조함으로써 체내 면역반응을 높여주는 것이 핵심이다. 암 항원을 찾으려면 조직검사가 필요하지만 환자 상태 등에 따라 검사가 어려운 경우가 많아 액체생검을 활용하게 된다. 회사 관계자는 "액체생검을 통해 암 환자의 치료 후 경과를 추적 관찰할 뿐만 아니라 향후에는 액체생검으로 확보한 환자의 유전자에 맞는 항암 백신을 개발하는 것이 목표"라고 말했다.

액체생검 전문 업체인 **싸이토젠**은 자체 개발한 HDM 칩을 통해 암의 전이를 일으키는 CTC를 검출할 수 있는 플랫폼을 갖추고 있다.

싸이토젠은 2019년 6월 항암제 개발사인 **웰마커바이오**와 공동연구를 개시했다. 웰바커바이오는 암 진단을 받은 환자를 대상으로 유전자분석을 통해 맞춤형 항암제를 개발해주는 벤처업체다. 현재 대장암과 폐암, 간암 등에서 항암제 파이프라인을 갖고 있는데 개발 과정에서 싸이토젠의 액체생검 기술을 결합하게 되면 환자 상태에 적합한 최적의 치료제를 개발할 수 있게 되는 것이다.

차세대 유망 바이오 소재 '엑소좀'

인체 내 기관들이 제대로 기능하려면 세포들이 서로 신호(정보)를 주고받는 행위가 필요하다. 세포 간에 신호를 교환하려면 단백질, 펩타이드, 화합물 등 다양한 물질을 세포 바깥으로 분비해야 한다. 이 물질들 중에 세포밖 소포체Extracellular vesicle라는 둥근 공 모양의 구조체들이 있는데 엑소좀Exosome은 이 가운데 지름 30나노미터~200나노미터(nm, 1nm는 10억분의 1m) 크기의 소포체를 특정한다.

하나의 엑소좀에는 단백질, 지질, mRNA, miRNA, tRNA 등 2만여 개 이상의 생체분자가 들어 있을 것으로 추정된다. 엑소좀이 세포 자체의 핵심 물질을 보유하고 있고, 세포 간에 신호 정보를 전달하기 때문에 질병 진단과 치료에 단서가 되는 차세대 유망 바이오 소재로 여겨지는 것이다. 즉 엑소좀은 다양한 생체분자들을 효능이 변질되지 않도록 이중 지질막으로 둘러싼 뒤 목적하는 세포 안까지 안전하게 전달하는 역할을 한다. 이를 통해 암세포나 병원 미생물 등의 엑소좀은 진단 목적으로, 그리고 줄기세포, 면역세포, 장내 유익균 등에서 나오는 엑소좀은 재생이나 면역 조절 등 치료용 소재로 개발하기 위한 연구가 진행되고 있다.

특히 암세포로 가는 면역세포 내부의 엑소좀에 약물을 탑재해 투입하는 방식으로 항암제 개발에도 쓰일수 있다. 또한 줄기세포 엑소좀을 활용한 치료제는 대량생산이 가능하고, 운송 보관이 쉬워서 기존의 줄기세포 치료제 대비 비용 부담이 상대적으로 작다.

시장조사 기관 데이터브릿지마켓에 따르면 2026년 글로벌 엑소좀 치료제 시장 규모는 316억 9100만 달러에 이를 전망이다. 2020년 3월 영국 바이오 기업 **에복스테라퓨틱스**는 엑소좀을 활용한 희귀 질환 5개 후보물질을 공동 개발하기 위해 일본의 **다케다제약**과 8억 8200만 달러 규모의 기술이전 계약을 맺기도 했다. 하지만 아직까지 신생 분야이다 보니 인체에 유효한 엑소좀의 발굴 및 제조, 대량생산, 분리 정제, 품질관리 등의 기술이 부족하고, 개발을 위한 표준화된 가이드라인이 확정되지 않은 상태다.

국내 대표적인 엑소좀 전문 업체인 **프로스테믹스**는 2014년부터 엑소좀을 이용한 치료용 소재와 기능성 원료 개발에 주력하고 있다. 이미 염증성 장질환 억제, 탈모 및 관절 질환 개선, 폐암 및 흑색종 억제 등에 있어서 효과를 보이는 다수의 후보물질을 확보했다. 특히 줄기세포 유래 엑소좀의 대량생산 기술 확보에 따른 우수 의약품 제조 관리 기준GMP을 갖춘 시설을 보유하고 있다. 최근 집중하고 있는 분야는 유산균 엑소좀을 이용한 염증성 장질환 치료제로 임상1상 계획서 제출을 준비 중이다. 장내 상피세포 회복과 장내 면역 조절 기능을 여러 동물 모델에서 확인했고, 전임상 안전성 자료들도 확보한 상태이다. 이 소재는 경증 장질환에 주로 사용되는 스테로이드와 동등한 효능이 있을 뿐만 아니라 스테로이드에 비해 면역 과민 반응이 없어 장기 복용이 가능할 것으로 기대된다.

7

돼지 각막을 사람 눈에 이식, 이종장기

20세기 초반 소련의 생물학자 일리야 이바노프는 인간과 침팬지 간의 이종교배를 시도했다가 서방으로부터 지금까지도 '매드 사이언 티스트(미친 과학자)'라는 소리를 듣는다. 침팬지나 원숭이의 유전자 가 인간과 90% 이상 같다고 알려져 있지만 엄연히 다른 종끼리 교접 을 시키는 것은 종교나 윤리 차원을 떠나 일반 상식으로도 이해하기 어렵기 때문이다. 이바노프 박사는 1920년대 후반 소련 공산당 서기 장인 이오시프 스탈린으로부터 비공개 지원을 받아 인간을 침팬지 나 오랑우탄 등과 인공 수정시켜 새로운 생명체를 탄생시키는 계획 을 진행했다. 앞서 이바노프 박사는 소와 말, 토끼 등의 인종 수정에 성공하면서 명성을 얻었고, 스탈린은 이바노프를 이용해 인간보다 월등한 근로 능력을 가진 신인류의 창조를 꿈꿨다. 이바노프 박사는 암컷 침팬지의 자궁에 인간 남성의 정자를 주입하기도 했고, 거꾸로 침팬지나 오랑우탄의 정액을 5명의 여성에게 넣어 인공 수정을 시도했지만 번번이 실패로 돌아갔다. DNA 등 유전자의 존재조차 몰랐던 당시로서는 무모한 도전이었다. 인간 침팬지인 휴먼지Humanzee를 창조하는 작업은 극비리에 추진한데다 이바노프 박사가 더 이상 쓸모 없어졌다고 판단한 소련 정부는 1930년 그를 카자흐스탄으로 추방해버렸다. 이로써 인류 최초의 동물과의 이종교배 프로젝트는 소문만 무성한 채 실패로 막을 내렸다.

인간은 이종교배를 통해 새로운 종을 만들어내지는 못했지만 이제 인간 몸속의 장기를 동물의 장기로 대체하는 것은 어떨까에 대한 논의가 활발해졌다. 암 등의 치명적인 질환으로 위나 간, 폐, 심장 등의 장기를 절제해야 하는 환자라면 타인으로부터 같은 장기를 이식받는 것이 가장 좋은 방법이다. 하지만 수술이 필요할 때 이식받을 수 있는 장기를 바로 구하기도 어렵고, 무엇보다 장기이식은 수요가 공급보다 많을 수밖에 없다. 국내에서 남의 장기를 제때 확보해 이식수술을 받을 수 있는 사람은 10명 중 1명에 불과하다.

이로 인해 그 대안으로 떠오르는 것이 동물의 장기를 활용하는 방법이다. 사람과 종이 다른 동물로부터 이종장기를 이식받아 생명 연장을 위한 마지막 시도를 하게 되는 것이다. 일각에서는 인간이 살기 위해 동물의 장기를 떼어내는 일이 동물 생명윤리에 반하다는 목소리도 있지만 부족한 장기를 보다 수월하게 확보할 수 있다는 측면에서 각광받고 있다. 또한 타인의 장기를 이식받는 환자의 경우 장기를 공여한 사람에게 죄책감을 갖게 되고, 죽은 사람의 장기를 제공받으려면 고인의 가족들로부터 복잡한 과정을 거쳐 동의를 받아

세계 바이오 이종장기 시장 규모 (단위: 달러)

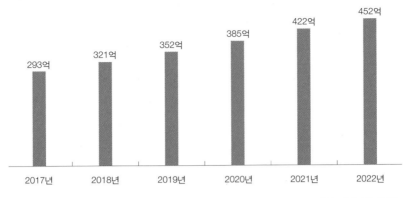

자료: 시온마켓리서치

야 하는 등 절차가 필요하기 때문에 동물의 이종장기이식은 더욱 주목을 받는다. 특히 앞으로 고령화가 진행될수록 만성질환 유병률이 증가하고, 암 투병 등을 거쳐 장기이식이 필요한 환자는 늘어날 수밖에 없다. 그렇다면 이종장기 사업이 대안이 될 확률이 높다.

이종장기 개발에서 핵심 열쇠는 동물 장기가 인체에 들어가 정상적인 작동을 할 수 있는가 하는 점이다. 동물의 장기를 인간의 몸속에 넣었을 때 면역 거부반응이 발생해 오히려 기존 장기마저 손상시키고 지병을 악화시킬 수 있기 때문이다. 면역 거부반응은 우리 몸속에 다른 동물의 장기가 들어오면 면역 시스템이 그 장기를 적으로 간주해 파괴해버리는 것이다. 만일 돼지의 장기가 사람에게 이식되면 인간 면역체계는 돼지 장기의 표면에 있는 알파갈α-Gal이라는 단백질을 공격한다. 알파갈은 인간 등 영장류에는 없는 물질이기 때문에 공격을 받게 되고, 결국 이식된 장기는 제 역할을 하지 못하게 되어 몸은 망가질 수 밖에 없다. 1984년 미국에서 개코원숭이 심장을 어린 아이에게 이식했지만 20일 만에 사망하기도 했다. 이렇듯 이종장기 개발과 이식은 면역 거부반응을 어떻게 없앨 수 있는지에 초점을 맞추게 된다.

따라서 동물 장기를 이식하려면 먼저 면역 거부반응을 유발할 만한 유전자를 제거하거나 거부반응을 극복하는 데 도움이 되는 형질전환 유전자를 투여하는 작업이 선행된다. 인체 면역 시스템이 이종장기를 받아들일 수 있도록 형질전환 유전자를 미리 넣어줘서 몸 속의 면역 형질을 바꿔주는 것이다.

이종장기 개발 초기에는 원숭이 등 영장류가 인간과 유전자가 가장 비슷하기 때문에 원숭이 장기에 관한 연구가 많이 이뤄졌다. 하지만 이들 장기의 크기는 매우 작은데다 후천성 면역결핍증AIDS 등 이종간 전염이 가능한 질병들이 발견되면서 돼지로 바뀌었다. 60kg 이하로 개량된 미니 돼지는 유전자 구조 및 생리 해부학적 요소가 인간과 유사해 이종장기 개발에 가장 적합한 것으로 평가받는다. 돼지는 오랫동안 인간과 같이 살아온 가축으로서 임신 기간이 3개월~4개월로 짧은 데다 한 번에 5마리~12마리 출산이 가능해 생산성 측면에서 강점이 있다.

이에 따라 이종장기는 유전자 편집을 통해 인간의 몸속에 이식할 수 있는 최적화한 형질전환 미니 돼지를 개발하는 것에서 시작된다. 돼지 장기에서 면역 거부반응을 일으키는 유전자가 제거된 형질전환 세포를 주입해서 복제 수정란을 만든 뒤 이 수정란을 돼지 대리모에게 착상하게 된다. 여기에서 태어난 무균 돼지를 사육해서 필요한 환자에게 이식할 간과 신장 등 이종장기를 생산해내는 것이다.

2000년대 들어 해외 바이오 기업들은 면역 거부반응을 일으킬 소지가 있는 유전자를 제거한 형질전환 돼지Transgenic Mini-Pig를 만들기 시작했다. 특히 크리스퍼 유전자 가위 기술이 등장하면서 유전자 편집을 통한 형질전환 돼지 확보가 용이해졌고, 이종장기 개발도 속도를 내고 있다. 국내에서는 2009년 4월 단국대학교 연구팀이 형질전환 무균 미니 돼지 지노Xeno를 최초로 생산하기도 했다. 하지만 돼지에서 채취한 장기를 활용해 인체에 이식해보는 임상시험 건 수는 전세계적으로 극소수일 뿐만 아니라 아직 성공한 사례도 없다. 일본의 한 바이오 기업에서 돼지 췌도를 활용한 이종장기 임상2상을 끝냈다. 미국국립보건원NIH이 돼지의 심장을 원숭이에 이식해 195일을 생존한 사례를 2018년 12월 ≪네이처≫에 발표했지만 이는 인체 이식이 아니었다.

국내에서 대표적인 이종장기 개발 전문 업체는 **제넨바이오**다. 서울대학교 의과대학 바이오이종장기개발사업단, 길병원과 협업해 2020년 7월 세계 최초로 국제적 기준을 준수하는 돼지 각막 이종 이식 임상1상 및 전기 임상2상(2a상) 시험 계획을 식약처에 제출했다. 연구진은 양쪽 눈 각막 손상으로 시력을 잃은 환자 2명에게 돼지 각막을 이식한다는 계획이다. 또한 같은 해 8월에도 국제 기준에 맞춰 세계 최초로 돼지 췌도 이종 이식 임상을 신청했다. 식약처 허가가 나면 무균 돼지 췌도를 이용한 세계 최초의 이종장기이식 임상이 가능해진다. 과거에 미국과 중국, 러시아 등에서 돼지 각막과 췌도를 인체에 이식하는 임상이 있었지만 세계이종이식학회 등 국제기관 가이드라인에 따른 임상은 아니었다. 제넨바이오가 각막과 췌도 임상을 개시하면 국제적 기준에 따른 세계 첫 이종장기이식 임상이 되는 것이다.

제넨바이오는 소아 당뇨인 제1형 당뇨병 환자 가운데 장기이식이 급박한 2명을 대상으로 돼지 췌도를 이식한다는 계획이다. 좀 더 정확히 표현하면 미니 돼지 췌도를 바로 이식하는 것이 아니라 췌장에서 인슐린 등을 분비하는 췌도 세포를 이식하는 것이다. 췌도를 직접 이식하면 수술이 복잡하고 회복이 오래 걸리지만 췌도 세포 이식은 간문맥에 주사하면 되기 때문에 간편하다. 제넨바이오는 췌도 이식을 성공리에 끝내면 향후 간이나 심장, 폐 등의 다른 장기로 이종장기이식을 확대해나갈 계획이다.

옵티팜도 이종장기 개발에 나서 미니 돼지를 활용한 고형 장기 연구개발을 진행 중이다. 고형 장기는 간, 신장, 심장, 폐 등으로 피부, 각막, 췌도 등 부분 장기에 비해 이식에 따른 위험성이 상대적으로 높은 것으로 알려져 있다. 옵티팜은 2020년 4월 보건산업진흥원이 주관하는 첨단의료기술개발 부문에서 이종장기이식 임상적용 가능성 검증 과제 수행자로 선정됐다. 옵티팜과 서울대병원, 삼성서울병원 등 5개 기관이 공동 참여해 신장과 간을 사람에게 이식할 수 있는지 여부를 확인한다. 영장류에 돼지 장기를 이식해 생존율을 확보함으로써 향후 인체 임상 가능성을 검증해보는 것이다.

옵티팜은 같은 해 11월에는

이종장기이식에 쓰이는 형질전환 미니 돼지

출처: 옵티팜

차세대 형질전환 돼지 제조 방법 특허도 취득했다. 이는 돼지 내인성 레트로 바이러스PERV C타입을 비활성화한 상태에서 돼지로부터 4개 유전자를 빼내고 사람 유전자 2개를 넣은 형질전환 돼지를 생산하는 방법에 관한 것이다. 돼지 내인성 레트로 바이러스 C타입은 사람에게 암을 유발할 수 있어 돼지 장기를 인간에 이식하는 것을 막는 요인 중 하나다. 이를 제거해야 돼지에서 사람으로 옮기는 인수 공통 전염병으로부터 자유로워져 이종장기이식이 가능해진다.

줄기세포로 만든 미니 장기 '오가노이드'

이종장기 개발과 이식은 살아 있는 동물을 이용한다는 윤리적 불편함과 함께 면역 거부반응을 완벽히 차단하기 힘들다는 난점이 있다. 또한 동물 장기의 수명이 매우 짧기 때문에 이종장기를 이식해도 생명을 연장할 수 있는 기간은 1년~3년에 불과하다. 결국 타인의 장기를 받을 수 없다면 본인의 줄기세포를 이용해 훼손된 장기를 개발하거나 최신 3D 프린팅 기법 등을 활용해 인공 장기artificial organs를 만들어 이식 후 지속성을 높이는 방법밖에 없다. 후자는 건강한 사람의 특정 세포를 배양한 뒤 잘 자란 세포를 3D 프린터로 찍어내는 작업을 반복하면 인공 장기로 만들 수 있다고 한다. 하지만 최근 생명과학계에서 큰 관심을 두고 있는 분야는 오가노이드organoid로 불리는 줄기세포 미니 장기다. 이는 줄기세포를 배양해서 다양한 인간 장기의 구조와 기능을 재현하도록 만든 것이다. 장기를 뜻하는 'Organ'과 유사하다는 의미의 접미사 '-oid'가 결합한 합성어로 한국말로는 장기 유사체, 미니 장기, 유사 장기 등으로 불린다.

연구자들이 인체를 대상으로 임상시험을 반복해서 수행하기는 쉽지 않다. 그렇기 때문에 인체 속 특정 장기와 비슷한 오가노이드를 만들어 활용한다. 물론 인체에 투여하기 위한 치료제를 만들기에 앞서 쥐나 원숭이 등을 대상으로 동물실험을 할 수 있지만 그 결과치가 인체에서와 100% 동일하게 나타날 것으로 기대할 수 없다. 실제 동물 대상 실험에서는 독성을 나타내지 않아 인체에 투약했는데 이후 간 독성을 일으켜 피험자가 사망한 사건도 있었다. 이후 연구진이 간 오가노이드를 만들어 여기에 해당 약물을 투여했더니 독성 발생을 쉽게 확인할 수 있었다. 오가노이드는 동물실험에서 확인하기 힘든 인체 장기에 미치는 영향을 직접적으로 파악할 수 있는 강점이 있는 것이다. 특히 임상시험용 동물을 키우는 비용도 만만치 않은데다 동물의 생명권을 주장하는 시민단체들의 목소리가 커지고 있는데 오가노이드는 이 같은 논란에서 비교적 자유롭다.

오가노이드는 인간의 장기를 몸 밖에서 만들어내는 것이기 때문에 몸에서 채취한 줄기세포를 활용하는 것이 일반적이다. 우리 몸 장기 내부에는 새로운 세포들을 계속 공급할 수 있는 성체줄기세포가 존재하는데 오가노이드를 만들기 위해서는 대장 내시경 등을 통해 성체줄기세포를 함유한 장intestine의 조직 일부를 떼어내야 한다. 시험관에 담아둔 해당 조직에 마치 몸속과 유사한 생육 환경을 제공해주고 적절한 성장인자를 넣어 관리해주면 성체줄기세포가 실제 장 조직과 비슷한 오가노이드를 만들어낸다. 오가노이드는 2009년 네덜란드의 한스 클레버 박사팀이 쥐의 직장 성체줄기세포를 이용해 제작한 것을 시작으로 개발이 본격적으로 이뤄졌다. 이후 신장, 갑상선, 간 등 다양한 장기의 오가노이드가 제작됐고, 3D 바이오 프린팅 기술이 발전하면서 오가노이드의 외연을 넓히고 있다. 최근 관심을 끌고 있는 마이크로바이옴 연구에서도 미생물의 장내 환경을 정확히 구현하기 위해 줄기세포를 활용한 장 오가노이드가 제작되기도 했다. 또한 뇌 오가노이드(미니 뇌)는 성체줄기세포에 비해 분화능이 원초적이고 재생 능력이 탁월한 배아줄기세포나 유도만능줄기세포를 이용하는 것으로 알려져 있다.

특히 정상적인 미니 장기를 만드는 것이 아니라 아예 병에 걸린 오가노이드를 제작해 여기에 신약을 투여하는 연구임상도 활발하다. 암세포 조직을 떼어내 일명 '암 오가노이드'를 만든 뒤 여기에 개발 중인 항암제를 시험해볼 수 있다. 네덜란드 암연구소는 암 환자로부터 유래한 암 오가노이드를 제작한 뒤 환자 혈액에서 분리한 면역세포를 함께 배양시키면 특정 조건에서 암 오가노이드를 공격하는 면역세포의 수가 크게 증가한 것을 발견했다. 최근에는 오가노이드에 코로나19를 감염시킨 뒤 약물 재창출이나 연구 중인 치료제의 효과를 확인하는 데 사용되기도 한다.

하지만 전 세계적으로 오가노이드를 활용한 연구는 아직 초기 단계다. 신약을 개발하는 데 직접 쓰이기보다는 주로 질병 치료에 적합한 약물을 스크리닝하는 목적으로 사용되고 있다. 하지만 인간 장기와 매우 유사한 오가노이드 기술이 계속 발전하고 있어 조만간 난치병 극복에 기여할 수 있을 전망이다. 미국 소크 생물학연구소는 2020년 11월 '당뇨병을 치료할 수 있는 인슐린 분비 오가노이드를 개발했다'며 국제 학술지 ≪네이처≫에 발표하기도 했다. 이로써 췌장 기능에 문제가 생겨 인슐린 분비가 잘 안 되어 생기는 만성 당뇨병을 연구하는 데 새로운 길이 열렸다. 앞으로는 췌장암이나 파킨슨병 등 난치성질환 치료제를 개발하는 데도 오가노이드가 적극 활용될 전망이다.

8

ICT 접목해 바이오를 풍성하게
디지털 헬스케어

　초등학교 저학년 학부모라면 한 가지 일에 집중하지 못하고 산만해 하는 아이의 모습을 지켜보며 답답한 마음을 숨기지 못했던 적이 있을 것이다. 게임이 문제일까 고민하기도 하고 바둑이나 서예 등 정신 수양을 위한 취미를 알려주기도 한다. 그런데 미국에서는 최근 이런 주의력결핍 과다행동장애ADHD 증세를 완화해주는 게임이 FDA 승인을 받았다.

　2020년 6월 출시한 **아킬리인터랙티브**의 엔데버RxEndeavorRx가 주인공이다. 외계인을 조종하는 게임을 하면 특정 신경회로에 자극이 가해져 치료 효과를 볼 수 있다. 임상시험에서 하루에 30분, 일주일에 5일씩 한 달 동안 게임을 하면 어린이의 주의력이 향상되는 것으로 나타났다. 2019년 5월 WHO(세계보건기구)가 만장일치로 게임 이용

장애를 질병코드에 등재한 지 1년 만이다. 스마트폰, 태블릿PC 등에서 작동하며 약물 및 심리·사회적 치료와 함께 사용한다.

흔히 생각하는 약물은 아니지만 엔데버Rx와 같이 정보통신기술을 접목한 '디지털 치료제'가 차세대 치료제로 주목을 받고 있다. 앱, 게임, 가상현실VR 등을 통해 외상 후 스트레스 장애PTSD, 마약 중독 등을 치료한다. 다른 치료제와 마찬가지로 임상시험을 진행하고 FDA 등 규제 당국의 승인을 거쳐 발매한다. 미국의 시장조사 기관 프로스트앤드설리번은 미국 내 디지털 치료제 시장 규모가 2017년 8억 9000만 달러에서 2023년 44억 달러까지 성장할 것으로 예측했다. 정보기술 업계도 디지털 치료제를 주목하고 있다. 세계 최대 정보기술 가전 박람회인 국제전자제품박람회CES에서도 디지털 치료제는 핵심 키워드다.

2017년 11월 조현병 치료제로 FDA 허가를 받은 아빌리파이 마이사이트Abilify Mycite는 알약 속에 칩이 내장되어 있다. 조현병 환자들이 여러 이유로 약을 거부하는 경우가 많다는 데서 개발이 시작됐다. 환자가 약을 먹으면 약 속에 들어 있는 칩이 위산에 녹아 센서가 반응하고 스마트폰으로 신호를 보낸다. 이를 통해 보호자나 의사가 환자의 복약 순응도를 객관적으로 추적할 수 있다. 정신질환자는 복약지도를 지키는 데 문제가 있는데 이를 잘 공략했다는 평가다.

피어 테라퓨틱스가 허가받은 리셋reSET은 알코올·코카인·마리화나 등 다양한 약물의 중독 치료 효과를 인정받고 FDA 승인을 얻어냈다. 의사가 이 앱을 처방하면 환자는 스마트폰에 리셋 앱을 설치한다. 눈에 띄는 점은 환자가 앱을 통해 충동에 대한 대처법 등을 훈련받는다는 것이다. 임상시험에 따르면 리셋을 사용한 환자군에서 약물에 대한 충동을 억제한 비율은 40.3%로 사용하지 않은 환자(17.6%)에 비해 상당히 높았다. 피어 테라퓨틱스는 비슷한 치료 방식으로 마약성 진통제인 오피오이드 중독을 치료하는 앱 리셋오reSET-O와 불면증 치료앱 솜리스트Somryst도 개발해 FDA의 허가를 받았다.

이 같은 디지털 치료제는 정보기술과 게임 산업에 강점을 가진 한국이 경쟁력을 가질 수 있는 분야로도 꼽힌다. 막 태동기에 들어선 신산업인 만큼 잠재력도 충분하다.

국내 바이오벤처인 **뉴냅스**는 눈이나 시신경은 괜찮은데 뇌졸중 등의 이유로 뇌 시각중추가 망가져 사물을 보는 데 어려움을 겪는 환자를 치료하는 뉴냅비전Nunap Vision을 개발하고 있다. 가상현실을 활용하는데 자극에 반복적으로 노출되면 지각 능력이 향상되는 원리를 이용했다. 뉴냅스는 2019년 7월 국내 최초로 디지털 치료제의 임상시험 계획을 식약처로부터 승인받았다. 뉴냅스 관계자는 "코로나19로 환자 모집에 어려움이 있긴 하지만 현재 임상 목표 환자 84명 가운데 50명 모집을 끝냈다"며 "2021년 상반기 신약 허가를 신청할 계획"이라고 밝혔다.

이 밖에 벨트를 활용한 웨어러블 디바이스를 개발하는 **웰트**는 근육 감소증 환자의 평소 관리 상태를 파악하고 개인 맞춤형 운동을 제안하는 앱을 개발 중이다. 웰트에서 출시한 '스마트 벨트 프로'는 허리둘레, 과식 여부, 걸음 수 측정에 더해 세계 최초로 낙상 예방 기능을 구현했다. 기존 웨어러블 기기가 낙상을 감지하거나 낙상 이후의 위험 상황을 가족 등에 공유하는 기능에 그쳤다면 스마트 벨트 프로는 사용자의 보행 패턴이 무너지는 것을 분석해 낙상의 위험을 예측한다. 손목에 차는 웨어러블 기기와 달리 벨트 형태로 기기의

웰트의 '스마트 벨트 프로'

출처: 웰트

센서가 몸 중심에 위치하기 때문에 미세한 걸음 패턴까지 감지할 수 있다.

하이는 카톡 채팅을 통해 계산, 언어, 집중력 등을 훈련하는 치매 예방 챗봇 '새미'를 개발했다.

디지털 치료제 개발의 강점은 연구개발 비용이다. 1조 원이 넘는 비용과 10년 이상의 시간이 필요한 신약 개발과 달리 디지털 치료제는 100억 원 내외의 비용으로 3년~5년 내 개발이 가능하다. 스마트폰의 보급과 스마트워치 등 웨어러블 디바이스의 발달도 디지털 치료제의 상용화를 앞당기고 있다.

코로나19의 대유행으로 비대면 진료가 확대되고 있다는 점도 디지털 치료제 개발 열기를 높일 것으로 예측된다. FDA는 코로나 사태를 계기로 디지털 치료제 관련 규제를 일시적으로 완화했다. 전세계 30여 개발사를 회원으로 둔 디지털치료제연합은 "코로나 사태로 만성질환자가 병원에 가기 어렵고 정신질환자는 사회적 격리 생활로 스트레스가 커지고 있다"며 "새로운 종류의 약(디지털 치료제)을 사용해 코로나로 직면한 도전 과제를 해결해야 한다"고 밝혔다.

식약처 역시 2020년 8월 디지털 치료제 인허가 가이드라인을 내놓았다. 가이드라인에는 '디지털 치료기기의 제품 범위, 정의 등 기본개념'과 '판단 기준 및 제품 예시', '기술 문서 작성 첨부 자료 등 허가 심사 방안'이 담겼다. 식약처는 디지털 치료제를 '의학적 장애나 질병을 예방, 관리, 치료하기 위해 환자에게 근거 기반의 치료적 개입을 제공하는 소프트웨어 의료기기'로 정의했는데 근거 기반은 임상시험을 거쳐야 한다는 의미다.

디지털 치료제 외에 한국 말로 '착용형 장치'인 웨어러블 디바이스wearable device에 대한 관심도 커지고 있다. 코로나19 확산으로 스스로 몸 상태를 체크하는 등 언택트 열풍에 부합할 뿐 아니라 빅데이터 및 정보통신기술 발달로 제품 기능도 개선되고 있기 때문이다. 시장조사업체 IDC에 따르면 2020년 글로벌 웨어러블 기기 출하량은 3억 9600만 대로 전년보다 14.5% 증가했다. 2024년에는 출하량이 6억 3170만 대에 달할 전망이다.

가장 대표적인 제품이 스마트워치smartwatch다. 시장조사 업체 카운터포인트리서치에 따르면 전 세계 스마트워치 시장 규모는 2020년 상반기 기준 출하량이 4200만 대에 달하는 등 전년 동기 대비 20% 커졌다.

선두 주자인 **애플**은 2020년 9월 애플워치Apple Watch를 활용한 '피트니스+'를 선보였다. 애플워치는 혈중 산소량 측정이 가능하며 수면 시 무호흡증을 잡아내고 호흡기 질환을 탐지한다. 심전도 측정 기능도 탑재되어 있다. 의료기기 승인을 받지 않아 국내에서는 출시가 한동안 미뤄졌지만 2020년 11월 식약처 허가를 받았다. 애플워치에 장착된 광혈류 측정PPG 센서로 맥박을 측정·분석하고, 심방세동으로 의심되는 불규칙한 심장 박동을 확인해 사용자에게 알림을 보내준다. 착용자가 넘어진 뒤 1분간 움직임이 없다면 자동으로 119에 전화를 걸어 사용자 위치를 알려주는 긴급 구조 요청도 포함됐다.

삼성전자 역시 갤럭시워치Galaxy Watch로 웨어러블 디바이스 시장에 진출해있다. 다른 스마트워치와 가장 큰 차별점은 혈압 측정 기능이다. 스마트워치 발광 다이오드LED의 빛을 혈관에 비춰 통과하는 혈액량을 센서로 재는 광혈류 측정 방식이다. 기존 커프 혈압계로 잰 혈압을 기준으로 비교·분석해 혈압 수치를 산출한다. 삼성전자는 2020년 4월 세계 최초로 모바일 앱을 이용해 혈압을 측정하는 소프트웨어 의료기기로 식약처 허가를 받았다.

구글은 2019년 11월 **페이스북**과의 경쟁 끝에 웨어러블 전문 기업 **핏빗**을 21억 달러에 인수했다. 핏빗은 한국계 미국인 제임스 박이 창업한 것으로 유명하다. 이용자의 하루 걸음 수와 달린 거리, 소모 칼로리 등 운동량과 심장박동 수, 수면 시간 등을 측정해 알려주는 스마트워치를 생산한다. 설립 이후 전 세계에서 1억 대 이상을 팔았고, 사용자 수는 2800만 명이 넘는다. 구글은 2020년 8월 세계 최초로 피부 전기 활동EDA 센서를 탑재한 신제품 '핏빗 센스'를 공개했다. EDA 센서를 통해 스트레스로 인한 신체 변화를 감지하고, 명상 휴식 앱을 추천해준다. 피부 온도 센서로 발열을 확인할 수도 있다.

국내 헬스케어 벤처들의 약진도 두드러진다. **휴이노**는 웨어러블 기기에서 나온 생체 신호를 인공지능으로 분석해 심장마비와 부정맥 등을 사전에 감지해내는 기술을 갖고 있다. 국내 최초 원격 모니터링 기술로 식약처 품목허가를 획득했고 의료보험도 적용된다. 손목시계형 심전도 측정 장치인 '메모워치'에 이어 가슴에 붙이는 형식인 '메모패치'도 개발했다. 메모패치는 환자가 일상에서 붙이고 있기만 하면 병원에서 실시간으로 검사 및 관리가 가능해져 부정맥을 효과적으로 진단할 수 있다.

휴이노의 '메모워치'(좌), '메모패치'(우)

　스카이랩스의 반지형 심장 모니터링 기기인 '카트'는 심전도와 심방세동 등 생체 신호를 1년 365일 연속 측정해 사용자와 담당 주치의에게 전달한다. 미국, 영국 등 10여 개 국가와 출시 계약을 추진 중이고, 영국 옥스퍼드대학교에서는 새로운 임상을 진행하고 있다.

　남성의 소변 소리를 분석해 전립선 질환을 관리해주는 앱도 있다. 사운더블헬스가 개발한 일반인용 앱 '프라우드P'는 양변기에서 들리는 소변 소리로 배뇨 건강을 확인한다. 이 앱의 의료기기 버전인 '프리비' PRIVY는 미국의 여러 비뇨기과 병원에서 원격 진료와 원격 모니터링 용으로 활용되고 있다. 미국 FDA 2등급 의료기기 허가를 받기도 했다. 의료기기 버전에서는 화장실에서 앱을 실행시키고 두 번만 클릭하면 소변 보는 시간과 소리를 분석해준다. 인공지능 엔진이 불과 몇 초 만에 배뇨량, 최대 요속, 평균 요속, 배뇨 시간을 그래프로 그려서 보여주고 해당 결과는 대시보드에 저장된다. 전립선과 방광 질환 환자들은 이 데이터를 들고 병원에 찾아가면 된다.

전기 자극으로 코로나 잡는 '전자약'

생체전자공학의 발달에 따라 뇌와 신경세포에서 발생하는 전기신호로 질병을 치료하는 전자약도 세상에 나올 준비를 마쳤다. 전자약 electroceuticals은 전자electronic와 약pharmaceutical의 합성어다. 전류나 자기장 등의 에너지로 뇌 또는 신경 기능을 자극해 치료 효과를 낸다. 주로 자극을 가할 신경이 있는 이마(뇌)나 목, 팔뚝 등에 부착하는 형태다. 게임이나 앱 등으로 질병을 치료하는 디지털 치료제와 마찬가지로 규제상 의료기기로 분류한다.

2020년 7월 신경에 전기 자극을 줘 코로나19 환자를 치료하는 전자약이 미국 FDA 승인을 받았다. 미국 뉴저지주의 **일렉트로코어**가 개발한 미주신경 자극기인 '감마코어 사파이어'가 그 주인공이다. FDA는 호흡 곤란을 겪는 급성 코로나19 환자에게 기존 약물이 듣지 않을 경우 감마코어를 가정이나 병원 등에서 쓸 수 있다고 판단했다.

일렉트로코어는 감마코어를 목에 대면 저전압 전류가 폐, 심장, 소화관에 연결된 미주신경을 자극해 기도 수축을 억제한다고 설명했다. 구체적으로 미주신경에서 뇌로 가는 신경 신호에 자극을 줘서 폐의 기도가 열리도록 하고 미주신경에서 온몸으로 가는 신호를 교정해 항염증 효과를 내는 방식이다.

전자약이라는 용어를 처음 사용한 곳은 **GSK(글락소스미스클라인)**다. 2013년 전기신호를 통한 치료기기 개발에 뛰어든 뒤 2016년 **구글과 합작사 갈바니 바이오일렉트로닉스**를 세워 2023년까지 7억1500만 달러를 투자해 류머티즘 관절염 전자약을 개발하기로 했다. 조그마한 장치를 체내에 삽입해 전기 자극을 조절, 관절염 증상을 치료한다는 개념이다.

FDA는 지금까지 전자약 10여 종에 품목허가를 내줬다. 셋포인트(크론병, 류머티즘), 인스파이어 메디컬 시스템(수면 무호흡), 엔트로메딕스(비만) 등이 FDA 허가를 받아 전자약 파이프라인을 개발하고 있다. 항암제 개발에 나선 회사도 있다. **노보큐어**는 2019년 뇌종양 치료 전자약에 대해 FDA 승인을 받았다.

시장조사 기관 마켓앤드마켓에 따르면 글로벌 전자약 시장 규모는 2016년 172억 달러에서 2021년 252억 달러에 이를 전망이다. 연평균 성장률은 8%에 이른다. 2018년 세계경제포럼에서 전자약이 10대 유망 기술에 포함되면서 기존 의약품을 보완할 것으로 예상된다.

국내에서도 전자약 개발에 도전하는 업체가 늘고 있다. 2020년 11월 식약처에 전자약 마인드MINDD의 품목허가를 신청한 **와이브레인**이 대표적이다. 주요 우울장애를 받은 경증 및 중등증 환자 65명을 대상으로 한 임상시험에서 6주간 매일 30분씩 자가 사용한 환자 대부분의 우울 증상이 개선됐으며 50% 이상의 환자는 정상 범주로 회복했다.

국제신경정신약물학회CINP 산하 국제 저널에서 발간한 「2020년 tDCS 국제 가이드라인」에서는 와이브레인의 임상3상을 성공적 사례로 인용했다. 주요 우울장애 환자의 우울 증상 개선 효능에 대해서는 근거 레벨 A(확실하게 효과 있음)로 권고했다.

이 밖에 **휴온스**는 바이오벤처 **뉴아인**과 손잡고 전자약 시장에 뛰어들었다. 양 기업은 전자약을 통한 수면 치료부터 질병 치료까지 기술을 공동 개발하기로 했다.

4부

코로나19로
급부상하는 K바이오

1

전 세계를 구한
K진단키트의 실체

코로나19 사태가 전 세계로 확산하는 가운데 K바이오의 능력을 가장 먼저, 제대로 보여준 분야는 진단키트였다. 코로나19 확진 환자가 본격적으로 늘기 시작한 2020년 2월부터 식품의약품안전처(식약처)로부터 국내 긴급사용승인과 해외 수출용으로 품목허가를 받은 코로나19 진단키트는 2021년 1월 둘째 주 기준 각각 16개, 241개에 달했다. 같은 기간 이렇게 많은 진단키트를 동시에 쏟아낸 나라는 사실상 한국이 유일했다. 의약품 최대 시장인 미국 진출을 위해 FDA(식품의약국)의 긴급사용승인을 받은 국산 진단키트만 해도 20종이 넘는다. 식약처가 해외 수출용으로 허가한 240개 이상의 국산 진단키트의 10분의 1이 미국에서 긴급사용승인을 받은 것이다. 수출 대상국은 100개국을 훌쩍 뛰어넘었고, 2020년 코로나19 진단키트 수출액은 2조 원에 달할 전망이다. 단일 제품이 그 짧은 기간에 그렇게 많은 나라로 수출된 것은 국내 산업사에서 진단키트가 처음일 것이다.

국내 업체들은 유전자를 증폭시켜 코로나19 바이러스 감염 여부를 매우 정확하게 잡아내는 분자 진단 방식의 PCR 검사용 진단키트를 주로 출시해왔다. 분자 진단은 유전자 정보가 들어 있는 세포 내 DNA나 RNA에서 일어나는 분자 수준의 변화를 찾아내 감염 여부를 판단하는 것이다. 혈액, 침, 소변 등 인체에서 나오는 검체를 통해 세균이나 바이러스 등 병원균 정보를 담고 있는 유전자를 검사한다. 또한 질병에 의심이 있는 조직 일부를 떼어내는 조직검사를 하지 않고도 감염 여부를 정확히 확인할 수 있고, 검사 방법도 비교적 간편하다. 분자 진단은 기존의 면역화학적 진단이 질병에 의해 생성되는 항체 등 간접 인자를 검사함으로써 민감도가 낮아져 질병의 조기 발견이 어려운 점을 개선한 것이다. 예컨대 목감기, 기관지염, 천식, 폐렴 등 각종 호흡기 질환은 기침, 발열, 몸살 등과 초기 증상이 비슷하지만 질환 원인은 전부 다르다. 2종 이상의 바이러스나 세균에 중복 감염도 많아 정확한 질병 진단을 하려면 유전자 증폭을 통한 분자 진단을 할 수밖에 없다. 업계 관계자는 "인플루엔자 독감은 항바이러스제를, 세균성 폐렴은 항생제를 복용해야 낫는데 질병 정보가 담긴 유전자 상태를 분석하는 분자 진단을 해야 병명 파악부터 그에 맞는 약을 처방할 수 있다"고 밝혔다.

최근에는 신속하면서도 일정 수준의 정확도를 갖춘 항원 진단키트도 많이 나오고 있다. 식약처의 진단키트 수출용 허가 승인 건수에서 항원 진단키트가 차지하는 비중이 PCR 진단키트와 비슷해지고 있다. 항원 진단은 진단키트에 바이러스 항원을 인식할 수 있는 항체를 코팅한 뒤 이를 채취한 물질과 반응시켜 감염 여부를 가려내는 진단법이다. PCR 검사가 검체 채취 후 판정까지 5시간~6시간이 소요되는 반면 항원 검사는 15분~30분이면 가능하기 때문에 무증상 감염 등으로 확진자가 대량 발생할 때 신속한 검사를 하기에 좋다.

항원 진단은 콧속(비강)의 이물질을 채취해 검사할 수 있어 간편한데 이는 혈액을 채취해 그 안에 바이러스를 찾아내는 항체 진단과 같은 간략 검사지만 정확도가 상대적으로 더 높다. 혈액보다는 콧속 이물질에서 코로나19 바이러스가 많아 검출률이 높기 때문이다. 식약처는 홈페이지에서 "항원 진단은 검체로부터 코로나19 바이러스 특정 성분을 검출해 감염 여부를 확인하는 것으로 유증상자를 대상으로 대규모 확산 및 감염자 폭증 상황에서 활용도가 높다"고 설명했다.

2020년 11월 항원 진단키트로 국내 첫 사용 허가를 받은 **에스디바이오센서** 제품은 민감도 90%, 특이도 96%에 달했다. 반면에 분비되는 코로나19 바이러스의 양이 적다면 항원 검사만으로 감염 여부를 판정하기 힘들 수 있다. 하지만 바이러스 농도는 감염 후 일주일까지 계속 높아졌다가 줄어들기 때문에 몸에 이상이 생긴 초기에 검사를 하면 정확도를 90% 이상으로 끌어올릴 수 있다. 업계 관계자는 "PCR 진단키트는 너무 많이 출시되어 경쟁이 치열한 데다 검사 장비까지 갖춰야 한다"며 "앞으로는 간편하고 검사 가격도 싼 항원 진단키트가 수출을 주도하게 될 것"이라고 말했다.

이 같은 진단키트의 성공은 K바이오의 잠재력을 보여준 것뿐만 아니라 향후 진단 산업의 중요성도 함께 일깨웠다. 질병 치료는 진단부터 받는 것이 우선이지만 그동안 진단은 신약 개발 등에 가려 무시되어온 측면이 있다. 이에 대해 천종윤 **씨젠** 대표는 "코로나19 사태로 치료에 앞서 진단의 중요성과 효용을 의사나 환자를 비롯한 온국민이 절감했다"며 "올바른 치료를 하려면 정확한 진단이 바탕이 되어야 한다는 점을 알게 된 만큼 향후 진단 수요는 늘어날 수밖에 없다"고 밝혔다. 천 대표는 한국이 코로나19 진단키트로 성공을 거둔 배경에 대해서는 '실력 있는 퍼스트 무버'였기 때문이라고 표현했다. 즉 "코로나 확산 초기 중국의 진단 제품은 급하게 나오느라 품질 관리가 안 되어 신뢰를 잃은 반면 한국산은 빨리 만들면서도 정부가 엄격한 기준을 제시해 세계 시장을 선도했다"고 설명했다.

향후 헬스케어 산업은 질병 치료에서 예방 및 치료 후 모니터링을 위한 체외 진단이 중요해질 것으로 예상된다. 특히 인구 고령화로 의료 수요가 늘고, 신종 감염병 등이 증가하면서 의료비 절감을 위해 정확한 진단의 필요성이 커지고 있다. 프로스트앤드설리반에 따르면 2015년 글로벌 헬스케어 산업에서 치료 분야는 63%로 가장 비중이 높았고, 진단(18%)과 예방(8%)은 상대적으로 낮았다. 하지만 2025년에는 치료(35%) 비중은 떨어지고, 진단(27%)과 예방(22%) 분야가 커질 것으로 내다봤다. 안은억 **GC녹십자엠에스** 대표는 "국내 병원 처방의 70%가 체외 진단 결과에 근거한 것인데 진단 비중은 전체 의료비 대비 10%에 불과하다"며 "예방의학과 정밀의학이 강조되고 있어 향후 진단 시장 규모는 계속 우상향할 것"이라고 말했다.

하지만 K바이오의 실력을 잠시 보여준 코로나19 진단키트는 전체 진단 산업의 일부에 불과하다. CT나 MRI 등을 이용한 영상 진단을 제외한 체외 진단은 감염병 외에도 암을 포함한 다양한 질병이 대상

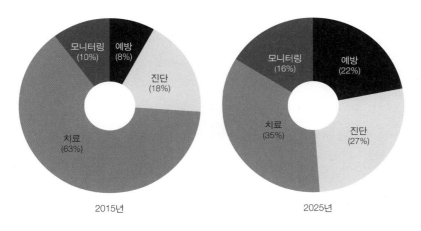

글로벌 헬스케어 영역별 비중 변화

모니터링
(10%)
예방
(8%)
진단
(18%)
치료
(63%)

2015년

모니터링
(16%)
예방
(22%)
치료
(35%)
진단
(27%)

2025년

자료: 프로스트앤드설리반

이다. 유전자 DNA, RNA 변이를 분석하는 분자 진단이나 항원·항체 변화를 탐색하는 등 학계에 공식화된 진단 방식만 8개나 된다. 임신 진단키트처럼 집에서 혼자 사용할 수 있는 제품도 있지만 암 등은 혈액과 조직검사로 인해 대형 진단 장비가 필요하다.

　건강검진 시 채혈 후 간 수치 등 각종 건강 정보 파악은 글로벌 업체인 **로슈진단**이나 **지멘스 헬시니어스, 애보트 래보러토리스** 등이 만든 고가 진단 검사 장비를 통해 이뤄진다. 국산 장비는 대량의 혈액을 신속히 처리하고, 다양한 질병 정보를 찾아내는 능력이 외국산에 비해 떨어진다. 이로 인해 가장 보편적인 건강검진을 위해 주요 병원에서 쓰는 진단 장비와 시약의 70%~80%는 외국산이다. 그렇기 때문에 전문가들은 코로나19 진단키트를 한국이 가장 빠르고 성능 좋게 내놓았지만 그것만이 우리나라 진단 산업의 위상을 대변하지

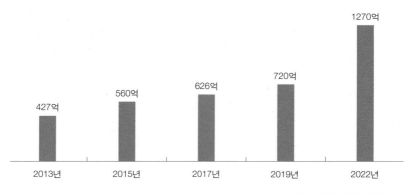

세계 체외 진단기기 시장 규모 (단위: 달러)

- 2013년: 427억
- 2015년: 560억
- 2017년: 626억
- 2019년: 720억
- 2022년: 1270억

자료: 생명공학정책연구센터

않는다고 지적한다.

대형 진단 장비와 암 진단 등 부가가치가 큰 분야에서 한국은 아직 열세다. 진단키트를 100% 국산화의 산물이라고 말하기 힘든 것도 이 때문이다. 실제 글로벌 체외 진단 시장은 몇 개 해외 업체들이 과점하고 있다. 마켓츠앤마켓츠에 따르면 2019년 기준 글로벌 체외 진단 시장점유율은 로슈진단이 24.9%로 가장 높고, 지멘스 헬시니어스(12.3%), 애보트 래보러토리스(9.6%), **다나허**(9.4%) 등 '빅4'가 전체의 56%를 차지했다. 2019년 **로슈그룹** 전체 매출액 615억 스위스 프랑(약 77조 원) 가운데 제약과 진단 비중은 약 4대 1 수준이다.

현재 국내외 시장에서 가장 많이 쓰이는 RNA 추출 시약과 장비는 세계 1위 업체인 로슈진단의 마그나퓨어Magna Pure다. RNA 추출이 전제되기 때문에 로슈진단의 추출 시약과 장비 없이는 국내 업체들이 애써 개발한 진단키트는 무용지물이 될 수 있다. 국내에서 주로 하는 분자 진단 방식은 가래와 같은 호흡기 검체를 채취한 뒤 거기에 RNA 추출 시약을 넣고, 이를 PCR(유전자 증폭)을 통해 확진 여부를 판정한다. 코로나19 초기 중국에서 대규모 환자 발생으로 로슈진단의 시약 수요가 급증하자 국내 정부 당국자는 "진단키

로슈진단의 최첨단 진단 장비 '마그나퓨어24'

출처: 한국로슈진단

트 공급은 문제가 없지만 진단 과정에서 핵산을 추출하는 시약을 로슈진단에서 공급받는 부분에서 차질이 발생하고 있다"고 시인하기도 했다.

RNA 추출 후 PCR 작업에 필요한 유전자 증폭 효소를 정제하는 과정에서도 **싸이티바**의 제품이 들어간다. PCR 검사의 안정성을 위해 유전자 증폭 효소를 정제해야 하기 때문에 대다수 국내 업체는 싸이티바의 제품을 쓰고 있다. 싸이티바는 2019년 미국 글로벌 헬스케어 기업 다나허가 **제너럴일렉트릭(GE) 헬스케어** 내에 있던 생명과학사업부를 인수해 설립한 회사다.

다국적 제약사들이 진단 시장을 장악하는 비결 중 하나는 시약과 장비를 동일한 업체 것으로 쓰도록 만드는 비호환성에 있다. 로슈진단이나 지멘스 헬시니어스, 애보트 래보러토리스, 다나허 등 글로벌 진단 업계 큰손들은 클로즈드 시스템closed system이라는 폐쇄된 방식을 통해 판매망을 넓히고 있다. 자사가 만든 진단 시약은 그 회사의 검사 장비에서만 사용할 수 있고, 타사 장비와 호환되지 않는다. 이로

인해 로슈진단이 만든 시약을 쓰려면 그 회사의 장비를 도입하는 일은 필수다. 지멘스 헬시니어스나 국내 업체가 만든 장비로는 로슈진단 시약을 이용한 진단 결과를 얻을 수 없기 때문이다.

국산 코로나19 진단키트는 로슈진단의 장비에서는 판독할 수 없기 때문에 범용 진단 장비인 미국산 **바이오라드**나 **써모피셔** 등의 제품을 이용할 수밖에 없다. 업계 관계자는 "대다수 국가는 폐쇄형의 클로즈드된 장비를 쓰고 있기 때문에 국내 업체가 암 등의 진단 시약을 개발해도 판로가 좁을 수밖에 없다"며 "시약과 장비를 함께 만들 기술력이 안 되면 시약을 개발해도 범용 장비에만 써야 하는 한계가 있다"고 설명했다. 또 다른 관계자는 "로슈진단 장비만 있으면 로슈진단이 보유한 수천 가지의 진단 시약을 넣고 검사할 수 있다"며 "국내 진단 장비의 90% 이상이 외국산인 이유"라고 말했다.

최근 진단 업계의 새로운 트렌드인 진단과 치료제를 동시에 개발하는 '동반 진단'도 글로벌 업체의 경쟁력을 높이는 요소 중 하나다. 이는 진단 결과에 따라 해당 환자에게 최적화된 맞춤형 약을 제공한다는 정밀의학의 개념과도 맞닿아 있다. 동반 진단 역시 세계적인 제약사 **로슈**를 모기업으로 둔 데다 외부 제약사들에 대한 인수도 활발하게 진행하고 있는 로슈그룹이 가장 강력하다. 유방암의 경우 환자는 유방암을 일으키는 HER2 유전자 및 그 변이를 갖고 있는지 확인하는 진단 검사를 받은 뒤 측정 수치가 기준치 이상이면 유방암 치료제인 허셉틴을 투약받게 되는데 진단과 치료제 모두 로슈그룹이 개발한 것이다. 신약 개발 전문인 로슈는 허셉틴 외에도 면역 항암제 티센트릭을 출시했는데 이를 처방하려면 자회사인 로슈진단이 만든 진단키트 '벤타나Ventana SP142'를 통해 암세포 표면의 단백질

'PD-L1'의 발현율을 측정한 뒤 일정치 이상이 나와야 한다. 로슈의 비소세포폐암 치료제 알레센자Alecensa 역시 처방을 위해서는 로슈진단의 '벤타나 ALK 검사'가 필수가 되는 등 치료제와 진단이 동시에 이뤄지고 있다. 로슈그룹은 이 같은 동반 진단을 강화하기 위해 바이오 업체 **제넨텍, 쥬가이** 등을 인수했고, 50여 개 제약사와 협력해 진단과 치료제 개발을 연계하고 있다.

이런 가운데 글로벌 업체들은 진단 사업을 키우기 위해 회사 내 헬스케어사업부로 있던 것을 별도 회사로 분사하고, 유망한 진단 업체 인수에 나서고 있다. 로슈진단은 1968년 설립됐고, 지멘스는 헬스케어사업부를 2016년 지멘스 헬시니어스로 독립시켰다. 로슈진단은 2015년 미생물 진단 바이오벤처인 **진위브**와 유전자 시퀀싱 시약 업체인 **카파 바이오시스템스**를 인수했다. 또한 유전체 분석을 강화하기 위해 2018년 **파운데이션 메디슨**을 22억 달러에 사들였다. **다나허**는 2016년 분자 진단 업체인 **세페이드**를 40억 달러에 인수했다. 세페이드는 결핵 및 노로바이러스 등 감염성, 성병, 유전적 혈전증 등 진단 전문 업체다. 유전체 분야에서는 **인테그레이티드 DNA 테크놀로지스**를 20억 달러에 인수했다. 이 밖에 애보트 래보러토리스는 독감, 에이즈, 콜레스테롤 등의 진단 업체인 **앨리어**를 58억 달러에 매입했다.

국내 전문가들은 진단 장비 및 시약의 국산화를 당장 실현하기는 힘든 만큼 틈새시장 공략을 주문한다. 손미진 체외진단기업협의회장은 "대형 진단 장비들은 오래된 수많은 기술들이 축적되어 이뤄지는 것이고, 로슈진단이나 애보트 래보러토리스 등 다국적 기업들이 선점하고 있어 우리가 단시일에 접근하기엔 역부족"이라고 밝혔다.

그는 "간단한 장비가 필요한 현장진단과 시스템 기반 분야는 국내 정보통신, 나노, 생명공학 기술과 융합해 신규 진단 영역을 개척할 수 있다"며 "다국적 진단회사의 장비가 구축되어 있는 종합병원이나 검진센터보다는 중소형 병·의원의 현장 진단이나 최근 부상 중인 홈테스트(자가 시험) 쪽을 집중 공략할 필요가 있다"고 설명했다.

사업 영역 넓히는 진단 산업

국내 진단 업체들은 사업 영역을 코로나19 진단키트에 한정하지 않고 확대하고 있다.

JW바이오사이언스는 패혈증과 췌장암 진단키트를 개발 중이다. 혈액에서 암 발생 유무를 판단할 수 있는 바이오마커를 찾아내 거기에 타깃한 시약이 효과를 내느냐에 따라 암 진단을 하는 것이다. 이 회사가 개발 중인 패혈증 진단키트는 트립토판-tRNA 합성효소WRS를 바이오마커로 쓰는데 민감도가 뛰어나 한 번의 혈액 채취로 구체적인 사망 확률 예측이 가능하다. 트립토판-tRNA 합성효소 수치가 높으면 향후 28일 내 사망할 확률이 몇 %라고 제시할 수 있을 정도다. 2021년 1분기 식약처에 임상 자료를 제출해 같은 해 상반기 품목허가를 받을 것으로 기대하고 있다.

이 회사의 췌장암 진단키트는 기존 외국 제품이 초기 단계의 환자를 잡아내기 힘든 약점을 보완한 것이다. 지금도 췌장암 판정을 위해 1980년대 개발된 CA 19-9 마커를 찾는 검사를 하는데 주로 3기 췌장암 환자가 대상이다. 난치성인 췌장암은 1기~2기에 조기 발견이 중요하지만 현재 방식으로는 무용지물인 셈이다. 반면 JW바이오사이언스의 진단키트는 CA 19-9 외에 초기 췌장암 환자에서도 잘 검출되는 CFB 등 두 개의 마커를 동시에 사용함으로써 췌장암 진단의 정확도를 높일 수 있다. JW바이오사이언스의 배수미 박사는 "1기~2기 췌장암 환자의 진단율은 2개의 지표를 동시에 써보니 65.6%에서 90.6%로 크게 올랐다"며 "향후 2년 뒤 개발에 성공한다면 국내 진단 업계에 고무적인 성과가 될 것"이라고 말했다.

대전에 본사를 둔 **바이오니아**는 국내 대다수 업체가 고가의 해외 진단 장비에 의존하고 있는 것과 달리 장비와 시약, 원재료 등을 자체 개발·생산하는 국내 유일한 회사다. 바이오니아 관계자는 "1992년 설립 이래 진단기기 국산화를 위해 다양한 제품을 개발해왔다"며 "우리가 개발한 검체 내 핵산 추출 장비 'ExiPrepTM' 시리즈는 세계에서 가장 높은 검사량을 자랑한다"고 강조했다. 바이오니아는 DNA 합성용 포스포라미디트phosphoramidite라는 화학물질 양산 등에 쓰이는 100종 이상의 진단용 원료물질을 만들고 있다. 또한 PCR 및 핵산 추출키트 테스트분을 연간 최대 3000만 개 생산할 수도 있다. 자동화 대량생산과 관련해 300여 개 이상의 특허 및 기반 기술도 갖고 있다.

지노믹트리는 자체 바이오마커 발굴 엔진인 메틸화-디스커버리 시스템을 통해 암 조기 진단 제품을 내놓고 있다. 얼리텍Early Tect 대장암 검사는 분변 DNA에서 메틸화된 물질을 측정해 대장암을 진단하는 것으로 90.2%의 민감도와 특이도를 갖추고 있다. 얼리텍 대장암 검사는 2019년 4월 국내 출시되어 전국 1100여 개 병·의원에서 사용하고 있다. 특히 지노믹트리는 미국 자회사를 통해 FDA 시판 허가를 위한 임상도 준비하고 있다. 또한 얼리텍 폐암 검사 제품도 있는데 이는 혈액 내 cfDNA(Cell-free DNA·세포유리 DNA) 비중을 이용해 폐결절 환자 가운데 폐암 고위험군을 판별하는 것이다.

파나진은 피엔에이클램프 BRAF 돌연변이 검사키트로 비소세포성 폐암 표적 치료제 처방을 위한 신의료기술 인증을 받았다. 2013년 갑상선암을 시작으로 대장암, 직장암에 이어 폐암까지 적응증을 확대해 같은 진단키트로 3번째 신의료기술 인증을 받은 것이다. 특히 폐암의 BRAF 유전자 돌연변이 검사는 다국적 제약사 **노바티스**가 만든 치료제와의 병용 요법 처방을 위한 것이다.

랩지노믹스는 성 매개 감염, 모기 매개 전염, 감염성, 유전성 질환 등 네 가지 진단 분야에 집중하고 있다. 유전체 염기서열 분석 기술에 기반한 암 진단키트는 암 조직을 분석해 치료에 적합한 표적 항암제와 항암제 용량까지 검증해주는 기술이다. 또한 액체생검 기술로 혈액과 소변 등을 분석해 암 조기 진단키트도 개발 중이다.

진캐스트는 최신 진단 기법인 액체생검으로 암 진단에 특화된 회사다. 갑상선암과 흑색종 등 주요 암 유전자인 BRAF 돌연변이 4개를 검출 민감도 0.0001%, 즉 300만 개의 정상 유전자 가운데 3개의 돌연변이 유전자까지 분석 가능한 제품을 출시했다.

하지만 국내 진단 산업은 JW바이오사이언스를 빼면 대형 제약사들이 참여하지 않고 있을 만큼 사업 환경이 영세하다. 국내 진단 업체 수는 500개가 넘을 것으로 추정되는데 이 중 절반가량은 자체 제조가 아닌 수입 회사다. 반면 식약처가 매년 품목허가를 내주는 진단 제품은 600개~800개에 이를 정도로 많다. 그렇기 때문에 타사와 유사한 성능의 바이오마커를 이용하면서 제품 간 차별화가 안 되는 등 국내 진단 산업이 레드오션화되고 있다는 평가도 있다.

2

코로나 백신·치료제
글로벌 개발 전쟁

전 세계 코로나19 확진자가 연일 급증하는 가운데 각국은 코로나
19 치료제와 백신 개발에 총력을 다하고 있다. 특히 백신에 대한 관
심이 뜨겁다. 속수무책으로 당하고 있는 코로나19 바이러스에 대항
할 유일한 무기는 백신이기 때문이다.

통상 백신 개발에는 4년~5년이 걸린다. 하지만 지금은 상황이 다
르다. 코로나19의 확산세가 꺾이지 않고 있는 만큼 백신 개발에 속
도전이 벌어지고 있다. 빠른 임상시험 허가, 3단계로 나눠진 임상의
동시 진행과 동시 생산, 임상3상 개시 전 백신 배포 등이 적극적으로
이뤄지고 있다. 이 때문에 일부 의료계에서는 현재 개발 중인 코로
나19 백신의 안전성에 대한 의구심을 제기하기도 한다.

WHO(세계보건기구)에 따르면 전 세계에서 임상시험을 진행한 코

로나19 백신 후보군은 150여 곳이 넘는다. 이 중 가장 앞섰다고 평가받는 곳은 미국 제약사 **화이자**와 독일의 **바이오엔테크**다. 영국은 이 두 회사가 공동 개발한 코로나19 백신으로 2020년 12월 8일부터 세계 최초로 대규모 접종을 실시했다. 맷 핸콕 영국 보건부 장관은 백신 접종일을 'V-데이'로 부르며 코로나19 극복을 기원했다.

미국 내 허가도 순조롭다. 화이자가 2020년 11월 20일 신청한 긴급사용승인에 대해 FDA 자문위는 2020년 12월 10일 승인 권고 결정을 내렸다. 이후 3일 뒤에 질병통제예방센터 국장 서명까지 일사천리로 절차가 진행됐고, 같은 달 14일 백신 접종이 개시됐다.

이후에는 미국 바이오벤처 **모더나**와 영국 제약사 **아스트라제네카**가 뒤따랐다. 모더나는 2020년 11월 30일 FDA와 EMA(유럽의약품청)에 긴급사용승인을 신청했다. 모더나의 백신 역시 2020년 12월 17일 FDA의 긴급사용승인을 받았고, 같은 달 21일부터 미국 전역에서 접종에 돌입했다. EMA와 유럽연합 집행위원회는 2021년 1월 6일 모더나가 개발한 코로나19 백신의 조건부 판매를 승인했다. EU 승인은 코로나19 같은 공중보건을 위협하는 비상 상황에 신속히 대응하기 위한 것으로 27개 회원국에서 1년간 의약품을 판매할 수 있고, 매년 갱신 가능하다.

아스트라제네카는 옥스퍼드대학교와 함께 코로나19 백신을 개발하고 있다. 화이자와 모더나보다 먼저 미국 내 임상3상을 개시했지만 실제 접종은 늦어졌다. 2020년 7월과 9월 임상시험을 두 번 중단했기 때문이다. 아스트라제네카는 일부 환자에게서 부작용이 발생해 임상을 일시 중단했지만 당시 FDA에 그 배경과 사유 등을 충분히 설명하지 못했다. 이 때문에 미국에서는 화이자와 모더나의 백신

보다는 다소 늦은 2021년 상반기 품목허가가 예상된다. 다만 영국은 2020년 12월 30일 아스트라제네카가 개발한 코로나19 백신의 긴급 사용을 승인했으며 2021년 1월 4일 80대 노인 남성에게 첫 접종이 이뤄졌다.

화이자와 모더나가 개발 중인 백신은 mRNA 백신이다. 앞서 설명했듯 mRNA는 설계도 원본인 DNA를 사용하기 쉽게 만든 복사본이다. 이를 활용하면 우리 몸속에서 원하는 단백질을 만들어낼 수 있는데 화이자와 모더나가 만든 백신은 코로나19 바이러스가 인체에 달라붙을 때 쓰는 돌기(스파이크)의 mRNA로 만들었다. 백신을 맞으면 우리 몸 내에서 mRNA를 통해 코로나19 바이러스의 스파이크 단백질이 만들어진다. 이 단백질은 실제 바이러스가 아니어서 인체에 무해하다. 하지만 우리 몸의 면역체계는 체내에 들어온 코로나19 바이러스의 돌기를 통해 실제 코로나19 바이러스가 침투하는 상황에 대비해 훈련한다.

이 같은 RNA를 이용한 백신의 장점은 속도다. 전문가들은 전통적인 방식으로 백신 완성에 15년~20년이 걸리지만 RNA를 활용하면 1년~2년 내로 줄어든다고 설명한다. 코로나19처럼 변이가 많은 바이러스에도 강하다. 코로나 바이러스가 유전정보를 저장하는 RNA는 DNA와 달리 불안정하고 변이가 심하다. 그래서 기존 방법으로 백신을 만들어도 순식간에 무용지물이 될 수 있다. 하지만 mRNA 백신은 변이된 RNA 자체를 이용해 백신을 또 만들어내면 된다.

효능도 좋다. 화이자의 코로나19 백신은 4만 3000명을 대상으로 한 임상3상 중간 결과에서 95%의 효능을 자랑했으며 모더나의 코로나19 백신 역시 3만 명이 참가한 임상3상 중간 결과에서 94.1%의 효능을 보였다.

하지만 지금까지 인류가 접종해온 수많은 백신 가운데 mRNA 백신 형태는 단 한 번도 없었다는 점에서 안전성이 검증되지 않았다는 지적이 나온다. 반면 mRNA 자체가 우리 몸에 있는 물질인 데다 인체 내에서 쉽게 분해되는 만큼 부작용이 크지 않을 것이라는 예측도 있다. 이번에 처음 적용되는 방식이지만 코로나19를 막을 수 있음이 드러날 경우 바이러스와 인류 사이의 전쟁에서 한 획을 그을 수 있는 대사건이 될 것이라는 평가도 나온다. 그동안 인류가 정복하지 못했던 수많은 감염병의 백신을 RNA 방식으로 만들어낼 수 있기 때문이다. 다만 mRNA는 불안정한 물질인 만큼 극저온에서 보관해야 한다. 온도가 낮아질수록 화학반응 속도가 느려지기 때문이다. 보관 과정에서 화이자 백신은 영하 70도, 모더나 백신은 영하 20도를 유지해야 한다.

mRNA 백신 외에 주요 백신으로는 바이러스 벡터(운반체) 백신이 있다. 인체에 해가 되지 않는 바이러스에 코로나19 바이러스 유전자를 주입해서 만드는 방식이다. 영국 아스트라제네카, 미국 **존슨앤드존슨(얀센)**이 개발 중인 백신이 이 방식을 활용하고 있다.

아스트라제네카와 옥스퍼드대학교가 공동으로 개발한 바이러스 벡터 백신은 침팬지에게 감기를 일으키는 아데노 바이러스를 운반체로 사용한다. 아데노 바이러스에 코로나19 바이러스의 스파이크 단백질을 만드는 유전자를 심는다. 이를 인체에 주입하면 면역체계는 진짜 바이러스로 인식해 면역반응을 일으킨다. 수십 년 전 개발되어 에볼라 바이러스Ebola virus 백신 등을 만드는데 활용했을 만큼 안전성이 높다. 아울러 아스트라제네카와 옥스퍼드대학교는 백신에 이윤을 남기지 않겠다고 약속했다. 이로 인해 화이자나 모더나 백신의 10분의 1 가격에 불과하다.

면역 효과는 **화이자**나 **모더나**의 백신에 비해 낮다. 2020년 10월에 발표한 임상3상 중간 결과에서는 약 70%의 효과가 나타났는데 투약 방식에 따른 효과 차이가 커서 신뢰성이 떨어진다는 지적이 제기된다. 정량보다 적게 투여한 참가자 집단에서 효능이 90%였던 반면 정량대로 투여한 집단은 62%에 그쳤다. 아스트라제네카 측은 '우연한 실수'라고 설명한 반면 옥스포드대학교 연구진은 '계산된 시험'이라고 밝혔다.

존슨앤드존슨이 1961년 인수한 신약 개발 자회사인 **얀센**의 경우 2021년 1월 초순까지 임상3상의 중간 결과를 발표하지 않았다. 하지만 앞선 세 회사보다 더 많은 6만 명을 대상으로 임상3상을 진행하고 있어 안전성이 기대된다. 얀센의 백신 역시 아스트라제네카와 같은 바이러스 벡터 형식이다. 보관과 운송이 RNA 백신에 비해 간편하고 비용도 싸다. RNA 백신보다 상대적으로 열에 안정적일 뿐만 아니라 살아 있는 아데노 바이러스를 사용하므로 영상 4도 수준의 콜드체인(냉장 유통 체계)이 필요하다. 아울러 얀센의 백신은 다른 백신과 달리 한 차례만 맞아도 되어 간편하다.

중국과 러시아도 백신 개발에 뛰어들었다. 중국 **시노팜**과 **시노백**이 개발한 백신은 중국 내에서 긴급 승인이 났지만 신뢰성에 대한 의문이 제기되고 있다. 하지만 중국 외에 브라질, 인도네시아 등 일부 국가에서 접종이 시작됐다. 중국이 만든 백신은 바이러스를 사멸시켜 항원으로 체내에 주입한 뒤 면역반응을 유도하는 불활성화 방식이다. A형 간염 백신, 주사용 소아마비 백신 등이 주로 이 방식을 통해 만든다. 제조 방법이 단순하기 때문에 개발을 빨리 할 수 있고, 중화항체 유도가 우수한 점도 강점이다.

러시아는 2020년 8월 세계 최초로 코로나19 백신을 공식 등록했다는 깜짝 발표를 내놨다. 1957년 옛 소련이 인류 최초로 쏘아 올린 인공위성의 이름을 딴 러시아의 첫 백신 스푸트니크V Sputnik V는 2020년 12월부터 일반 시민에 접종을 개시했다.

스푸트니크V는 다국적 제약사인 아스트라제네카, 존슨앤드존슨의 코로나19 백신과 같은 아데노 바이러스 계열이다. 이는 바이러스의 항원 유전자를 아데노 바이러스에 넣어 재조합한 뒤 인체 세포 내로 주입해 중화항체 생성을 유도하는 방식이다. 3주(21일) 간격으로 2회 접종한다. 러시아 정부는 보건부 산하 가말레야 연구소가 스푸트니크V를 임상3상을 마치지 않은 채 세계 최초 코로나19 백신으로 승인해 논란을 낳았다. 이는 임상2상 후 조건부 허가와 유사하지만 안전성을 무시하고 서방 제약사들의 백신 출시를 의식해 경쟁적으로 서두른 것이다. 러시아를 포함한 독립국가연합 CIS 지역과 베트남 등 동남아시아, 중동, 남미, 아프리카 각국에 수출하고 있다.

이 밖에 유전자 재조합 기술을 이용해 만든 항원 단백질을 주입해 면역반응을 유도하는 재조합 백신도 있다. B형 간염 백신이나 인유두종 바이러스 HPV 백신 등 오랫동안 사용되어 안전성이 검증된 백신으로 알려져 있다. **SK바이오사이언스**가 자체 임상 중인 코로나19 백신과 이와 별개로 위탁 생산 계약을 체결한 미국 **노바백스** 제품이 대표적인 재조합 백신이다.

해외에서 개발된 코로나19 백신들은 국내에서도 접종을 앞두고 있다. 국산 백신 출시가 요원하기 때문에 코로나19 방역에 필수인

우리나라가 구매 계약을 체결한 코로나19 백신

제조업체	화이자	모더나	아스트라제네카	얀센
개발 방식	mRNA	mRNA	바이러스 벡터	바이러스 벡터
예방 효과	95%	94.1%	70.4%	미발표
접종 횟수	2회(3주 간격)	2회(4주 간격)	2회(12주 간격)	1회
1회 비용	19.5달러	15~25달러	3~5달러	10달러
접종 횟수	2회(3주 간격)	2회(4주 간격)	2회(12주 간격)	1회
보관 온도	-70℃ 냉동	-20℃ 6개월 2~8℃ 30일	2~8℃ 6개월	-20℃ 2년 2~8℃ 6개월
확보 수량	1000만 명분	2000만 명분	1000만 명분	600만 명분
공급 시기	2021년 3분기	2021년 5월	2021년 1분기	2021년 2분기

2021년 1월 둘째 주 기준

백신을 들여와 전 국민의 70% 이상 접종을 목표로 집단면역을 만들려는 것이다. 2021년 1월 둘째 주 현재 정부는 아스트라제네카, 화이자, 모더나, 얀센 등 4곳과 코로나19 백신 확보를 위한 국제 프로젝트인 코백스 퍼실리티COVAX facility를 합쳐 총 5600만 명분의 백신 도입 계약을 체결했다. 업체별로는 아스트라제네카, 화이자, 코백스 퍼실리티 각 1000만 명분, 모더나 2000만 명분, 얀센 600만 명분 등이다. 코백스 퍼실리티는 전 세계에 코로나19 백신의 공평한 보급을 위해 참여국들의 공동 모금을 바탕으로 마련된 프로젝트다.

질병관리청 중앙방역대책본부에 따르면 2021년 1월 둘째 주 기준 코로나19 백신의 국내 도입은 시기별로 1분기에 아스트라제네카, 2분기 얀센과 모더나 그리고 화이자 백신이 3분기 순으로 공급된다.

이르면 2021년 2월 말부터 아스트라제네카 제품으로 국내 첫 접종이 이뤄질 수 있다. 아스트라제네카 백신의 경우 경북 안동에 있는 SK바이오사이언스 공장에서 위탁 생산되기 때문에 물류 측면에서 다른 회사 백신들에 비해 확보가 가장 수월하다. 아스트라제네카 측은 2021년 1월 4일 식약처에 품목허가를 신청했으며 식약처는 40일 내에 허가 심사를 마치고 2월 중 승인할 것으로 예상된다.

각국은 코로나19 치료제 개발에도 팔을 걷어붙였다. 가장 주목받는 약물은 미국의 **길리어드 사이언스**가 개발한 렘데시비르다. 이 약물은 애초 길리어드 사이언스가 에볼라 치료제로 개발하던 물질인데 2020년 초 미국 코로나19 확진자를 대상으로 투여했다가 하루 만에 상태가 호전되며 큰 관심을 끌었다. 렘데시비르는 코로나19 환자의 회복 시간을 31% 단축하는 등의 효과가 드러났지만 WHO는 현재로선 렘데시비르가 코로나 환자들의 증상 개선에 효과가 있다는 어떤 증거도 없다고 밝혔다. WHO는 세 차례 무작위 시험과 환자 7000여 명의 의료 기록 등을 분석한 결과 렘데시비르가 사망률, 인공호흡기 필요성, 회복 기간 등 환자의 상태 개선에 어떤 중요한 영향도 미치지 않았다고 결론을 냈다. WHO는 렘데시비르 외에도 하이드록시클로로퀸, 로피나비르, 인터페론 등도 코로나19 중증 환자의 사망 위험을 낮추는 치료 효과가 유의미하지 않다고 판단했다. 코로나19에 감염되어 입원한 환자 중 이들 치료제를 투여받은 환자와 투여받지 않은 환자들 간의 사망 위험도에서 유의미한 차이가 없었다. 하지만 이와 무관하게 FDA는 2020년 4월 코로나19 중증 환자에 렘데시비르의 긴급사용을 승인했고, 우리나라와 일본 정부 역시 뒤따랐다. FDA는 2020년 8월 모든 코로나 환자에게 렘데시비르를 처방할 수 있도록 승인했다.

염증 치료용 스테로이드제 덱사메타손Dexamethasone도 코로나19 치료에 활용하고 있다. 옥스포드대학교 연구진은 코로나19 입원 환자 2100여 명에게 소량의 덱사메타손을 하루에 한 번씩 10일간 투여한 후 약을 사용하지 않은 환자 4300여 명과 비교했다. 그 결과 인공호흡기를 부착한 환자의 사망률이 3분의 1가량 줄었고, 기타 산소 치료를 받는 환자의 사망률도 5분의 1정도 감소했다. 다만 호흡에 문제가 없는 경증 환자는 별다른 차이가 없었다. 1957년 개발된 덱사메타손은 류머티스, 피부병, 알레르기 등 다양한 질환에 수반되는 염증을 억제하는 치료제로 쓰이고 있다. 안전성이 입증되어 WHO 필수 약물 목록에도 등재되어 있다.

이러한 가운데 미국 생명공학회사 **리제네론**의 코로나19 항체 치료제 'REGN-COV2'가 2020년 11월 21일 FDA 긴급사용승인을 획득했다. 항체 치료제는 코로나 바이러스의 스파이크 단백질과 결합함으로써 코로나 바이러스가 사람 세포의 수용체에 직접 붙어 인체에 침입하는 것을 막는다. FDA에 따르면 코로나19 감염 환자들을 상대로 한 임상시험에서 이 약물을 투여한 고위험군 환자들은 위약을 투약한 대조군과 비교해 투약 시작 28일 이내에 코로나19 증상으로 입원하거나 응급실에 가는 비율이 감소한 것으로 나타났다. FDA는 코로나19 치료에 있어서 이 요법의 안전성과 효과성은 계속 평가될 것이라고 밝혔다.

REGN-COV2는 2개의 단일클론 항체를 혼합한 치료제로서 코로나19 완치자 혈액의 항체를 분석·평가해 바이러스를 무력화할 수 있는 항체만 선별해 치료제로 이용한 약품이다. 바이러스의 특정 항원에만 결합하도록 분리해낸 단일클론항체를 활용해 개발된다. 도널드 트럼프 미국 대통령의 코로나19 치료에도 활용됐다.

앞서 2020년 11월 10일에는 **일라이 릴리**의 코로나19 항체 치료제 'LY-CoV555'가 FDA 긴급사용승인을 받았다. 일라이 릴리가 제출한 임상시험 결과에 따르면 이 항체 치료제를 한 차례 투여하면 고위험 코로나19 환자의 입원이나 응급실 방문 필요성이 낮아지는 것으로 확인됐다. 일라이 릴리는 앞서 2020년 9월 국제 학술지 ≪뉴잉글랜드저널오브메디신≫에 LY-CoV555를 투여한 실험군의 입원율이 위약을 투여한 환자군보다 낮다는 중간 연구 결과를 발표했다.

코로나 바이러스, 넌 누구니?

코로나 바이러스는 1930년대 닭과 돼지 등 동물에서 처음 발견됐다. 과거 다수의 사망자를 낸 사스(SARS·중증 급성 호흡기 증후군)와 메르스(MERS·중동 호흡기 증후군)도 코로나 바이러스의 일종인데 이 바이러스는 변이가 빠르고 종간 장벽을 넘어 전염되는 만큼 치료제 개발이 쉽지 않다.

이 바이러스는 입자 표면이 돌기처럼 튀어나와 있는데 이 모양이 왕관처럼 생겨 라틴어로 왕관을 뜻하는 코로나Corona라는 이름이 붙었다. 사람을 감염시키는 경우는 드물며 감염되어도 그 강도가 약했지만 2003년 사스 이후 인체에 감염됐을 때 치명적일 수 있는 코로나 바이러스가 있다는 사실이 확인됐다.

미국 질병통제예방센터에 따르면 사람을 감염시킬 수 있는 코로나 바이러스는 총 7종이다. 기존에는 감기를 일으키는 4종과 사스·메르스까지 6종이었으나 이번에 코로나19가 일곱 번째 바이러스로 새로 등록됐다.

코로나 바이러스는 RNA로 구성되어 있다. 이중나선으로 꼬여 있어 안정성이 높은 DNA와 달리 RNA는 홀로 떠다니는 만큼 변형이 쉽게 일어난다. 즉 돌연변이의 발생이 빈번해 기존에 사람을 감염시킬 수 없던 바이러스가 강력한 전염력과 높은 치사율을 가진 '신종 코로나 바이러스'로 진화한 것이다.

사스나 메르스는 돌연변이가 사람에게 치명적인 영향을 미친 대표적인 사례다. 사스는 박쥐나 사향고양이에서 시작됐던 바이러스가 사람을 감염시킬 수 있게 됐던 사례이고, 메르스는 박쥐와 낙타를 감염시키던 바이러스가 사람에게 전염되며 발생했다.

한국화학연구원 신종 바이러스 융합연구단의 분석 결과에 따르면 코로나19 바이러스는 박쥐에서 유래한 사스 바이러스와 96.3%의 유사도를 보였다. 이는 사스가 전파되는 과정에서 일어난 변이로 인해 신종 코로나 바이러스인 코로나19가 됐을 가능성이 높다는 것을 뜻한다.

전 세계적인 대유행으로 업계와 학계는 코로나19 바이러스의 전자현미경 사진과 유전자 서열 전체를 빠르게 확인해냈다. 전자현미경으로 관찰한 결과 코로나19 바이러스는 바이러스 막 바깥쪽 표면에 돌기 형태로 스파이크 단백질이 촘촘히 달려 있는 구조를 볼 수 있다. 이 단백질이 인간 세포 표면의 수용체인 ACE2와 결합하여 인체 속으로 침투한다.

코로나19 바이러스는 기존 바이러스와 다르게 호흡기 상피세포에 접촉하는 장치인 스파이크 단백질에 변이가 생겼다. 생소한 변이로 인해 인체의 면역계가 바이러스에 대응하지 못하게 됐다. 특히 이렇게 변이된 스파이크 단백질의 점액 친화성이 50배가량 증가했다. 즉 원래 바이러스에 비해 훨씬 적은 수의 바이러스로도 손쉽게 감염될 수 있다. 코로나19가 기존의 메르스나 사스보다 훨씬 강한 전염력을

코로나 바이러스의 구조

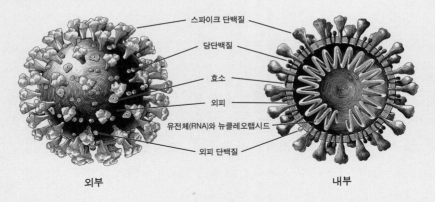

스파이크 단백질

당단백질

효소

외피

유전체(RNA)와 뉴클레오캡시드

외피 단백질

외부   내부

가지는 건 이 때문이다.

　이러다 보니 백신이나 치료제 개발도 어렵다. 백신을 개발하기 위해서는 바이러스 표면에 존재하는 일종의 이름표인 항원을 파악해야 하는데 코로나 바이러스의 경우 번식이 빠르고 변이가 잦아 항원이 수시로 바뀐다. 더구나 2020년 12월 영국에서는 기존 코로나19 바이러스보다 전염력이 75%나 더 강한 변이된 바이러스가 나타났다. 이미 접종에 들어간 백신들이 변이된 바이러스에 효과가 없을 수 있다는 우려도 생기고 있다.

3

국산 코로나 백신·치료제
언제쯤

국내 제약바이오 기업들도 코로나19 치료제와 백신 개발에 나서고 있다. 2021년 1월 둘째 주 기준 식약처의 승인을 받아 국내에서 진행 중인 코로나19 치료제 임상시험은 모두 21건이다. 항체 치료제는 **셀트리온**, 혈장 치료제는 **GC녹십자**가 가장 앞서 있다.

셀트리온은 2020년 12월 29일 식약처에 코로나19 항체 치료제 렉키로나주(개발명 CT-P59)에 대해 국산 코로나19 개발 의약품으로는 최초로 조건부 허가를 신청했다. 앞서 2020년 9월 식약처로부터 임상2과 임상3상을 동시에 승인받은 셀트리온은 2020년 11월 25일 국내 코로나19 경증 환자 327명에게 투약을 마쳤다. 셀트리온은 식약처의 조건부 허가가 나오는 대로 즉시 사용할 수 있도록 렉키로나 10만 명분의 초기 물량 생산을 끝냈다.

셀트리온의 코로나19 항체 치료제 '렉키로나'

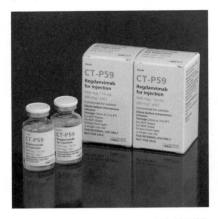

출처: 셀트리온

셀트리온은 2021년 본격적인 생산을 통해 150만 명~200만 명분의 코로나19 항체 치료제를 내놓을 예정이다. 셀트리온은 국내에서 코로나19 항체 치료제를 이윤 없이 원가 수준으로 출시할 방침이지만 해외에서는 정상가격을 받아 일정 수익을 낼 계획이다. 현재 미국 FDA로부터 긴급사용승인을 받은 **일라이 릴리**와 **리제네론**의 항체 치료제 판매가는 1250달러(약 135만 원)인데 셀트리온은 이보다는 낮은 가격으로 해외에 공급할 것으로 알려져 있다.

셀트리온의 항체 치료제는 코로나19 확진자의 혈액에서 가장 방어력이 좋은 항체를 찾아낸 후 그 항체를 대량생산해 감염자의 몸에 넣어주는 방식이다. 항체 치료제는 주로 경증·중등증 환자에 쓰인다. 감염 가능성이 있는 사람에게 치료제를 투여해 바이러스에 대항할 수 있는 강력한 항체를 만들어주기 때문에 경증·무증상 환자가 많은 코로나19의 특성상 예방 용도로도 기대가 높다. 다만 상대적으로 제조 비용이 높고, 비교적 많은 용량을 투여해야 효과를 볼 수 있다는 점이 단점으로 꼽힌다.

일각에서는 렉키로나가 향후 셀트리온의 사업구조를 바꿀 핵심 열쇠라고 설명하기도 한다. 셀트리온은 그동안 바이오시밀러에 치우친 매출 구조를 신약과 바이오베터(개량한 바이오의약품) 등으로 다

각화하겠다는 의지를 밝혀왔는데 렉키로나는 바로 셀트리온이 개발한 최초의 신약이 될 가능성이 높다.

혈장 치료제 분야에서는 국립보건연구원과 **GC녹십자**가 함께 개발 중인 'GC5131A'가 있다. GC녹십자는 2020년 12월 말까지 60명 대상의 임상2상 환자들에 대한 투약을 완료하고 2021년 1월부터 임상 데이터 분석 작업을 해왔다. 2021년 1분기 내에 식약처에 조건부 품목허가를 신청한다.

혈장 치료란 바이러스에 감염됐다가 완치된 환자의 혈액에서 항체가 들어 있는 혈장을 분리해 다른 환자에게 주입하는 방법이다. 혈장은 혈액 중에서 적혈구, 백혈구 등이 빠진 성분이다. 바이러스를 치료할 수 있는 항체 등이 담겨 있다. 코로나19에 감염됐다가 완치될 경우 코로나19 바이러스를 인식하고 공격하는 항체가 혈장 내에 생성되는데 이 항체를 코로나19 환자의 혈액 속에 주입해 환자를 치료하는 방식이다.

좀 더 엄밀히 얘기하면 GC5131A는 혈장 내에서 다양한 항체가 포함된 면역 단백질을 분획해 고농도로 농축 및 정제한 고면역 글로불린hyper-immune globulin이다. 글로불린은 여러 항체가 들어 있는 면역 단백질을 뜻한다. 식약처에 따르면 미국에서 긴급사용승인을 받은 일반 혈장 치료convalescent plasma와 GC녹십자가 개발중인 혈장분획 치료제는 차이가 있다. 단순한 혈장 치료는 코로나19 완치자로부터 채혈한 회복기 혈장을 그대로 환자에게 주입하는 수혈 요법으로 혈장 공여자 상태에 따라 중화항체(면역 글로불린) 용량과 효과가 다르다. 하지만 혈장 분획 치료제는 코로나19 완치자 혈장을 대량 수집한 뒤 면역원성을 가진 항체만을 분리해 만든다. 엄격한 분획 과정을 통해 혈장 내 중화항체를 정제 및 농축한 것으로 고농도의 중화항체가 일정하게 포함되어 있어 수혈 방식의 혈장 치료보다 안전성과 효과가 높다는 것이 식약처 설명이다.

GC녹십자 혈장 치료제를 활용한 완치 사례도 나왔다 2020년 9월 코로나19에 확진된 70대 남성이 칠곡 경북대학교병원에서 GC녹십자의 혈장 치료제를 투여받은 후 2020년 11월 완치 판정을 받았다. 이 환자는 임상시험 참여자가 아니라 의료진이 식약처에 치료 목적 사용승인을 신청해 처방한 사례다. 환자는 코로나19 양성 판정을 받은 뒤 항바이러스제 렘데시비르, 스테로이드 제제 덱사메타손 등을 처방받았으나 차도가 없었다. 오히려 인공호흡기에 의존해야 할 정도로 상태가 악화됐다. 의료진이 환자에게 혈장 치료제를 투여하자 체온이 정상 수준으로 돌아오고 산소 요구도도 크게 감소했다. 약 20여 일에 걸쳐 환자의 상태는 꾸준히 호전됐고, 두 달 만에 완치 판정을 받았다.

코로나19 혈장 치료제는 GC녹십자가 전 세계적으로 사실상 선두를 달리고 있다. GC녹십자를 포함해 해외 10여 개 기업들이 '글로벌 얼라이언스'를 구성해 혈장 치료제를 공동 개발하고 있지만 임상 속도가 느려 언제 제품이 나올지 예측하기 힘든 상태다. 무엇보다 혈장 치료제는 비교적 중증 환자에게 효과가 높지만 완치자의 혈장 하나로 0.5명분 치료제 생산에 그치는 등 낮은 생산수율 때문에 업체들은 개발에 소극적이다. 반면 GC녹십자는 글로벌 얼라이언스 참가와 별개로 수율을 개선한 혈장 치료제를 독자적으로 개발해 현 시점에서 진척이 가장 빠르다. 이는 GC녹십자가 오랫동안 혈액제제 의약품을 개발하며 쌓은 노하우 덕분이다. GC녹십자는 혈액 성분을 추출해 만든 혈액제제를 1971년부터 생산해 알부민(간질환 치료제), 헤파빅(B형 간염 치료제) 하이퍼테트(파상풍 치료제) 등 판매 허가를 받은 제품만 28개에 이른다. 회사 관계자는 "혈장 치료제는 이미 상용화한 혈액제제 제품과 작용 기전 및 생산 방법이 같아 개발 기간을 크게 줄일 수 있다"며 "기존 혈액제제 의약품의 효능과 안전성을 이미 검증받은 만큼 타사보다 빨리 개발할 수 있다"고 강조했다.

바이오벤처 **엔지켐생명과학**은 코로나19 치료제 'EC-18'을 개발 중이다. EC-18은 코로나19 감염 시 과도한 염증을 신속하고 효과적으로 해소하여 싸이토카인 폭풍을 예방할 것으로 기대된다. 이는 코로나19 환자에게서 가장 우려되는 상황인 중증 폐렴 및 호흡곤란 증후군으로의 악화를 막아준다.

국내에서 코로나19 백신 개발도 진행되고 있지만 성과는 치료제에 비해 더딘 편이다. **제넥신**의 경우 2020년 6월 국내 최초로 코로나19 백신 임상1상 및 임상 전기2상(2a상) 승인을 받아 개발 속도가 가장 빨랐지만 같은해 12월 백신 후보물질을 'GX-19'에서 'GX-19N'으로 변경하면서 2021년 초에 임상1상부터 새로 하게 됐다. 회사 측은 "글로벌 시장에서 이미 백신이 나오고 있는 상황에서 비슷한 수준의 백신을 늦게 출시해서는 크게 경쟁력이 없다고 판단했기 때문에 효능을 업그레이드하려는 것"이라고 설명했다. 코로나19 바이러스 변이가 심하기 때문에 시간이 좀 더 걸리더라도 이에 잘 대응할 수 있는 개선된 백신 제품을 내놓기 위해서라는 것이다. 제넥신에 따르면 GX-19N은 변이가 발생하더라도 코로나 바이러스의 물질적 특성을 그대로 갖고 있는 뉴클레오캡시드nucleocapsid를 타깃하는 새로운 물질이다. 뉴클레오캡시드는 바이러스 내부에 존재하는 단백질로 바이러스의 DNA나 RNA 등 유전물질을 보호하는 역할을 하는데 이를 제거해야 바이러스 변이를 막아 백신 효과가 높아진다는 것이 회사 측 설명이다. 중간에 후보물질을 교체함에 따라 제넥신은 당초 2021년 9월 식약처에 코로나19 백신 허가를 신청할 계획이었지만 그해 12월로 늦춰지게 됐다. 이럴 경우 제넥신의 백신 출시는 2022년 상반기는 되어야 가능할 전망이다.

SK바이오사이언스는 **아스트라제네카**와 **노바백스**의 코로나19 백신을 위탁 생산하는 동시에 2020년 11월 자체 코로나19 백신 후보물질 'NBP2001'의 임상1상을 승인받고 진행 중이다. SK바이오사이언스는 이 백신이 단백질 배양과 정제 과정을 거쳐 안정화된 합성항원 백신임을 강조한다. 높은 안전성이 장점이다. SK바이오사이언스는 NBP2001 외에 2020년 5월부터 '빌앤드멜린다 게이츠 재단'의 지원을 받아 코로나19 백신 'GBP510'의 전임상시험을 마치고 임상1상과 2상을 동시에 하고 있다.

진원생명과학과 **셀리드**도 2020년 12월 식약처로부터 코로나19 백신 임상시험 계획을 승인받았다. 진원생명과학의 'GLS-5310' 임상1상에서는 건강한 성인 45명을 대상으로 해 안전성과 최적 용량, 접종 간격을 확인할 예정이다. 또한 임상 전기2상에서는 건강한 성인 300명을 대상으로 위약 대조, 이중맹검 방식으로 GLS-5310의 안전성과 면역원성의 유효성을 평가하게 된다. 셀리드의 코로나19 백신 'AdCLD-CoV19'은 임상1상에서 건강한 성인 30명을 대상으로 안전성과 면역원성을 탐색하게 된다. 임상 전기2상에서는 120명을 대상으로 추가적인 안전성과 면역원성을 평가한다.

말라리아 약을 코로나에? '약물 재창출' 열풍

코로나19 치료제 개발에 많은 국내 제약바이오 기업들이 뛰어들고 있지만 신약 도전은 사실상 매우 드물다.

셀트리온과 **GC녹십자**를 제외한 기업들은 주로 '약물 재창출' 방식으로 코로나19 치료제를 개발하고 있다. 약물 재창출은 기존에 다른 질병 치료에 쓰이고 있거나 다른 용도로 개발 중이던 약물의 적응증을 확대해 새로운 치료제로 사용하는 전략이다. 에볼라 치료제로 개발 중이던 렘데시비르가 코로나19 치료제로 긴급사용승인이 난 것이 한 예다.

약물 재창출은 신약 개발에 드는 시간과 노력을 줄일 수 있다는 장점이 있다. 기존의 신약 개발은 타깃과 후보를 찾고, 부작용과 약효를 찾아내는 임상시험을 거치기 위해 10년 이상이 필요하다. 반면 약물 재창출을 하면 이미 타깃과 후보, 부작용을 알고 있는 만큼 개발 시간이 줄어들고 성공 확률이 높아진다. 자금력과 인프라가 상대적으로 취약한 회사나 나라에 잘 맞는 신약 개발 방법이다.

약물 재창출의 대표적인 사례가 비아그라다. 비아그라는 심장 혈관 수축 조절제로서 협심증 치료를 하기 위해 개발됐지만 임상시험에서 효능이 부족한 것으로 판정되어 사장 위기에 몰렸다. 하지만 발기부전 치료에 효능이 있음이 인정되어 발기부전 치료제로 시판 허가를 받아 큰 성공을 얻었다.

길리어드 사이언스의 렘데시비르 역시 사실상 실패했던 약물이다. 애초 에볼라 치료제로 개발했던 렘데시비르는 RNA의 복제를 막아 바이러스의 증식을 억제한다. 하지만 에볼라 치료제로서 **머크**와 **얀센** 등 경쟁사의 약물에 비해 효능을 입증하지 못해 개발이 중단됐다. 그런데 코로나19 대유행 속에서 RNA의 복제를 막는다는 렘데시비르의 방식이 코로나19 치료 효과를 보일 수 있음이 확인됐고, FDA를 비롯한 세계 각국 규제 기관으로부터 긴급사용승인을 받았다.

국내에서도 20여 개 업체가 약물 재창출에 나서고 있다. 이 중 **종근당**과 **대웅제약**이 속도가 가장 빠르다. 종근당은 2020년 8월 말 항응고제·급성췌장염 치료제인 나파벨탄(성분명 나파모스타트)에 대해 러시아 보건부로부터 임상2상을 승인받은 뒤 현지 피험자들에게 투약을 완료했다. 2020년 11월 러시아 의약당국은 나파벨탄의 임상2상 중간 평가에서 유용성을 확인했다. 종근당은 2021년 2월 나파벨탄을 코로나19 치료제로 식약처에 조건부 허가를 신청할 예정이다.

대웅제약은 자사의 만성 췌장염 치료제 호이스타정(성분명 카모스타트메실레이트)에 대해 2020년 7월부터 경증 코로나19 환자를 대상으로 임상2상을 진행했다. 2020년 12월 임상2상 톱라인(주요 임상 지표) 결과에서 신속한 바이러스 감소 등 유효성과 안전성을 확인했다. 대웅제약은 임상2상 결과를 근거로 2021년 2월부터 국내 환자 1000여 명을 대상으로 임상3상을 진행한다. 회사 측은 호이스타정을 코로나19 경증 환자 치료용으로 출시하기 위해 조건부 허가를 신청할 계획이다.

　이 밖에 2020년 4월, 국내 제약사 가운데 가장 먼저 약물 재창출 임상 승인을 받은 **부광약품**은 B형 간염 치료제 레보비르(성분명 클레부딘)에 대한 임상2상을 하고 있다. 당초 2021년 1월 말 임상2상 완료를 계획했지만 환자 모집이 안 되어 같은 해 상반기로 미뤄졌다. **신풍제약**의 피라맥스는 말라리아 치료제 클로로퀸Chloroquine과 화학구조가 유사한 피로나리딘인산염의 합성의약품이다. 국내에서 임상2상 중이고, 필리핀에서도 임상 2상과 3상 시험을 승인받았다. **일양약품**은 러시아에서 코로나19 환자를 대상으로 백혈병 치료제 슈펙트의 임상3상을 진행 중이다.

4

코로나가 불 지핀
원격의료

코로나19가 의료 분야에 가져온 변화 중 하나는 막혀 있던 '원격의료' 도입에 대한 논의를 촉발했다는 것이다. 코로나19가 확산되는 가운데 2020년 2월 24일부터 전화 상담 등을 통해 비대면 진료가 시행되고, 이에 환자들이 직접 병원을 가지 않고도 진료가 가능하다는 사실을 알게 되면서 원격의료 논의에 불이 붙었다. 코로나19와 같은 감염병이 앞으로도 계속 발생할 가능성이 커지면서 금기시됐던 원격의료에 대한 논의가 필요하다는 공감대가 생기기 시작한 것이다.

정부와 정치권도 여론을 등에 업고 원격의료의 필요성과 당위성에 대해 목소리를 내기 시작했다. 문재인 대통령은 2020년 4월 국무회의에서 "비대면 의료 서비스 등 디지털 기반의 비대면 산업을 적극적으로 육성하겠다"고 밝혔다. 업계는 당연히 환영하는 목소리를

세계 원격의료 시장 규모 (단위: 달러)

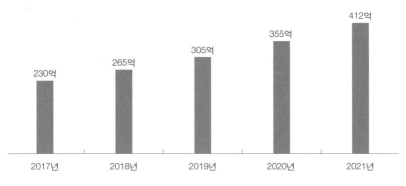

자료: 스타티스타

내고 있다. 송승재 한국디지털헬스산업협회장은 "코로나19 사태로 많은 국민이 비대면 진료를 접하면서 안전성에 대한 검증을 어느 정도 받았다"며 "국민의 의료 선택권 보장 차원에서 비대면 의료 실시를 위한 진일보된 사회적 합의를 도출해야 한다"고 밝혔다. 그는 "원격의료나 비대면 의료 등은 용어부터 통일되지 않고, 공통된 개념 정립도 안 되어 있다"며 "원격의료 전달 체계를 비롯해 비대면 서비스 범위, 보험 급여 적용 방식, 의료인 책임 범위, 이중 과세 등 관련 사안에 대한 심층적인 논의가 필요하다"고 강조했다.

현행 원격의료는 의료법과 약사법에 따라 의료인 간에만 허용된다. 의료인과 환자 간에는 원격 진료나 의약품 원격 조제, 약 배달 판매 등도 금지되어 있다. OECD(경제협력개발기구) 보고서에 따르면 36개 회원국 가운데 26개국이 원격의료를 도입하고 있는 실정이다. 정부는 몇 차례 원격의료 도입을 추진했지만 대한의사협회 등 유관 단체들의 반대에 눌려 실현되지 못했다. 하지만 코로나19 사태를 계기로 사회보건의 패러다임이 언택트untact로 바뀌면서 새롭게 논의해 볼 수 있는 추진 동력이 마련됐다. 이로 인해 2020년 12월 국회 본회의는 코로나19 등 감염병 상황에서 한시적 비대면 진료를 허용하는 '감염병 예방법' 개정안을 처리했다. 이에 따르면 감염병 심각 단계 이상의 위기 경보가 발령될 경우 보건복지부 장관이 정하는 지역과 시간 내에서 의료기관을 방문하지 않고도 인터넷과 전화 등을 활용한 진단 및 처방 등 비대면 진료가 가능하다.

이미 전 세계적으로 원격의료 시장은 커지고 있다. 시장조사 기관인 스타티스타에 따르면 글로벌 원격의료 시장은 2021년 412억 달러에 이를 전망이다. KOTRA(대한무역투자진흥공사)는 한 보고서에서 "미국에서는 막대한 의료비용, 의료 인력 부족, 만성질환 위주의 고령 인구 증가 등으로 원격의료 수요가 증가하고 있다"며 "2019년부터 향후 5년간 연평균 9.2%씩 성장할 것"이라고 전했다.

업계에 따르면 비대면 의료는 환자가 전화나 온라인으로 의사 진료와 처방을 받는 원격의료를 포함하는 상위 개념이다. 비대면 의료에는 원격의료(진단·처방·모니터링)뿐만 아니라 온라인 의약품 유통, 디지털헬스케어 등이 포함된다. 전문가들은 비대면 의료에서는 무엇보다 정보통신기술에 기반을 둔 환자와 병원 간 디지털 연결 시스템 구축이 필수라고 강조한다. 웨어러블 측정 기기, 스마트폰 등을 통해 환자 건강 정보가 병원 내 플랫폼에 전송되어 이를 의사가 모니터링할 수 있어야 정확한 처방이 가능하기 때문이다.

온라인상에서 소비자에게 전문의약품을 판매하는 온라인 의약품 유통 역시 광의의 원격의료에 포함된다. 미국 **아마존**은 2018년 처방약 유통업체인 **필팩**을 10억 달러에 인수해 의약품 배송 서비스를 본격화했다. 하지만 국내 약사법은 약국 외 장소에서 의약품 판매를 금지하고 있어 반드시 처방전을 들고 약국을 찾아가는 수고를 해야 한다. 그렇기 때문에 완전한 비대면 원격의료가 되려면 처방받은 약까지 온라인상에서 구입할 수 있어야 한다.

그나마 다행인 것은 비대면 진료가 일부라도 허용된다면 당장 시행할 수 있을 정도로 기술적인 장벽이 거의 없다는 점이다. 원격의료를 하려면 의사와 환자를 연결하는 장비와 이후 정확한 진단과 처방, 사후 결제까지 해주는 프로그램이 필요한데 정보기술 강국인 한국은 이미 그에 걸맞은 기술력을 갖추고 있기 때문이다. 이승규 한국바이오협회 부회장은 "코로나19로 원격의료에 대한 관심이 커지면서 국내 기업들도 기술 확보에 나서고 있다"며 "법과 제도적 기준만 마련되면 시행되는 데 문제없다"고 강조했다.

하지만 당장 국내법 제도상 허용되지 않고 있어 기업들은 개발한 제품을 해외를 겨냥해 팔거나 국내에선 진료 모니터링 정도에 그치는 경우가 많다. 원격 재활 의료기기 전문 업체인 **네오펙트**가 대표적이다. 이 회사의 주력 제품인 '스마트 글러브'는 뇌졸중 등 중추신경계질환 환자가 컴퓨터 화면에서 재활치료사 설명에 따라 특수 장갑을 끼고 재활훈련을 받도록 한 장치이다. 하지만 국내에서는 원격으로 치료와 상담이 금지되어 있기 때문에 둘 간에 온라인 화상으로 설명을 주고받을 수가 없다. 이로 인해 네오펙트 제품을 쓰는데 국내의 경우 병원에만 제품을 판매할 수 있어 환자의 방문 치료가 필수지만 미국에서는 가정에 공급해 원격 재활훈련에 쓰고 있다. 반호영 네오펙트 대표는 "재활 환자들은 몸이 불편해 병원 방문이 힘든 만큼 원격을 통해 수시로 재활훈련이 중요한데 국내에서는 개발해놓고도

중추신경계질환 환자 재활치료를 돕는 '스마트 글러브'

출처: 네오펙트

당초 목적에 맞게 쓰지 못하고 있다"며 "원격 재활은 환자를 꾸준히 훈련시킬 수 있어 의사의 치료를 보완하는 역할"이라고 설명했다. 이는 원격 재활치료가 의사 처방을 근거로 하기 때문에 그들의 이해관계를 침해하는 것이 아니라는 얘기다. 실제 미국에서는 먼저 환자가 의사를 찾아가 처방을 받은 뒤 그것을 바탕으로 독립된 재활치료사와 프로그램을 짜고 원격으로 재활훈련을 진행한다. 의사는 재활치료사나 환자로부터 재활운동 정보를 웹상에서 받아볼 수 있다. 네오펙트는 2020년 6월 스마트 글러브 등을 활용한 원격 재활프로그램으로 규제 샌드박스를 허가받았다. 향후 2년간 미국처럼 원격 재활치료를 시행해보면서 국내 시장의 문을 노크해볼 수 있는 것이다.

삼성SDS에서 분사된 디지털 헬스케어 전문 기업 **웰리시스**는 심전도를 측정하는 에스패치 카디오S-Patch Cardio를 개발해 유럽 등에 수출하고 있다. 에스패치는 직경 5㎝ 작은 크기의 원형 패치 2개를 가슴에 붙이고 있으면 부정맥 등 다양한 심혈관 질환 상태를 실시간 측정할 수 있는 플랫폼이다. 측정된 데이터는 환자 스마트폰을 통해 병원과 연결된 클라우드에 전송되어 저장되고, 이후 의사가 클라우드에 접속하면 환자를 직접 대면하지 않고도 몸 상태를 체크할 수 있다. 환자 심전도 상태를 에스패치와 연결된 시스템상의 인공지능이 분석해 신속하고 정확하게 판독 결과 보고서까지 생성해준다. 환자 상태가 심각하다면 의사는 병원 방문을 요청할 수 있다. 전영협 대표는 "해외에서는 에스패치를 활용해 원격 처방까지 가능하지만 국내에서는 모니터링만 할 수 있다"며 "비대면 진료가 허용되면 의사가 처방 내역을 클라우드에 올린 뒤 환자가 수령하도록 해서 본격적인 원격 시스템이 만들어질 것"이라고 내다봤다.

이지케어텍은 진료 접수부터 처방내역, 비용 수납까지 병원에서 발생하는 모든 활동에 대한 일체화된 온라인 병원 정보 시스템인 HIS을 개발한다. HIS는 환자가 병원에 와서 진료 전후의 모든 활동을 전산화하는 것으로 과부하 없이 정보를 전송하고 데이터베이스화하는 것이 핵심이다. 분당서울대학교병원 최고정보책임자CIO인 황희 부사장은 "HIS와 거기에 내재된 전자의무기록EMR은 비대면 진료의 토대가 되는 콘크리트 역할을 할 것"이라며 "비대면 진료가 시행되면 환자가 집에서 쓸 수 있는 화상용 장비나 예약 프로그램 등 몇 가지만 추가해 바로 활용 가능하다"고 강조했다. 즉 집에서 스마트폰으로 HIS 내 환자 전용 포털에 들어가 진료 예약을 하고, 혈압이나 당 수치 등 건강 정보를 입력한 뒤 약속한 날짜에 집에서 컴퓨터 화상을 통해 의사와 비대면 소통을 하는 것이다. 처방 및 수납 내역 등은 HIS에 입력된 뒤 환자 스마트폰 앱으로 보내져 결제까지 이뤄질 수 있다.

반면 향후 논의가 진전되어 원격의료가 시행되더라도 의사와의 대면 진료가 필수인 질환을 특정하는 등 정부의 지침 마련이 필요하다. 병원마다 대면과 비대면 진료 대상에 대한 판단이 다르기 때문에 정부가 사전에 기준을 제시해줘야 그에 맞는 HIS를 구축할 수 있기 때문이다. 어떤 질환을 비대면으로 할지 가이드라인이 있어야 의사나 환자 모두 혼선을 줄일 수 있다.

힘겹게 태동한 강원 원격의료 실증 특구

의료법상 원격의료는 금지되어 있지만 정부와 정치권에서는 코로나19 사태를 계기로 원격의료 효용성에 대한 공감대가 확산되고 있다. 2020년 5월 27일부터 강원도 디지털 헬스케어 규제자유특구에서는 비대면 의료 실증 사업이 개시됐다. 2021년 7월까지 시행되는 국내 최초의 원격의료 실증 사업은 당뇨와 고혈압에 한정해 각 200명씩, 총 400명 환자를 대상으로 비대면 진료의 가능성을 따져보기 위한 것이다. 실증 방식은 강원도 내 격오지에 거주하는 당뇨와 고혈압 재진환자 가운데 우선 30여 명을 대상으로 모바일 당뇨·혈압 측정 기기를 제공한 뒤 매일 체온, 혈압, 혈당 등 건강 정보를 앱을 통해 담당의사에게 전달한다. 의사는 환자 의료정보를 모니터링하면서 진단과 처방을 내리게 된다. 사업을 주관하는 중소벤처기업부 측은 "격오지에 사는 환자들은 원격 모니터링을 통해 의사의 관리를 받고 있다는 심리적 안정감을 얻을 수 있다"며 "당장은 모니터링을 위주로 하고, 상황이 진전되면 처방까지 해서 충실한 실증 작업을 진행하겠다"고 밝혔다.

앞서 2019년 7월 강원도는 규제를 한시적 면제받는 특구로 지정되면서 원격의료 실증 사업 개시를 위한 제반 준비를 해왔다. 중기부와 강원도는 1년 동안 비대면 의료 실증의 안정성을 확보하기 위해 현지 참여병원들의 보험 가입을 독려하고, 실증 내용에 관한 기관생명윤리위원회 사전심의, 강원도 안전점검위원회 자체심의 등 필요한 절차를 진행해왔다. 정부는 실증 사업을 토대로 비대면 의료 정보 수집 시스템의 안정성과 유효성을 검증해 1차 병원들이 수집된 정보를 진료에 활용하고, 향후 비대면 의료 정책 수립에도 반영할 계획이다.

하지만 의료계 반발 등으로 사업 진행이 순조롭지만은 않다. 실증 사업을 주도할 도내 병원들의 참여가 부족해 400여 명의 환자에 대한 실증이 제대로 이뤄질지 미지수다. 특히 원격의료 실증에 참가 의사를 밝힌 8곳의 강원도 내 병·의원 가운데 실제 초창기 시행은 2곳에 불과할 정도로 현지 의료계는 소극적이었다. 대한의사협회와 강원도의사회는 강원 지역 의사들에게 규제 자유 특구 내 원격의료 사업의 문제점을 알리는 서한을 보내기도 했다. 요지는 "원격의료 안정성과 환자에 대한 유효성이 검증되지 않은 상황에서 졸속으로 원격의료를 추진하는 것은 위험하다"는 것과 "원격의료는 의료 영리화로 이어져 지방 중소병원 몰락과 국가의료체계 붕괴를 가져올 것"이라는 내용이다.

5

수주 봇물 터진
바이오 위탁 사업

이미 잘 나가고 있던 CMO(위탁 생산)가 코로나19로 인해 날개를 달았다. 코로나19 치료제와 백신 개발이 전 세계적으로 활발해지면서 향후 완성될 치료제와 백신뿐만 아니라 임상시험을 위한 시료까지 생산할 수 있는 기반을 미리 확보하기 위해 CMO 전문 업체를 향한 러브콜이 이어지고 있다. 바이오업계 관계자는 "코로나19 관련 의약품을 개발 중인 바이오벤처들이 많지만 이들은 스스로 공장을 직접 짓기 부담스럽기 때문에 CMO 업체를 찾고 있다"며 "CMO는 코로나19에도 안정적인 수익을 낼 수 있는 분야"라고 설명했다.

이러다 보니 전 세계 CMO '빅3' 가운데 하나인 **삼성바이오로직스**는 2020년 들어 실적이 급증했다. 2020년 상반기 매출은 5149억 원을 기록했는데 이는 2019년 한 해 매출액(7016억 원)의 73.4%에 달했

세계 CMO 시장 규모 (단위: 달러)

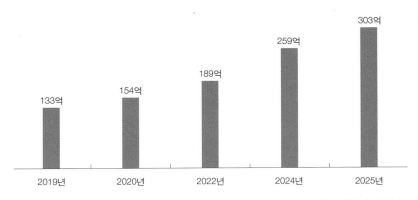

자료: 이밸류에이트파마

다. 영업이익은 1437억 원으로 작년 한 해 수치(917억 원)를 넘어섰다. 앞서 언급했듯이 삼성바이오로직스의 매출 상승은 코로나19가 기여한 측면이 있다. 2020년 4월 미국 **비어 바이오테크놀로지**가 코로나19 치료 후보물질을 위탁 생산하기 위해 삼성바이오로직스와 계약을 체결한 것이 대표적인 사례다. 비어 바이오테크놀로지는 사스 완치자에게서 분리한 항체로 코로나19 치료를 위한 단일 클론 항체를 개발 중인데 해당 물질은 FDA 패스트트랙으로 지정되어 정식 허가를 받고 임상을 진행 중이다. 공시된 계약 금액만 4400억 원에 달한다.

삼성바이오로직스는 2020년 5월 미국 **일라이 릴리**와 개발 중인 코로나19 항체 치료제 CMO 계약을 체결했다. 해당 제품은 코로나19에 감염됐다가 회복한 환자의 혈액에서 항체를 추출해 만든 의약품으로 같은 해 11월 경증 환자를 위한 치료제로 FDA 긴급사용승인을 받았다. 삼성바이오로직스 측은 "코로나19 치료제 생산 시설을 미리 확보해두려는 국내외 업체들과 다수의 논의를 진행하고 있다"며 "전 세계에서 안정적으로 대규모 CMO를 맡을 수 있는 업체들이 많지 않아 코로나19 사태의 수혜를 보고 있다"고 밝혔다.

글로벌 백신 생산을 위한 CMO 계약은 SK바이오사이언스가 주도했다. 회사는 2020년 7월 영국 아스트라제네카와, 8월에는 미국 노바백스와 임상3상 중인 코로나19 백신 위탁 계약을 잇따라 체결했다. SK바이오사이언스는 임상3상 및 상용화 단계에 쓰일 백신 후보물질 'AZD1222'에 대한 생산에 돌입했다. SK바이오사이언스는 그동안 WHO 등을 통해 독감 백신을 공급하며 기술력을 인정받았기 때문에 코로나19의 긴급 상황에서 아스트라제네카의 한국 내 CMO 파트너가 된 것이다. 이에 SK바이오사이언스는 경북 안동에 있는 백신 공장 L하우스의 연간 생산량을 기존 1억 5000만 도스(1회 접종분) 규모를 그보다 3배 이상인 약 5억 도스까지 확대했다.

러시아가 만든 코로나19 백신 스푸트니크V 역시 국내에서 위탁 생산된다. 의약품 무역 업체 지엘라파의 자회사인 한국코러스는 강원도 춘천 공장에서 2021년 1월부터 연간 1억 5000만 회분 생산에 들어간다. 이 물량은 중동 최고 갑부인 셰이크 만수르가 오너로 있는 다스홀딩스의 자회사인 야스 파마수티컬스에 전량 공급된다. 지엘라파 측은 "야스 파마수티컬스에서 러시아 백신을 쓰기로 했는데 자기들과 협력 관계인 한국 업체가 생산해야 백신 제품을 믿을 수 있다고 러시아 측에 얘기해 우리가 선택된 것"이라고 밝혔다. 그만큼 해외에서 한국의 안정적인 의약품 위탁 생산 실력을 높게 평가하고 있는 것이다.

바이오 사업이 잘 진행되려면 각사가 발굴한 신약 후보물질에 대한 임상 디자인을 잘 해서 개발을 마치고 이를 원활하게 생산할 수 있어야 한다. 바이오 업체들이 어렵게 치료제 임상시험을 끝냈더라도 안전성 등 공정 기준에 맞는 생산 시설을 확보하는 것은 별개의 문제다. 복잡하고 오래 걸리는 과정을 바이오 업체들이 혼자 도맡아 하기는 힘들기 때문에 옆에서 도와주는 위탁 사업자의 존재가 중요해질 수밖에 없다. 그렇다고 타사의 약을 생산해주는 CMO 역시 손쉬운 사업은 아니다. 글로벌 기준에 맞는 대규모 시설을 짓기 위한 엄청난 투자비가 들어갈 뿐만 아니라 공장을 본격 가동하기까지 규제 당국의 승인을 받는데 1년~2년이 추가로 소요된다.

글로벌 제약사의 약을 생산하기 위한 제조 및 품질관리 기준은 더욱 까다롭다. 미국과 유럽 인증기관에 서면 자료 제출뿐만 아니라 기관 담당자들이 직접 생산 현장을 찾아와 점검하는 등 안전한 의약품을 만들어낼 수 있을지 철저한 검증을 받는다. 이를 통과해야 비로소 언제든 글로벌 제약사들의 러브콜에 응할 수 있는 자격을 갖추게 되는 셈이다. 국내외 대형 제약사들도 자체 공장의 역량만으로는 모든 약을 생산할 수 없기 때문에 일부 제품은 신속한 생산을 위해 CMO 업체의 문을 두드릴 수밖에 없다. 이밸류에이트 파마에 따르면 글로벌 CMO 시장은 2019년 133억 달러에서 2025년 303억 달러로 3배가량 커질 전망이다. CDO 시장 규모도 연평균 15%씩 성장하고 있으니 이 두 사업을 같이 하는 회사는 급성장할 수밖에 없다.

바이오 위탁 분야는 CRO(임상시험 수탁)과 CDO(위탁 개발), CMO(위탁 생산)로 크게 나눌 수 있다. 삼성바이오로직스나 **론자**, **베링거인겔하임** 등 대형 업체들은 그동안 분리되어 있던 세 가지 위탁 사업을 하나로 통합해 원스톱 서비스를 제공하는데 주력하고 있다. 먼저 CRO는 바이오벤처가 신약이 될 만한 후보물질을 발견하면 그에 대한 유용성 평가, 상업화 재료에 대한 품질 등을 테스트하고 임상시험을 대행해주기도 한다. 임상을 위해 환자 모집부터 시험의료기관 선정, 데이터관리, 허가 신청 등을 지원해준다. 이후 초기 세포주 배양 등 본격적인 공정 개발에 착수하는 CDO와 임상이 끝난 뒤 상업 생산 단계인 CMO로 이어진다. CDO는 신약 후보물질을 찾기는 했지만 임상과 개발 등 어떻게 사업화를 할지 막막한 초기 바이오 업체들 위주로 도움을 주는 것이다. CDO와 CMO를 연속해서 대행해주는 경우가 많아 이 둘을 합쳐 CDMO로 부른다.

단계별로 구분된 위탁 사업을 특정 회사가 연속적으로 맡는 것이 고객사들의 이탈을 막아 수익성을 높일 뿐만 아니라 일관된 작업을 통해 신약 개발의 효율성도 제고할 수 있다. 한마디로 후보물질을 신약으로 내놓기까지 전체 과정에 대해 토탈 컨설팅을 제공하는 것이 위탁 사업인 것이다. 삼성바이오로직스 관계자는 "위탁한 고객사로선 단계별로 위탁 업체를 바꾸면 기술 유출 등의 위험이 생기고, 신규 위탁사를 찾는데 추가 비용이 발생할 수 있다"며 "원스톱 서비스는 고객사 니즈에도 부합하는 것"이라고 강조했다. 최근에는 s(스몰)CMO를 두고 CDO 이후 본격적인 치료제 생산에 앞서 소용량 및 시험용 제품 생산단계로까지 세분화되고 있는 추세다. sCMO는 삼성바이오로직스는 물론 중국 최대 CDMO 업체인 우시바이오로직스나 독일 베링거인겔하임 등도 속속 도입하고 있다.

중국 우시바이오로직스는 당초 주력 분야였던 CDO를 넘어 CMO 사업으로 확장하고 있다. 크리스 첸 우시바이오로직스 사장은 "삼성바이오로직스는 CMO에서 출발했고, 우리는 CDO로 위탁 사업에 나섰지만 CDO와 CMO 간 연결이 중요해지고 있어 결국 만나는 지점은 동일하다"고 밝혔다. 우시바이오로직스는 모회사인 **우시앱텍**이 주도하는 CRO를 CDMO에 연결시켜 원스톱 체제를 활성화한다는 복안이다.

삼성바이오로직스 외에 다른 국내 업체들도 CDMO 사업에 뛰어들고 있다. **SK(주)**의 자회사인 **SK바이오텍**은 합성의약품 위주로 CMO 사업을 하고 있다. 대전 대덕단지과 세종시에 있는 공장을 통해 총 32만L 생산능력을 갖추고 있다. 또한 2017년 아일랜드 의약품 공장을 인수해 8만L를 확보했다. 특히 SK㈜는 2018년 5100억 원을 들여 항암제 등 고부가가치 원료의약품을 제조하는 미국 CDMO사인 **앰팩**을 인수했는데 생산 규모는 18만L에 이른다.

바이넥스는 송도에 있는 생물산업기술실용화센터KBCC 위탁 경영을 2030년까지 맡아 CMO 사업을 지속할 수 있게 됐다. 생물산업기술실용화센터는 2005년 정부가 1000억 원을 들여 연간 1000L 규모로 만든 바이오의약품 생산 시설이다. 이 회사는 코로나19 예방 백신을 개발하는 **제넥신** 주도의 컨소시엄에 들어가 있어 백신 임상시험용 시약은 물론 임상 성공 시 백신 제품도 생산하게 된다.

불붙은 바이오 공장 증설 경쟁

바이오의약품의 생산 규모를 얘기할 때 쓰는 단위는 리터(L)다. L는 세포를 배양하는 생물반응기의 크기를 뜻한다. 살아 있는 세포를 체외에서 키울 목적으로 만든 배양액인 배지culture medium를 사용해 생산이 되기 때문에 액체의 부피를 측정할 수 있는 단위인 L를 쓰는 것이다.

글로벌 시장에서 바이오의약품 생산능력이 가장 큰 기업은 **삼성바이오로직스**다. 인천 송도에 1공장(3만L)과 2공장(15만 4000L), 3공장(18만L)을 두고 있는데 3곳을 합치면 총 36만 2000L 크기다. 삼성바이오로직스는 2022년 말 완공을 목표로 25만 6000L 규모의 4공장 건설 계획을 발표하기도 했다. 4공장은 단일 생산 규모로는 현재 세계 최대인 삼성바이오로직스 3공장(18만L)을 제치고 가장 큰 시설이 된다. 4공장의 총 연면적은 약 23만 8000㎡(약 7만 2000평)로 1공장~3공장 전체 연면적(24만㎡)에 육박하고, 서울 상암 월드컵경기장의 약 1.5배에 달한다.

삼성바이오로직스의 설비 규모는 CMO 경쟁사인 독일 **베링거인겔하임**(30만L), 스위스 **론자**(28만L)를 뛰어넘는다. 2019년 기준 전 세계

CMO 기업들의 총 생산능력은 132만L인데 이 중 삼성바이오로직스의 비중은 약 28%에 이른다. 여기에 4공장이 지어지면 30%를 훌쩍 넘어설 전망이다.

셀트리온은 송도에 있는 1공장(10만L)과 2공장(9만L)에 이어 3공장(6만L)과 4공장(20만L)을 건설해 국내에서만 총 45만L의 생산능력을 확보할 계획이다. 셀트리온은 중국 진출도 예정하고 있는데 2030년까지 해외 공장을 포함해 총 60만L의 생산능력을 갖추겠다는 목표다. 셀트리온은 2020년 1월 중국 우한시에 현지 최대 규모인 12만L급 바이오의약품 생산 시설을 건설하기 위한 업무 협약을 체결했다. 이미 생산 시설이 들어설 부지를 확보해놓은 상태로 코로나19로 인해 2020년 상반기에 예정했던 기공식은 당분간 보류된 상태다. 중국내 공장은 셀트리온의 바이오시밀러 뿐만 아니라 중국 내수시장에 공급하기 위해 현지 기업들로부터 CMO 물량을 수주받아 가동할 방침이다. 셀트리온은 중국 외에도 가격 경쟁력이 있는 해외 지역에 진출해 전체 바이오의약품 생산능력을 지속적으로 키운다는 방침이다.

6

코로나에도 여전한
바이오 규제

코로나19를 계기로 K바이오의 실력과 부족한 점이 여실히 드러나고 있지만 우리나라 바이오산업을 한 단계 업그레이드 하기 위해서는 규제 완화가 가장 빠른 길이라는 얘기를 많이 한다. 아무리 잠재적 가치와 개발 가능성이 높은 신약 물질이라도 그릇된 정부 규제에 걸리면 성과는 하루 아침에 무너져내릴 수 있기 때문이다.

바이오업계가 꼽는 가장 대표적인 정부 규제 중 하나는 2007년부터 시행된 '신의료기술평가'다. 말 그대로 새로운 의료기술에 대해 국민의 보건안전을 이유로 검증한다는 것이지만 이미 식약처의 품목허가를 받은 제품을 보건복지부 산하기관이 주관해 또다시 평가한다는 것은 이중 규제라는 지적이 계속 나오고 있다. 신의료기술평가는 '기술'이라는 용어가 들어간 것에서 알 수 있듯이 진단 제품 등의료기기가 주요 대상이다. 식약처가 품목허가를 내준 뒤 전문가 20여 명으로 구성된 평가위원회가 새로운 의료기기의 안전성과 유효성을 검증하는 것이라 통과하기가 상당히 어렵다.

신의료기술평가위원회는 주로 학술논문을 기반으로 의료기기를 평가하는데 문제는 새로운 기술인 만큼 이를 다룬 논문들이 턱없이 부족할 수밖에 없다는 것이다. 신의료기술을 따라가는 논문의 출간 속도가 늦을 수밖에 없기 때문에 논문에 얼마나 많은 근거 내용이 실렸는지를 갖고 기술을 평가한다는 것 자체가 모순될 수밖에 없다.

기업들로서는 신의료기술평가를 받아야 국내는 물론 해외 시장에 진출하기가 수월해진다. 기존의 의료기술을 개선한 정도라면 신의료기술평가를 거치지 않아도 일반적으로 건강보험 수가를 적용받아 병원 등에 제품을 판매할 수 있지만 신의료기술평가 대상에 걸리면 승인이 떨어질 때까지 신규 보험 코드를 부여받지 못한다. 가격이 높을 수밖에 없고 의사들도 거부감을 가지기 쉽다. 이렇게 되면 병원이나 환자 모두 해당 의료기술을 사용할 수가 없어 시장 진입은 처음부터 제동이 걸리게 된다. 해외에서도 한국에 신의료기술평가라는 것이 있는데 이를 통과하지 못했다면 안전이나 효과성 측면에서 하자가 있는 것으로 의심받을 수 있어 수출에 지장이 생긴다. 결국엔 수년간 혁신적인 의료기기를 개발해 식약처 허가까지 받고서도 상업화가 막히는 처지에 놓이게 되는 것이다.

업계에서 코로나19 사태로 전 세계 호평을 받은 국산 진단키트 역시 신의료기술평가가 시행됐더라면 지금 같은 성과를 내지 못했으리라고 지적하는 것도 이 때문이다. 진단키트는 질병관리본부의 긴급사용승인만으로 적기에 판매될 수 있었지만 신의료기술평가를 거쳤다면 무용지물이 됐을 것이라는 얘기다.

2016년 유방암 예후 진단키트를 개발한 A사는 신의료기술평가에서 몇 차례 고배를 마셨다. 이 회사의 기술은 유방암 환자 암 조직에서 예후 관련 유전자를 분석해 화학적 항암 치료 여부를 결정하는 데 보조 지표로 활용된다. 진단키트를 통해 항암 치료가 불필요한 저위험군으로 분류된 환자는 항암제 투여 시 발생할 수 있는 부작용과 비용 부담을 줄일 수 있다. 식약처는 이러한 효과를 인정해 유방암 예후진단키트로는 국내 최초로 품목허가를 내주었지만 신의료기술평가 앞에서 좌절됐다.

신의료기술평가에서 업계의 불만 사항 중 하나는 깜깜이 평가과정이다. 전문 소위원회와 본회의 모두 비공개가 원칙이어서 어떤 교수와 의사들이 평가위원에 포함됐는지, 왜 떨어졌는지 등을 알 수가 없다. 업계 관계자는 "특정 제품에 익숙한 의사들은 새로운 의료기술을 의심스럽게 여기고 무리한 검증을 요구할 수밖에 없다"며 "자기 분야를 침범할 우려가 있다면 승인에 더욱 소극적일 것"이라고 전했다. 또 다른 인사는 "신청이 기각된 후 전체 토의 내용을 받아볼 수 없어서 무슨 문제가 있고, 어떤 점을 개선해야 할지 구체적인 사정을 알 수가 없다"고 말했다. 이에 대해 복지부 측은 소위원회에 1000명이 넘는 인력을 구성해 기술별로 전문성 있는 인사들이 참여하고 있다고 강조한다. 또한 회의를 공개로 운영하면 평가위원들을 상대로 업체의 압력이나 로비 가능성 등 부작용이 커질 수 있다는 입장이다.

최근에는 정부도 문제점을 인식하고 몇 가지 개선책을 내놓고 있다. 혁신성은 있지만 문헌적 논문자료가 부족하다면 신의료기술 대신 혁신의료기술로 갈 수 있는 길을 마련했다. 혁신의료기술은 유효성을 평가할 만한 근거 논문이 부족해 당장 신의료기술로 승인해주기는 어렵지만 환자의 삶을 개선하거나 비용 부담 경감 등 잠재성 있는 의료기술이 대상이다. 보험 급여를 적용받아 일단 사용하면서 임상 데이터를 확보한 뒤 3년~5년이 지나 신의료기술평가를 신청할 수 있다. 하지만 제품 사용이 일부 대형 상급병원으로 제한되는 데다 어차피 신의료기술이 안 되면 판로 확장이 힘들어 기업들은 신청을 꺼리고 있다.

허가 기관이 규정을 엄격하게 해석하는 바람에 업체가 의도했던 성과를 내지 못하는 경우도 있다. 대표적인 사례가 줄기세포 치료제 개발 업체인 **파미셀**이 식약처로부터 조건부 허가를 받지 못했다가 법원에서 식약처 결정이 부당하다며 승소한 사례다. 2016년 7월부로 세포 치료제에 도입된 조건부 허가는 희귀질환 및 암 등 생명을 위협하거나 발생 후 쉽게 호전되지 않는 중증의 비가역적 질환에 대한 신속한 치료를 위해 임상2상만으로 시판을 허가하는 제도다. 판매 후 임상3상을 실시해 관련 자료를 제출하면 정식 품목허가를 받게 된다. **파미셀**은 임상2상을 마친 알코올성 간경변 줄기세포 치료제 셀그램-LC에 대해 조건부 허가를 신청했지만 2019년 2월 반려 처분됐고, 즉각 행정소송을 제기해 2020년 7월 승소 판결을 받았다.

업체가 정부를 상대로 이례적으로 승소한 이 소송의 판결문 내용을 보면 허가기관인 식약처의 그릇된 행태들이 곳곳에 드러나 있다. 먼저 조건부 허가 여부 결정을 위한 중앙약사심의위원회 위원들의 간경변 및 줄기세포 치료제 전반에 대한 전문성이 크게 부족했다. 재판의 증인으로 출석한 한 의대 교수는 회의에 참석한 9명의 위원들 가운데 간경변 질환 전문가는 2명에 불과했다고 답했고, 식약처 공무원 출신 증인조차 간경변 관련 줄기세포 치료에 전문성있는 사람은 한 명도 없었다고 진술했다. 사건을 맡은 법무법인 광장의 박현수 변호사는 "중증 간질환에 대한 줄기세포 치료는 의·약학 전문가들도 이해하기 힘든 분야로 식약처는 중앙약심 회의 며칠 전에야 위원들에게 자료를 제공했고 회의에서도 개괄적인 설명을 하는데 그쳤다"며 "올바른 결정이 나오기 힘든 상황이었다"고 말했다. 이에 법원 역시 "중앙약사심의위원회의 심의 결과는 중립성과 객관성을 담보하지 못한다"고 결론을 냈다.

식약처가 외부 전문기관들로부터 입맛에 맞는 자문 답변을 유도했다는 정황도 판결문에 담겼다. 식약처가 허가 결정을 앞두고 대한간학회와 대한병리학회에 자문을 요청하면서 미리 정해진 부정적인 답변을 유도했다는 것이다. 재판부는 "피고(식약처)는 질의 내용 밑에 부정적인 결론을 암시하는 내용을 기재해두고, 피고가 강조하기를 원하는 부분에는 밑줄을 그어두었다"고 밝혔다. 또한 식약처는 **파미셀**이 중앙약사심의위원회에 나와 의견을 진술할 기회를 달라고 요청했지만 거부했고, 대한간학회도 명확한 답변을 주기 위해 추가 자료 제공을 요청했지만 일절 응하지 않는 등 완고한 태도를 견지한 것으로 판결문에 나와 있다.

바이오업계가 꼽는 또 다른 규제 중 하나는 유전자 검사의 일종인 DTC(소비자 직접 의뢰)다. DTC는 미국과 유럽에서는 개인이 치매, 유방암 등 질병 유전자를 갖고 있는지를 편의점 등에서 구입한 유전자 진단키트로 검사를 한 뒤 업체에 보내 결과를 의뢰할 수 있지만 국내에서는 검사 범위가 한정되어 있다. 2016년 6월 말부터 콜레스

세계 DTC 유전자 검사 시장 규모 (단위: 달러)

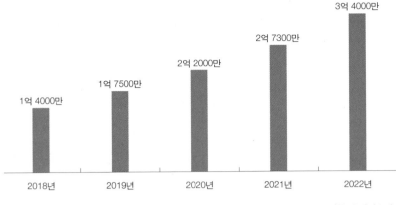

자료: 스타티스타

테롤, 혈당, 혈압, 탈모, 피부 노화 등 12개 분야에서 허용됐을 뿐이다. 이후 검사 대상 항목 수를 점차 70개로 늘려 시범 사업을 진행하고 있고, 업체별로 규제 샌드박스도 하고 있지만 아직 본격적인 성과를 내지는 못하고 있다.

바이오업계를 힘들게 하는 것은 법과 규정에 따른 공식적인 규제만이 아니다. 주무부서의 경직된 법규 해석이나 반기업적 판단, 지속적인 개선 요청에도 귀 닫는 행태 등 이른바 '그림자 규제'가 그것이다. 즉 당국이 임상시험이나 품목허가 결정이 오래 걸리는 것은 업계가 꼽는 그림자 규제의 유형 중 하나다.

전문가들은 그림자 규제가 늘면 가파른 K바이오의 성장세는 꺾일 수 있다고 주장한다. 실제 한국 바이오산업 경쟁력은 규제의 영향으로 매년 추락하고 있다. 미국 과학 전문 매체 《사이언티픽 아메리칸》이 규제와 연구 인프라를 기준으로 추산한 2018년 바이오산업 경쟁력 순위에서 한국은 조사 대상 54개국 중 26위에 그쳤다. 조사가 처음 시작된 2009년(15위) 이후 한국은 매년 순위가 하락하고 있다. 우리나라는 GDP(국내총생산) 대비 민간 R&D 투자는 9.9점(10점 만점)으로 최고 점수를 받은 반면 '바이오 기업성과(생산성)'에서는 최하점인 0.1점을 받았다. 당시 보고서는 "한국은 바이오 논문 발표가 세계 9위로 높지만 원격의료처럼 규제로 인해 관련 기술이 산업 현장에서 빛을 보지 못하는 등 기술 활용도가 낮다"고 분석했다.

한국과학기술기획평가원에 따르면 2018년 기준 바이오·의료 분야에서 한국은 중국에 대해 0.2년(2.4개월)의 기술 격차를 갖고 있는 데 불과하다. 특히 코로나19와 같은 신·변종 감염병 대응 기술력은 한국이 미국의 70% 수준인 반면 중국은 75%로 우리나라보다 앞서 있다. 감염병 대응 기술 격차를 시간으로 환산하면 중국은 우리나라를 1년가량 추월해 있는 것으로 나타났다.

장고 끝 탄생 '첨단재생바이오법'의 한계

바이오업계의 숙원 중 하나는 합성의약품과 다른 바이오의약품만의 특성을 살려 기존의 약사법과 다른 법을 제정해 적용받는 것이다. 합성의약품에 비해 개발 비용과 시간이 오래 걸리고, 살아 있는 세포나 단백질로 약을 만들기 때문에 좀 더 신중한 접근이 필요한 것이 바이오의약품이다. 이에 바이오의약품에 대해 신속 심사 등 바이오산업의 특성을 감안해 만든 첨단재생바이오법(첨단재생의료 및 첨단바이오의약품 안전 및 지원에 관한 법률)이 2020년 8월 28일부로 발효됐다.

첨단재생바이오법은 살아 있는 세포나 조직, 유전물질 등을 원료로 하고 체내에 오래 머무르는 바이오의약품의 특성에 맞는 차별화된 안전 관리가 목적이다. 첨단 바이오의약품의 신속한 제품화를 지원하고, 원료 채취부터 시판 후까지 전주기 안전관리 체계를 마련하는 것을 골자로 한다. 첨단재생바이오법의 적용 대상은 (줄기)세포·유전자 치료제, 조직공학제제, 첨단융복합제제로 수년간의 산고 끝에 2019년 8월 27일 제정·공포된 뒤 1년 만에 시행에 들어갔다.

업계 내부에서는 첨단재생바이오법에 대해 당초 큰 기대를 걸었지만 점차 우려의 목소리가 커지고 있다. 2019년 골관절염 유전자 치료제 인보사가 허가받은 원액과 다른 물질을 사용한 것으로 드러나 품목허가가 취소되면서 첨단재생바이오법 제정 과정에서 안전관리 조항이 대폭 추가됐기 때문이다. 첨단재생바이오법이 인보사 사태 등과 겹쳐 태생적으로 규제 완화가 힘든 가운데 탄생한 한계 때문에 애초 기대했던 목표를 달성하기가 힘들어진 것이다.

업계가 꼽는 첨단재생바이오법의 대표적인 독소 조항 중 하나는 허가받은 의약품에 대한 장기 추적 관리를 의무화한 것이다. 기존에는 식약처 고시나 가이드라인으로 장기 추적을 했는데 주로 임상 중인 환자를 대상으로 했다. 하지만 첨단재생바이오법에서는 완성된 의약품 치료를 받은 일반 환자에 대해서도 장기 추적 관리를 법제화해 업체의 부담을 키우고 있다. 줄기세포 업체 관계자는 "임상 환자는 치료제 개발 과정에서 업체들이 수년간 상태를 관찰할 수밖에 없기 때문에 장기 추적이 가능하다"며 "하지만 출시한 치료제 처방을 받은 환자 상태까지 사후 관리하기에는 부담이 너무 크다"고 말했다. 또 다른 회사 대표는 "5년~10년 장기 추적 결과를 보고하려면 환자를 치료한 병원과 협조해 임상 증례 기록서 등을 받아야 하는데 의사들이 거부하면 제출이 사실상 어렵다"며 "임상시험에 더해 추적 관찰까지 비용 부담이 커질 수밖에 없다"고 밝혔다.

업계는 바이오의약품의 장기 추적 관찰을 민간 업체별로 맡기지 말고 정부가 관리센터를 두고 병원에서 환자의 데이터를 받아 직접 통합 관리를 해야 한다고 주장하고 있다. 이에 대해 식약처 측은 "바이오의약품은 특성상 투약 후 수년간 몸속에 성분이 남아 부작용을 일으킬 수 있기 때문에 안전성 측면에서 장기 추적 관찰을 법제화한 것"이라고 설명한다.

첨단재생바이오법 부칙 2조가 이미 출시된 치료제를 대상으로 법 시행후 1년 이내에 재허가를 받도록 한 것도 논란거리다. 이에 따라 기존에 나온 세포 치료제 등은 법이 발효된 뒤 1년 내에 방대한 서류를 제출해야 한다. **메디포스트**의 골관절염 치료제 카티스템이나 파미셀의 심근경색 치료제 하티셀그램-AMI, **안트로젠**의 크론성 누공 치료제 큐피스템 등 국내 출시가 많은 줄기세포 치료제가 주요 대상이다. 업체들로서는 재허가를 받기 위해 과거 임상시험 서류나 환자 치료 데이터, 최근의 생산공정 등 방대한 서류 작업이 불가피하다. 업계는 임상을 다시 하는 것은 아니지만 소급 적용을 통한 불필요한 작업이라며 반발하고 있다.

각종 허가 및 심사 기준이 새로 마련된 것도 업체들의 불만 사항이다. 식약처는 세포 치료제의 품질 일관성 확보를 위해 세포은행 구축, 제조 공정 관리 등 제조 방법별 심사 평가 기준을 마련했다. 또한 치료제 원료가 되는 세포 유전적 특성 분석 등을 위해 식약처가 직접 유전학적 계통 분석STR 등도 진행한다. 세포 오염 및 감염 방지를 위한 준수 사항도 마련됐고, 세포 원료 채취 등을 위해선 관리업 허가를 받아야 한다. 과거에는 병원과 환자 동의를 받아 업체가 임의로 원료를 채취해 임상시험 등을 할 수 있었지만 이제는 원료 세포 채취·검사·처리를 전문으로 하는 '인체세포 관리업'이 신설되어 식약처의 허가를 받아야 한다. 위반 시 최대 5년 이하 징역, 5000만 원 이하 벌금이 부과된다.

주무부처인 식약처가 첨단재생바이오법의 주요 효과로 내세우는 신속허가·심사도 현행법상 같거나 유사한 제도가 있어 업계는 새로울 게 없다는 반응이다. 암이나 희귀질환 등 치료법이 없는 환자를 위해 임상2상만으로 시판을 허용하는 조건부 허가는 이미 약사법에 있지만 실제 적용받기는 무척 까다롭다. 전문가들은 바이오의약품 인허가를 신속히 하려면 담당 공무원이 어떻게 운영의 묘를 살릴지가 가장 중요하다고 지적한다. 신속 허가를 위한 제도들은 이미 있었지만 활용이 제대로 안 됐을 뿐이라는 것이다. 반면 식약처는 첨단재생바이오법에 규정된 맞춤형 심사, 우선 심사, 조건부 허가를 모두 적용받으면 기초 연구부터 품목허가까지 4년가량을 단축할 수 있다는 입장이다.

5부
___

제약바이오
사건 파일

1

메디톡스 VS 대웅제약
보톡스 전쟁

　보툴리눔 톡신은 주름 제거 등 미용·성형에 쓰이는 바이오 물질이다. 미국 제약회사인 **엘러간**이 보툴리눔 톡신 제품을 세계 최초로 개발한 뒤 붙인 이름이 보톡스다. 따라서 보톡스는 엘러간 제품 브랜드의 고유명사지만 이후 다른 회사들이 내놓은 보툴리눔 톡신 제품도 보톡스라 불리면서 거의 일반명사처럼 되어버렸다. 실제로는 회사마다 자체 보툴리눔 톡신 브랜드를 갖고 있는데 **메디톡스**의 메디톡신Medytoxin, **대웅제약**의 나보타Nabota, **휴젤**의 보툴렉스Botulax, **휴온스**의 리즈톡스Lzitox, **파마리서치바이오**의 리엔톡스ReNTox 등이 그것이다.

　보툴리눔 톡신은 식중독을 일으키는 것으로 알려진 보툴리눔균에서 추출한 독성 물질이다. 보툴리눔 톡신은 1g으로 100만 명 이상을 사망하게 할 수 있는 강한 독성을 갖고 있다. 미국 질병통제예방센터는 보툴리눔 톡신이 쉽게 무기화할 가능성이 있다고 보고 A등급의 위험한 독소 물질로 지정한 상태다. 국내보다는 상대적으로 해외에서 보툴리눔 톡신의 발견과 개발, 활용 등에 대해 상대적으로 엄격한 관리가 이뤄지고 있다.

반면 보툴리눔균이 뿜어내는 극소량의 독소를 원료로 해서 여기에 염화나트륨sodium chloride과 알부민albumin 등을 넣어 만든 제품을 피부 속에 주입하면 신경 전달 물질의 분비가 차단되어 미세한 근육 마비가 일어나면서 주름이 펴진다. 이 같은 피부 개선 효과는 평생 지속되는 것이 아니라 2개월~3개월이 지나면 절반 정도로 줄어든다. 국내에서 보툴리눔 톡신을 미용과 성형에 주로 사용하는 것과 달리 해외에서는 눈꺼풀 경련, 뇌졸중 관련 국소 근육 경직, 사각 턱 교정, 편두통 등 일반적인 치료에도 활용한다.

문제는 미용이나 고령화 등으로 인해 보툴리눔 톡신의 수요가 증가하다 보니 업체들 간에 제품화를 위해 보툴리눔균 확보 경쟁이 벌어지고 있다는 사실이다. 해외에서는 엄격하게 관리되고 있어서 극소수의 업체만이 보툴리눔균에 접근할 수 있지만 국내는 보톡스 사업을 새로 준비 중인 업체까지 포함하면 20여 곳에 달한다. 여기에서 짚고 넘어갈 점은 안전상의 이유로 확보가 힘든 보툴리눔 톡신이 어떻게 국내 여러 제조사의 수중에 들어가게 됐느냐 하는 것이다.

2006년 메디톡신이라는 이름의 국내 최초의 보툴리눔 톡신 제품을 개발한 메디톡스는 1979년 미국 위스콘신대학교에서 당시 대학원생이던 양규환 전 식약처장이 가져온 균주를 정현호 메디톡스 대표가 전달받아 사용해왔다고 주장하고 있다. 정 대표의 대학원 은사인 양 전 처장은 미국 위스콘신대학교 실험실에서 쓰던 보툴리눔 균주 연구를 국내에서 계속하기 위해 담당 교수의 허락을 받고 한국에 가져왔다. 당시 미국에서도 보툴리눔 독신에 대한 안전 규정이 없어 항공편으로 부쳐오는 데 별 문제가 없었다. 이후 균주를 받게 된 정 대표는 보툴리눔 독신의 사업화 가능성을 알아차리고 회사를 세워 본격적인 개발에 나섰다.

한편 대웅제약은 2010년 보툴리눔 균주를 확보한뒤 개발에 착수해 2014년 국내에 나보타를 출시했다. 이에 메디톡스는 "퇴사한 직원이 우리 균주와 생산공정을 훔쳐 대웅제약에 넘겼다"며 경찰에 진정을 냈다. 이때부터 메디톡스와 대웅제약 간에 보툴리눔 균주 전쟁이 시작됐다. 대웅제약 측은 경기도 용인에 있는 회사 농장과 축사의 토양에서 보툴리눔 균주를 자체적으로 발견했다며 메디톡스 측의 도용 의혹을 부인했다. 경찰이 메디톡스의 주장을 받아들이지 않고 무혐의 결정을 내리자 메디톡스는 2017년 대웅제약을 상대로 영업비밀 침해 등을 이유로 서울지방법원에 민·형사 소송을 제기했다. 또한 대웅제약이 개발한 나보타의 미국 진출을 막기 위해 같은 해 캘리포니아주 오렌지카운티 지방법원에 민사소송을 내기도 했다. 하지만 오렌지카운티 법원은 2018년 4월 한국 기업들에 대한 판단은 미국이 아닌 한국 법원에서 받으라며 소송을 각하했다. 이후에는 국내에서만 소송이 속개됐지만 지루한 변론만 계속되고 판결이 언제 나올지 예상하기 힘든 상황에 처했다.

이런 가운데 대웅제약이 국내에 나보타를 출시한 여세를 몰아 미국 시장에 상륙할 기미를 보이자 다급해진 메디톡스는 2019년 1월 미국 ITC(국제무역위원회)에 국내에서와 같은 이유로 대웅제약 및 미국 내 파트너사인 **에볼루스**를 상대로 제소를 단행했다. 실제 나보타는 FDA 허가를 받아 같은 해 5월 국산 보툴리눔 독신 제품 최초로 미국 시장에 출시되면서 경쟁 품목인 메디톡신의 진출을 앞질렀다.

양사는 이후 국내 법원의 재판 과정에서 국내외 전문 감정인들이 입회한 가운데 균주 검증을 받고 치열하게 논쟁을 벌였다. 대웅제약 측은 나보타의 균주가 포자를 형성한 것으로 나타나면서 메디톡스와 다른 균주임이 입증됐다고 주장했다. 포자는 균이 어려운 생존 환경에서 살아남기 위해 생성하는 일종의 보호막으로 균주의 포자 형성 여부는 두 회사가 대립하는 핵심 사안이었다. 메디톡스는 자사의 보툴리눔 균주인 홀A하이퍼 균주가 포자를 형성하지 않기 때문에 대웅제약 측이 균주를 도용했다면 마찬가지로 포자가 형성될 수 없다고 주장해왔다.

반대로 대웅제약은 홀A하이퍼 균주의 특성을 가진 보툴리눔 균주를 자연 상태인 토양에서 자체 발견했기 때문에 포자가 형성된 것은 메디톡스와 다른 균주임을 증명하는 것이라고 강조했다. 하지만 메디톡스는 며칠 뒤 대웅제약이 실험한 방식대로 해보니 메디톡스의 홀A하이퍼 균주에도 원래는 없던 포자가 형성됐다면서 대웅 측의 승기 분위기를 뒤집었다. 원래 메디톡스 균주에는 포자가 형성되지 않지만 대웅제약이 사용한 이례적인 방식을 적용해보면 양사 균주 모두 포자가 생성되므로 대웅제약 측 주장은 설득력이 떨어진다고 공격한 것이다.

양사 간 승부는 2020년 12월 미국 ITC가 최종 판결에서 메디톡스의 손을 들어주면서 일단 결론이 났다. ITC 위원회는 나보타(미국 제품명 주보)에 대해 향후 21개월간 미국 내 수입 금지를 명령했는데 앞서 같은 해 7월에 나온 예비 판결에서 대웅제약이 메디톡스의 영업 비밀을 침해했다며 10년간 수입 금지를 권고한 데서 크게 줄어든 것이다. 이는 최종 판결에서 대웅제약이 메디톡스의 제조 기술을 도용한 점은 인정했지만 보툴리눔 균주가 영업 비밀이 아니라고 판단한 데 따른 것이다. 하지만 양사는 ITC 최종 판결 후에도 자신이 승리했다며 공방을 이어갔다. 메디톡스 측은 "대웅제약이 우리의 균주와 제조 공정을 도용해 개발했다는 점이 입증됐다"는 것이고, 대웅제약은 "메디톡스 균주는 영업 비밀이 아니라는 점이 드러났다"면서 각자 자사에 유리한 점을 부각시켰다.

  양사 간 균주 분쟁은 ITC 최종 판결에도 불구하고 별도로 진행 중인 국내 재판까지 감안하면 아직 진행형이다. 종착점에서 누가 웃을지는 아무도 장담할 수 없다. 메디톡스는 ITC 승소 판결을 국내 소송에서 활용할 수는 있지만 배상 판결 성격이 아닌 ITC 결정에 근거해 대웅제약 측으로부터 직접적인 배상을 당장 받아낼 수는 없다. 더욱이 국내 식품의약품안전처(식약처)는 소송전과 별개로 조사에 착수해 메디톡신, 코어톡스, 이노톡스 등 메디톡스가 보유한 보툴리눔 톡신 제품 3종 모두에 대해 잠정 제조 및 판매 중지 결정을 내리는 등 심대한 타격을 가하기도 했다. 대웅제약 역시 대표적인 전통 제약기업으로서 이미지 손상은 물론 국내 최초로 미국에 진출한 나보타를 2년 가까이 수출할 수 없는 지경에 처했다. 물론 아직 국내에 남아 있는 긴 소송 과정에서 서로 간에 출혈이 너무나 큰 만큼 추후 극적인 합의가 나올 수도 있다. 최종적으로 패하는 쪽은 기업의 신뢰도 추락과 보툴리눔 톡신 사업에서 막대한 차질이 불가피하기 때문이다. 질병관리청은 양사 간 논란이 확산되자 2020년 12월 초, 보툴리눔 균주를 보유한 19개 업체와 공공 기관 등 총 20곳에 대해 균주 보유 현황 및 출처 등을 확인하기 위한 전수조사를 벌이기도 했다. 업계 관계자는 "FDA의 품목허가를 받아 미국에 국산 의약품을 수출하기가 매우 힘든 상황에서 우리끼리 싸워서 나보타의 미국 판로가 막힌다면 결과적으로 K바이오에 좋을 것이 없다"며 "바이오업계가 윈윈하려면 서로 조금씩 양보해서 현명한 해결책을 찾아야 한다"고 말했다.

2

코오롱의 불운한 넷째 자식, 인보사 사태

코오롱생명과학이 2018년 11월 다국적 제약사인 **먼디파마**로부터 5억 9150만 달러를 받고 골관절염 유전자 치료제 인보사케이주 Invossa-K를 기술수출했다는 소식이 나왔을 때만 해도 이후 5개월 뒤에 '인보사 사태'라는 최악의 결과가 나올 거라고는 상상하기 어려웠다. 인보사는 기술수출 전부터 이미 국내에서 판매가 되고 있던 치료제라 추후 해외에서 개발이 잘못되어 계약이 깨질 여지는 상대적으로 작은 편이었다. 그렇기 때문에 인보사는 국내 성공을 기반으로 해외에서도 통할 수 있는 국산 의약품 후보리스트 상단에 위치해 있었다. 인보사는 2019년 3월 31일, 갑작스러운 판매 정지 결정을 받을 때까지 출시 후 1년 4개월간 상급종합병원 22곳을 포함해 총 441개 병·의원에 3777개가 납품되며 인기를 끌었다. 이웅렬 코오롱그룹

전 회장이 '나의 넷째 자식'이라고 부를 정도로 끔찍이 아긴 것으로 유명했을 뿐만 아니라 대기업이 개발한 치료제라는 점에서 신뢰가 높았다.

인보사는 사람의 연골세포가 담긴 1액과 통증 완화 및 면역 조절 등을 하는 연골세포 성장인자를 가진 형질전환세포TC로 구성된 2액을 골관절에 주사하는 치료제다. 연골이 없어 통증이 심한 환자에게 인보사를 투여하면 통증을 완화해준다. 인보사는 2017년 7월 식약처로부터 이미 판매 허가를 받았고, 미국에서는 임상2상을 끝내고 3상 진입을 앞두고 있었다. 하지만 출시된 인보사의 2액에 있는 형질전환세포가 허가 당시에 기재된 연골세포가 아니라 신장세포, 일명 293유래세포에서 나온 것으로 드러나면서 문제가 불거졌다. 293유래세포는 원래 숨진 태아의 신장에서 유래한 세포로 증식력이 왕성해 실험실에서는 사용됐지만 약에 적용한 사례는 없어 인체에 들어갔을 때 안전성이 입증되지 않은 상태였다.

이러한 과오의 발견은 우연적인 요소가 있었다. 2019년 2월 코오롱그룹 내 생명과학 계열사인 **코오롱티슈진**은 미국에서 최신 유전학적 계통 분석 기법인 STR 검사를 실시해 인보사의 형질전환세포가 연골세포가 아니라 293유래세포인 것을 확인했다. 그 즉시 국내에 있는 코오롱생명과학이 형질전환세포를 구성하는 세포가 달라졌다는 사실을 식약처에 알리면서 사건이 불거졌다. 미국에 본사를 둔 코오롱티슈진은 인보사 원천기술을 갖고 현지에서 연구개발을 진행해왔고, 코오롱생명과학은 아시아 판권을 갖고 국내 임상을 맡았다. 코오롱생명과학 측은 "연골세포가 293유래세포로 바뀌었지만 인보사의 임상부터 상업 제품으로 만들기까지 중간에 다른 세포를 넣지 않고 일관되게 같은 세포로 만든 만큼 약물의 안전성과 유효성에는 변함이 없다"고 강조했지만 시장은 허가 내용과 달라진 사실 자체에 불신을 가졌다. 코오롱생명과학 측은 인보사의 구성 성분이 바뀐 것이 아니라 세포의 명칭이 바뀐 것일 뿐이라며 의약품 안전성에는 아무런 문제가 없다는 점을 애써 설명했다. 연골세포로 알고 있던 것을 정밀하게 확인해보니 293유래세포로 바뀐 점은 인정하지만 전임상~3상까지 하나의 세포로 진행했고, 시판 중에 부작용 사례도 거의 없어 문제되지 않는다는 것이었다.

하지만 상황은 점점 더 나빠졌다. 신장세포가 암을 유발할 수 있다는 논문도 있어 인보사를 투약한 환자들은 암 발생을 우려해야 하는 처지에 놓였다. 더욱이 미국 현지에서 개발과 임상을 진행하던 코오롱티슈진이 인보사에 당초 허가받은 것과 다른 세포가 들어간 사실을 2017년 3월에 이미 알고 있었던 것으로 드러나면서 파문이 일기도 했다. 코오롱생명과학은 공시를 통해 "코오롱티슈진의 위탁 생산 업체가 자체 내부 기준으로 2017년 3월, 1액과 2액에 대해 생산 가능 여부를 점검하는 과정에서 STR 위탁 검사를 하여 2액이 사람 단일세포주(293유래세포)이며 생산에 문제가 없음을 확인하고 생산한 사실이 있다"고 밝혔다. 이는 회사 측이 인보사 주성분이 연골세포가 아닌 신장세포라는 사실을 이미 2년 전에 알고 있었다는 점을 시인한 것이다. 이를 계기로 코오롱생명과학과 코오롱티슈진 임원들이 사실을 고의 은폐했다는 의혹이 짙어졌고, 인보사는 판매를 재개하기 힘들게 됐다. 인보사를 투여받은 환자들 일부는 소송을 제기하면서 코오롱생명과학은 소송 부담과 여론 재판까지 겹쳐 재기가 도저히 불가능한 상태로 내몰렸다. 게다가 인보사는 고가 논란에도 휩싸였다. 한 번 주사를 맞는 데 600만 원에 달하는 약가가 연골 재생이 아닌 통증 완화를 주요 적응증으로 하는 제품치고는 비싸다는 지적이었다.

인보사는 판매 정지를 시작으로 사건이 불거진 지 3개월여 만에 시장에서 공식 퇴출이 결정됐다. 식약처는 인보사의 주성분에 허가 당시 제출한 자료와 다른 성분이 포함된 것을 확인하고 2019년 7월 9일자로 품목허가를 취소했다. 식약처는 행정처분 사유로 "인보사 주성분 2액이 연골유래세포가 아님에도 연골유래세포로 품목허가를 신청해 허가받았다"며 "허가 내용과 달리 안전성·유효성이 충분히 확보되지 않아 국민 보건에 위해를 줄 우려가 있는 신장유래세포가 포함된 의약품을 제조·판매했기 때문"이라고 설명했다. 하지만 식약처는 세포가 바뀐 경위에 대해 코오롱의 고의성이 있었는지 여부는 판단하지 않았다. 식약처 측은 "고의로 무허가 세포 혼입 사실을 은폐했는지 여부는 향후 검찰 수사와 재판을 통해 가려야 할 부분"이라고 전했다. 이후 이우석 코오롱생명과학 대표는 약사법 위반, 자본시장법 위반, 보조금관리법 위반 등 7개 혐의로 구속기소됐다.

코스닥에 상장된 코오롱티슈진은 상장 폐지 위기에 몰리면서 2020년 12월 한국거래소로부터 1년의 개선 기간을 부여받았다. 앞서 코오롱티슈진은 인보사 사태가 한창이던 2019년 5월 28일부터 상장 적격성 실질심사 대상이 되어 주식 거래가 중단되는 등 사실상 코스닥 퇴출 수순을 밟아왔다. 한국거래소 기업심사위원회는 같은 해 8월 코오롱티슈진에 대해 상장 폐지를 결정했지만 이후 열린 코스닥시장위원회는 향후 1년의 개선 기간을 부여했다. 2020년 11월 이 기간이 종료되면서 코오롱티슈진은 상장 폐지 결정을 다시 받았지만 회사 측의 이의신청을 통해 개선 기간을 또 한 번 1년간 연장했다. 이와 별개로 코오롱티슈진은 '외부감사인 의견 거절'이라는 상장 폐지 사유가 추가로 발생해 2021년 5월 10일까지 개선 기간이 끝나면 또 한 번 상장 폐지 여부가 논의될 예정이다.

하지만 하늘이 무너져도 솟아날 구멍은 있는 법이다. FDA는 2020년 4월 인보사 사태가 발생한 지 1년여 만에 미국에서 중단됐던 인보사 임상3상 재개를 전격 결정했다. 당시 코오롱생명과학 측은 "FDA가 공문을 보내 인보사에 대한 '모든 임상 보류 이슈들이 만족스럽게 해결됐으니 임상시험 보류를 전격 해제하고 임상3상(환자 투약)을 재개하라'고 통보했다"며 "앞으로 진행할 미국 임상3상을 철저히 수행하면서 세계 첫 골관절염 세포유전자 치료제로서 인보사 가치를 입증하겠다"고 밝혔다. 특히 "FDA가 코오롱티슈진이 이전까지 제출한 임상시험 데이터의 유효성을 인정했다"며 "이를 기초로 형질전환된 신장유래세포로 환자 투약을 포함한 임상3상을 계속해도 좋다는 점을 인정한 것"이라고 강조했다.

이로써 벼랑 끝 위기에 처했던 코오롱생명과학은 극적으로 재기할 기회를 잡게 됐다. 미국 임상을 재개해 인보사의 안전성과 유효성을 입증하며 임상3상에 성공한다면 미국 내에서 인보사 판매는 물론 국내로의 역수입도 가능하기 때문이다. 또한 국내에서 진행 중인 인보사 관련 각종 소송에서도 유리한 위치에 놓일 수 있다. 코오롱생명과학 역시 당연히 미국에서 임상3상 성공 가능성에 마지막 기대를 걸고 있다. 코오롱티슈진은 2019년 반기 보고서를 통해 FDA가 임상3상을 승인할 경우 임상을 가속화해 2023년까지 개발을 완료하겠다고 공시한 바 있다.

하지만 미국에서 임상 성공 후 시판 허가까지 받게 되더라도 국내에서 판매하려면 임상을 다시 해야 한다. 식약처는 품목허가가 취소된 제품에 대해 재허가를 신청하려면 처음부터 모든 서류 제출과 임상 과정을 새로 거쳐야 한다는 입장이다. 일각에서는 FDA의 임상3상 재개 통보에 큰 의미를 두기 어렵다는 의견도 있다. FDA 결정은 문제가 된 신장유래세포라도 중단됐던 임상을 다시 해보라는 것일 뿐 인보사가 현지에서 품목허가를 받아 성공할지 여부는 불투명하기 때문이다. 국내에서 성분 논란이 일었던 만큼 미국에서도 임상시험 참가자 모집이 쉽지 않을 것이라는 전망도 있다. 또한 인보사는 이해하기 힘든 세포 변경으로 인해 안전성을 훼손했다는 낙인 효과가 강해 재출시로 부활하기 힘들 수도 있다.

하지만 인보사의 최종적인 미래가 어떻게 될지는 미지수다. 일단 미국에서 임상3상에 성공할 수 있을지가 최대 관건이다. 성공한다면 한국에서 외면당한 인보사가 세계 최대 의약품 시장인 미국에서 판매되는 반전 드라마를 쓸 수 있게 된다. 인보사 사태는 업체 측이 허가를 받기 위해 세포 변경 사실을 고의로 숨겼는지, 식약처는 그 과정을 진짜로 몰랐는지 등 아직 논란도 많다. 관련 재판이나 미국 임상시험 등 최종 결과가 유동적이기 때문에 당분간 바이오업계의 관심과 흥미를 끌 수밖에 없다.

3

바이오주 대박 열풍 속
SK바이오팜의 눈물

코로나19 대유행은 국내외 제약바이오주를 바라보는 시선을 크게 바꾸어 놓았다. 바이오산업과 투자에 대해 기존에 가졌던 어렴풋한 관심이 코로나19 사태를 계기로 퀀텀점프했다. 반면 의약품 개발의 실체도 없이 코로나19를 주가 부양의 호재로 삼으려는 일부 바이오 업체 때문에 K바이오에 대한 신뢰가 손상을 입기도 했다.

한국거래소에 따르면 2020년 12월 7일 기준 유가증권(코스피) 및 코스닥 시장에 상장된 국내 제약바이오 기업 248곳의 시가총액은 305조 1000억 원으로 사상 처음으로 300조 원을 넘어섰다. 바이오 벤처들이 몰려 있는 코스닥에서는 바이오 주식 시가총액이 2020년 11월 말부터 100조 원을 돌파하기도 했다. 글로벌 투자은행 JP모건은 2021년 코스피 지수가 3200선까지 상승할 수 있다는 장밋빛 전망을 내놓았는데 이는 상당 부분에서 바이오산업의 역할을 감안한 것이다.

코로나19 확산에 따른 주가 상승은 특히 진단키트 종목에서 눈에 띄었다. 국내 최대 진단키트 업체인 **씨젠**의 경우 2020년 1월 초만 해도 3만원 초반대의 주가가 그해 8월 7일 31만 2200원으로 10배 넘게 치솟았다. 씨젠의 시가총액이 한때 7조 원을 넘어서며 코스닥 시장에서 '넘버 2' 자리에 오르기도 했다. 2019년 1220억 원에 불과했던 씨젠의 매출액은 1년만에 1조 원을 넘어섰고, 영업이익은 무려 30배 가까이 급증했다. 이 밖에 **랩지노믹스**, **수젠텍**, **진매트릭스** 등 수많은 진단키트 업체들이 코로나19를 계기로 유례 없는 실적 성장과 함께 주가도 동반 상승했다. **신풍제약**은 자사가 개발한 말라리아 치료제 피라맥스를 코로나19 치료제로 적응증을 확대하는 약물 재창출 임상을 진행하면서 주가가 그야말로 폭등했다. 2020년 초만 해도 6000원대였던 신풍제약 주가는 20만 원대로 수직 상승했다. 주식시장에서는 신풍제약처럼 코로나19 관련 임상을 시작했거나 준비하고 있다는 소식만 나와도 주가는 연일 우상향하는 장세를 연출했다. 하지만 2020년 12월이 되어서도 극소수 업체를 빼면 코로나19 치료제나 백신 개발에 진전을 이뤘다는 소식은 들려오지 않았다. 이에 업계 일각에서는 애초부터 약물 재창출, 코로나19 후보물질 발굴 등 호재성 정보를 동원해 주가 띄우기를 노린 것이라고 지적했다.

주식시장이 활황을 지속하자 신생 바이오벤처들이 이때다 싶어 기업공개IPO에 나서기도 했다. 2020년 한 해에만 **위더스제약**, **소마젠**, **SCM생명과학** 등 17개 업체가 증시에 신규 상장했다.

이들 가운데 가장 큰 관심을 받은 회사는 단연 **SK바이오팜**이었다.

1년 전인 2019년에 **신라젠**, **헬릭스미스**, **코오롱생명과학** 등이 임상실패나 품목허가 취소 등 대형 악재를 맞은 가운데 SK바이오팜은 2개의 신약이 FDA 허가를 받는 등 날개를 달았기 때문이다. 기면증 치료제인 수노시는 SK바이오팜이 개발해 미국 **재즈 파마슈티컬스**에 기술수출한 뒤 미국과 유럽에서 허가를 받는 데 성공했다. 수노시는 2019년 7월 미국에, 2020년 5월부터 독일에 출시되면서 SK바이오팜은 해외 매출에 따른 로열티를 받고 있다. 또한 뇌전증 신약인 엑스코프리가 중간에 기술수출 없이 임상3상까지 독자적으로 완료해 FDA 허가를 받아낸 뒤 2020년 5월부터 미국 시장에 출시됐다. 이 제품은 현지 판매 법인인 **SK라이프사이언스**가 직접 영업 마케팅을 하고 있다.

이처럼 SK바이오팜의 사업 성과가 나타나고, SK그룹 차원에서 제약바이오 육성 의지가 강한 것으로 드러나면서 SK바이오팜의 미래 가치는 높은 평가를 받았다. SK바이오팜 공모주 청약 경쟁률은 323대 1에 달했다. 공모주 청약에 몰린 증거금은 30조 9889억 원으로 2014년 **제일모직** 상장 시 금액(30조 649억 원)을 넘어섰다. 워낙 경쟁률이 세다 보니 공모주 투자에 1억 원을 넣더라도 고작 받게 되는 주식 수는 12주에 불과했다. 그렇지 않아도 바이오 분야에 대한 열기와 높은 관심 속에서 SK바이오팜은 2020년 7월 2일 코스피 상장 후 사흘 연속 상한가를 기록했다. 공모가인 4만 9000원을 훌쩍 넘겨 한때 20만 원을 넘어섰다. 거품 논란도 있었지만 SK라는 대기업 간판 덕분에 주가는 20만 원 밑으로 내려갔어도 걱정하지 않는다는 분위기가 한동안 지속됐다.

문제는 SK바이오팜 직원들이 거액의 차익을 얻기 위해 퇴사하려는 분위기가 커졌다는 사실이다. 주가가 20만 원을 넘어서자 퇴사 신청을 한 직원이 수십여 명에 이른다는 보도가 나오기도 했다. SK바이오팜 직원들이 우리사주 형태로 매입한 주식은 상장 후 1년간 보호예수(lock-up·지분 매각 금지) 상태에 놓이지만 퇴직을 하게 되면 본인이 소유하고 있는 주식을 거래할 수 있기 때문에 퇴사를 선택한 것이다. 회사 측은 퇴직 의사를 밝힌 직원들을 상대로 만류를 해가며 이탈을 최소화하려고 노력했지만 역부족이었다.

SK바이오팜 증권발행실적보고서에 따르면 우리사주 배정 물량은 총 244만 6931주다. 또한 2020년 5월 19일 증권신고서 제출 직전에 우리사주를 받을 수 있는 SK바이오팜의 직원은 임원 6명을 포함해 총 207명이다. 이를 통해 임직원 1인당 평균 배정 물량은 1만 1820주로 여기에 주당 매입 가격인 공모가(4만 9000원)를 곱하면 1인당 총 매수금액은 5억 7918만 원에 달한다. 한때 23만 1000원으로 급등한 주가로 1인당 보유 주식(1만 1820주) 평가액(27억 3042만 원)과 비교하면 시세 차익은 21억 5124만 원에 이르는 것이다. 팀장급 직원이 2만 주를 배정받았다고 가정하고서 위 시세대로 계산하면 매수금액을 제외한 시세 차익은 약 40억 원에 달하게 된다. 상장 대박에 따른 예상 밖 부작용이 일어나자 조정우 SK바이오팜 대표는 "우리사주는 퇴직금으로 생각하고, 주가에 일희일비하지 말고 본업에 충실하자"고 당부하기도 했다.

하지만 막대한 수익 앞에서 SK바이오팜 직원들의 이탈은 막기 힘들었다. 금융감독원 전자공시시스템에 따르면 2020년 3분기 말 기준으로 SK바이오팜 임직원 수는 218명에서 184명으로 34명(전체 직원 대비 15.6%)이나 줄었다. 물론 이들 모두가 주식 처분을 위해 회사를 떠난 것은 아니지만 연구 인력의 퇴사가 많았던 점에서 주가 상승이 회사의 인적 경쟁력을 해치는 결과를 초래했다고 볼 수 있다. SK바이오팜 연구 인력은 3분기 기준 88명으로 2분기 말(108명) 대비 20명이 감소했다. 이 중 퇴사한 박사급 연구자는 10명이나 된다.

앞으로도 대기업에 속한 바이오 업체의 신약 개발 소식과 주가는 일반 주주들의 관심을 끌 수밖에 없다. SK바이오팜이 앞으로 제3, 제4의 신약 개발에 성공하고 기존에 출시된 약들의 판매가 호조를 보인다면 주가 상승과 함께 K바이오업계 발전에 도움이 될 것은 분명하다.

4

본업 대신
사모펀드에 빠져 헛발질

R&D(연구개발)에 집중하는 바이오 기업은 대부분 당장 이익을 얻기 어렵다. 이 때문에 금융당국은 '특례 상장'이라는 혜택을 줬다. 특례 상장은 재무 상태가 기존의 기업공개 요건에 못 미쳐도 성장 가능성에 주목해 증시 상장을 허용해주는 제도다. R&D, 설비 투자 등 필요한 비용은 많은데 별다른 매출이 없는 기술 기업을 위해 만들어졌다. 바이오 기업 역시 대부분 이 특례 상장을 통해 기업공개를 진행했다.

그런데 이렇게 코스닥 시장 문턱을 넘은 바이오 기업 중 일부가 애초 기대와 달리 투자자에게 피해를 입혔다. 특히 일부 바이오 기업들이 유상증자(주식을 추가로 발행해 자본금을 늘리는 일)를 통해 확보한 자금을 R&D 외 다른 곳에 투자해 손실을 봤다. 기술력을 믿고 투자했던 개인 주주 입장에서는 황당할 수밖에 없다.

가장 대표적인 예로는 당뇨병성 신경병증 치료제 엔젠시스Engensis를 개발 중인 **헬릭스미스**(구 바이로메드)다. 헬릭스미스는 국내 1호 기술특례 상장 기업으로 2016년(1392억 원)과 2019년(1496억 원) 유상증자로 확보한 자금 중 2643억 원을 사모펀드 등 고위험 자산에 투자해 일부 손실을 냈다. 헬릭스미스는 2020년 12월 두 번의 유상증자를 합한 것과 비슷한 규모인 2861억 원의 세 번째 유상증자에 나섰다. 김선영 헬릭스미스 대표는 2019년 "앞으로 2년 동안 유상증자를 하지 않겠다"는 발언을 스스로 뒤집었다. 게다가 김 대표는 세 번째 유상증자에 참여하지 않겠다고 밝혀 공분을 샀다.

펀드 환매 사기로 5000억 원대 피해를 초래한 '옵티머스 펀드'에 투자한 바이오 기업도 많다. R&D, 설비 투자 등을 위해 자금이 필요하다며 유상증자를 실시해 주주들로부터 자금을 조달했지만 실제로는 이렇게 모은 자금을 고위험 사모펀드에 투자했던 것이다. 주주들에게서 자금을 유치하고 펀드에 투자해 돈 놀이를 했다는 비판을 피하기 어렵다. 특히 이 옵티머스 펀드에는 바이오벤처뿐 아니라 전통 제약사의 관련 회사까지 투자했던 것으로 나타났다. 이들 가운데 투자금을 회수하지 못한 기업도 다수인 것으로 알려졌다.

바이오업계는 이들의 투자 행태가 무척 특이하다고 지적했다. 업계 관계자는 "통상 주주들의 돈으로 기술 개발을 진행하는 바이오 기업이 사모펀드에 투자하는 것은 매우 이례적"이라며 "일반적으로는 금이나 달러 연계 상품처럼 안전한 자산이나 유망한 바이오벤처에 투자한다"고 전했다. 금융투자 업계가 바라보는 시선도 비슷하다. 이상호 자본시장연구원 연구위원은 "운영자금은 투자자금이 아니다"라며 "주주들이 경영진을 상대로 배임으로 소송을 낼 여지도 있다"고 말했다.

또 하나는 바이오 기업들의 이 같은 불량 투자를 유발하는 유상증 자가 사업 지속을 명분으로 자금 마련을 위해 남발되고 있다는 것이다. 자금 사정이 급한 업체들로서는 유상증자나 전환사채(CB·회사의 보통 주식으로 전환할 수 있는 사채) 발행, 대주주 주식담보대출 등이 불가피한데 이 중에서 유상증자는 이자 비용 없이 대규모 자금을 쉽게 조달할 수 있는 방편이다. 하지만 투자자 입장에서는 유상증자로 주식 수가 늘어나면 주식 가치가 희석되어 결국엔 주가 하락 요인이 되기 때문에 잦은 유상증자는 바이오에 대한 불신을 초래할 수 밖에 없다. 여기에다 상습적인 유상증자는 회사 부채에 대한 돌려막기가 될 수 있다는 지적도 있다. 예컨대 전환사채 발행 후 몇 년 뒤 약정 한 주가 이상에 도달하지 못하면 회사는 주식화되지 못한 금액을 갚기 위해 반복적으로 유상증자에 나설 수 밖에 없다. 또한 유상증자 후 늘어난 주식 물량을 털어내기 위해 과장된 공시를 통해 주가를 고의로 끌어올릴 개연성도 커진다. 유상증자로 주식 수가 증가하면 최대주주의 지분율은 계속 낮아져 기업 장악력이 떨어질 수도 있다. 심각할 경우 반대 주주들로 인해 사업 진행이 막힐 위험이 있게 된다. 업계에 따르면 국내 상장사 가운데 2020년 하반기 유상증자를 진행한 기업은 20여 곳이 넘는다. 상반기(11개) 때보다 2배 넘게 증가했다. 물론 일각에서는 '생존'을 위한 유상증자와 '성장'을 위한 유상증자를 구분할 필요가 있다는 지적도 나온다. 매출과 이익이 양호 한 업체가 만일 유상증자를 한다면 당장의 생존보다는 추가 성장을 위한 것이기 때문에 유상증자 후 실적 개선 기대감에 주가는 오를 수 있다는 것이다.

하지만 업계 관계자는 "유상증자는 사업 연속성을 위해 순기능을 갖지만 문제는 고수익 투자상품 등 엉뚱한 곳에 쓸 경우 적발이 어렵다"며 "확보한 자금을 연구 목적 대신 투자로 갈음할 유혹이 커질 수도 있다"고 설명했다.

이 같은 바이오 기업의 유상증자 남발과 묻지마 투자 행태는 K바이오에 대한 신뢰를 깎아 먹는다. 주주들은 당장 돈을 벌지 못하더라도 경영진과 기술만 믿고 투자를 진행한다. 임상시험 대부분이 해외에서 진행되는 데다 임상이 끝날 때까지 투자자들은 결과를 알 수 없는 만큼 정보 비대칭이 심하다. 결국 신뢰만이 K바이오에 대한 투자를 이끌 수 있는 길인데 연구와 전혀 상관없는 곳에 묻지마 투자를 진행하는 헛발질은 업계 전반에 대한 시장의 신뢰를 무너뜨린다.

이 때문에 바이오업계와 전문가 사이에선 안전장치가 추가되어야 한다는 목소리가 나온다. 별다른 수입원이 없어 상장과 유상증자 등으로 자금을 확보한 바이오 기업이 금융 상품에 투자하게 될 경우 상품 종류, 명칭, 수익률을 공시해 투명하게 관리해야 한다는 것이다. 투자업계 관계자는 "결국 임상시험이든 투자든 실패하면 돈을 잃는 이는 개인 주주뿐"이라며 "바이오산업 특성상 정보 비대칭이 심하므로 미공개 정보 이용, 시세 조종, 부정거래 행위 등 불공정 거래나 사기성 경영 활동엔 징벌적 조치를 해야 한다"고 말했다.

5

롤러코스터 탄
한미약품의 기술수출

2020년 8월 **한미약품**이 다국적 제약사 **MSD**에 1조 원이 넘는 신약 후보물질을 기술수출하는 데 성공했다는 소식이 전해졌다. 대상 물질은 비알코올성 지방간염NASH 치료제로 쓰이는 듀얼 아고니스트로 계약금 1000만 달러를 포함해 임상 및 상업화 단계별 기술료를 합치면 총 8억 6000만 달러에 달했다.

이 물질은 5년 전인 2015년 미국 제약업체 **얀센**에 비만·당뇨 치료제 후보물질로 기술수출했다가 얀센이 2019년 임상을 전격 중단하면서 한미약품에 반환된 바 있다. 이유는 임상2상을 통해 체중 감소 효과는 확인했지만 혈당 목표치에 미치지 못했기 때문이었다. 하지만 한미약품은 이후에도 듀얼 아고니스트 임상 연구를 계속했다. 그리고 마침내 이 물질을 비알코올성 지방간염 치료제로 확대 개발할 수 있다는 가능성을 인정받아 MSD에 기술수출한 것이다. 한미약품은 기존 약물의 적응증을 확대하는 이른바 '약물 재창출'에 성공하면서 실패했던 기술수출을 재개하는 매우 드문 성과를 이뤄냈다.

한미약품은 국내 제약사들 가운데 가장 큰 규모의 기술수출을 기록했을 뿐만 아니라 성공 및 반환 사례도 각각 9건과 5건으로 가장 많다. 한미약품은 2015년에만 총 8조 원에 달하는 기술수출 계약을 체결하면서 국내 제약업계 역사에서 흔치 않은 기록을 남겼다. 글로벌 제약사와 체결한 금액 자체도 사상 최대였지만 기술수출이라는 새로운 수익 창출의 기회를 업계와 투자자들에게 뚜렷이 각인시켰다는 점에서 의미가 남달랐다.

2015년 11월 **사노피**에 수출한 지속형 당뇨 신약 후보물질 에페글레나타이드Efpeglenatide 등 3종의 물질은 계약금만 5000억 원에 마일스톤을 포함한 총액은 39억 유로, 한화로 약 5조 원에 달했다. 단일 계약 규모로는 지금까지도 깨지지 않은 사상 최대 액수였다. 앞서 한미약품은 같은 해에 이미 3개의 다른 신약 후보물질에 대해 기술수출을 성사시키는 등 파죽지세였다. 2015년 3월 항암 신약 포지오티닙과 면역질환 치료를 위한 BTK 억제제 'HM71224'를 각각 미국 제약사인 **스펙트럼**(계약 규모 비공개)과 **일라이 릴리**(약 7800억 원)에 기술이전했다. 또한 같은 해 7월 독일 **베링거인겔하임**에 폐암 치료제인 올무티닙Olmutinib을 8500억 원에 기술수출했다. 그해 11월에는 중국 제약사인 **자이랩**에 올무티닙을 1075억 원 규모로 기술이전하기도 했다. 특히 같은 달에는 **얀센**에 비만·당뇨병 치료제 후보물질 'HM12525A'에 대해 계약금 1억 500만 달러를 포함해 총 약 1조 700억 원 규모의 수출 계약을 맺었다. 이 모든 계약들이 2015년 한 해

동안 이뤄졌다. 잇따른 기술수출의 쾌거로 10만 원대까지 떨어졌던 한미약품의 주가는 80만 원대로 급등하기도 했다.

하지만 한미약품의 거칠 것 없는 행보는 이듬해인 2016년부터 제동이 걸리기 시작했다. 계약 1년 4개월여 만에 베링거인겔하임이 올무티닙에 대한 계약을 중단하면서 2016년 11월 개발 및 상업화 권리가 한미 측에 반환됐다. 동일한 물질로 자이랩과 맺은 계약도 2018년 3월 파기됐다. 올무티닙은 2016년 5월 국내 식약처로부터 국산신약 27호인 올리타로 품목허가를 받았다가 부작용 사례가 보고되면서 2018년 4월 국내 사용이 중단됐다.

2019년 1월에는 일라이 릴리에 기술수출한 HM71224의 권리가 반환되면서 한미는 또 한 번 아픔을 겪었다. 앞서 1년 전 일라이 릴리는 HM71224에 대해 류머티스 관절염 환자를 대상으로 한 임상2상 중간 결과에서 약물의 유효성을 입증하지 못할 것으로 판단하고 임상을 중단했다. 한미약품으로선 계약금 5300만 달러는 받았지만 기대했던 더 큰 꿈은 물거품이 됐다. 또 2019년 7월에는 앞서 언급한 얀센으로부터 비만·당뇨 치료물질인 HM12525A의 계약 해지가 통보됐다.

악재는 계속되면서 2020년 5월에는 5년 전 사상 최대 액수로 판매됐던 당뇨병 신약 후보물질 에페글레나타이드에 대한 초대형 계약마저 무산 위기에 처했다. 2015년 계약 체결한 지 1년 만에 3종의 후보물질 가운데 지속형 인슐린 1종이 한미약품에 반환된 뒤에도 에페글레나타이드 임상은 지속됐지만 2020년 들어 그마저도 접어야 하는 상황에 빠진 것이다. 당시 사노피는 6000여 명의 환자를 대상으로 에페글레나타이드의 글로벌 임상3상을 진행하던 중 임상을 끝내지 않은 상태에서 반환 의사를 통보했다.

하지만 한미약품은 수많은 부침을 겪으면서도 해마다 활발한 기술이전 성과를 내며 국내 제약바이오업계에서 손꼽히는 기술수출의 명가로 자리매김했다. 자본과 기술력, 해외 판매망, 글로벌 마케팅 등에서 열세인 국내 제약바이오 현실을 감안할 때 신약 후보물질을 찾아내 적절한 임상 단계에서 해외에 기술수출을 타진하는 것은 기업의 생존을 위한 필수적인 일이다. 한미약품은 국내 제약바이오 업체들에게 글로벌 기술수출의 길을 제시했고, 이후 많은 바이오벤처들과 제약사들이 그 방식을 따라갔다. 한미약품 관계자는 "국내 업체들이 비용과 시간 측면에서 가장 효과적으로 신약을 개발할 수 있는 방법 중 하나가 기술수출"이라며 "한미약품은 다양한 파이프라인에 대한 독자적인 연구개발과 함께 해외 유수 업체들과의 파트너십을 통해 글로벌 시장 진출을 계속해나가겠다"고 말했다.

6

시총 2위에서
상폐 위기 몰린 신라젠

신라젠은 3세대 항암제로 불리는 면역 항암제 펙사벡을 개발하는 회사로 2006년 설립됐다. 당초 펙사벡 물질을 발굴해 개발하던 미국 바이오벤처 **제네릭스**를 2014년 인수하며 본격적인 임상에 돌입했다.

관심을 끌기 시작한 건 펙사벡이 2015년 미국 FDA(식품의약국)의 글로벌 임상3상 승인을 받으면서부터다. 이를 통해 2016년 코스닥 상장에 성공했고, 2017년부터 주가가 폭등해 코스닥 시가총액 2위까지 올랐다. 입소문을 타고 개인 투자자의 자금이 몰렸다.

펙사벡은 천연두 예방 백신의 원료인 우두 바이러스에서 추출한 성분에 기반한다. 유전자 조작을 거친 우두 바이러스를 인체에 투입해 암세포를 감염시키고 이후 인체 면역체계가 암세포를 공격해 암을 치료하는 원리다. 면역 항암제이기에 부작용이 거의 없는 대신 치료 효과가 월등하다는 점을 내세워 펙사벡은 글로벌 상용화에 가장 근접한 국산 신약으로 평가받았다.

하지만 2019년 8월 미국 DMC(데이터모니터링위원회)의 임상시험 중단 권고가 나오면서 모든 게 물거품이 됐다. 게다가 2020년 5월 4일 장 마감 후 전 경영진이 배임 혐의로 기소됐다는 소식이 전해지며 즉시 거래가 정지되어 6월 말 상장 적격성 실질심사 대상이 됐다. 신라젠을 수사한 서울남부지검은 2020년 5월 말 자본시장법 위반 등의 혐의로 문은상 신라젠 전 대표 등 5명을 구속 기소했다. 문 전 대표 등은 2014년 3월 실질적인 자기 자본 없이 자금 돌리기 방식으로 350억 원 규모의 신주인수권부 사채(BW·발행회사의 주식을 매입할 수 있는 권리가 부여된 사채)를 인수해 부당 이득 1918억 원을 취득하는 등 신라젠에 손해를 끼친 혐의를 받았다.

문 전 대표와 황태호 신라젠 설립자 사이의 민사소송을 담당했던 서울남부지법 민사11부의 판결문을 살펴보면 신라젠 경영진은 2014년 10월부터 펙사벡의 임상3상이 실패할 가능성이 높다는 점을 알고 있었다. 하지만 경영진은 임상3상을 밀어붙였다. 그 이유에 대해 업계에서는 자체 3상 이후 상용화에 이를 경우 단숨에 글로벌 제약사로 도약할 수 있는 기대감과 함께 주가 관리 측면에서 3상 강행이 유리한 측면이 있기 때문으로 봤다.

신약 임상3상에는 임상2상의 10배에 달하는 1000억 원 이상의 비용이 필요하다. 연간 2000억 원 안팎씩 R&D에 투자하는 국내 대형 제약사들이 임상2상 이후 기술수출을 택하는 것도 비용 부담이 크기 때문이다. 연간 수조 원에 달하는 R&D 비용을 사용하는 글로벌 제약사의 체급과 차원이 다르다. 문제는 임상3상에 천문학적인 비용이

드는 만큼 신라젠처럼 품목허가를 받지 못하거나 상용화에 실패할 경우 회사의 존립마저 위태로워질 수 있다는 점이다. 한 대기업 계열 제약사가 임상3상 이후 신약 출시까지 성공했지만 별다른 판매 성과를 얻지 못한 이후 회사 자체가 그룹 내 계열사에 흡수합병된 사연은 업계에 널리 알려져 있다.

파장을 일으킨 신라젠은 문은상 대표와 그 인척들이 2017년 말부터 2019년 초까지 2000억 원이 넘는 금액을 현금화했고 한 임원은 무용성 평가 결과 발표를 한 달여 앞두고 90억 원에 달하는 주식을 매각한 바 있다. 이에 한국거래소 기업심사위원회는 2020년 11월 30일 신라젠의 상장 적격성 여부를 심의한 결과 추가 개선 기간 1년을 부여하기로 결정했다.

거래소 측은 신라젠의 파이프라인인 펙사벡이 간암 임상에서는 실패했지만 다른 암종에서의 임상은 진행 중인 점, 경영진 교체 등을 통해 향후 경영 투명성 제고에 노력할 것이라는 점 등을 종합 고려했다. 실제 신라젠은 2020년 9월 임시 주주총회를 열고 주상은 대표를 신규 선임하는 등 경영 정상화를 위해 애쓰는 모습을 보였다.

거래소 측은 개선 기간을 부여하며 신라젠 측에 최대 주주 변경을 강력히 요구할 것으로 보인다. 현재 문 전 대표가 물러난 상황이지만 최대 주주로 남아 있기 때문이다. 다만 문 전 대표의 지분이 국가에 압류되어 있어 블록딜(시간 외 대량 매매) 등을 통한 인위적인 최대 주주 변경이 불가능한 만큼 신주 발행, 즉 신규 투자자 유치를 통해 최대 주주를 변경하라고 요구할 것으로 전망된다.

7

소화제에 발암물질이?
발사르탄·라니티딘 사태

직장인이라면 과음한 다음날 쓰린 속을 부여잡고 '잔탁'을 먹은 기억이 있을 것이다. 2019년 9월 말 들려온 뉴스는 그래서 더욱 놀라움을 안겨줬다. 잔탁 등 라니티딘Ranitidine을 원료로 한 위장약 269종에서 암을 유발할 수 있는 물질인 NDMA(N-니트로소디메틸아민)이 기준치 넘게 들어 있는 사실이 확인되어 전면 판매 중지됐기 때문이다. 국내에서 해당 의약품을 처방받아 복용하던 환자 수는 144만 명에 달했다.

앞서 2018년에는 중국에서 만든 고혈압 치료제 원료인 발사르탄Valsartan에서 NDMA가 검출됐다. 발사르탄은 혈관을 수축하는 호르몬을 억제해 혈압을 낮춘다. 발사르탄 제조사는 전 세계적으로 20여 개가 있는데 중국의 제약회사인 **제지안화하이**가 만든 발사르탄에서

NDMA가 나와 식약처가 판매 중지 조치를 내렸다. 고혈압 약은 한 번 복용하기 시작할 경우 평생 약을 끊지 않고 꾸준히 먹어야 한다. 이 때문에 발사르탄에서 암을 유발할 수 있는 물질이 발견됐다는 소식은 전국의 600만 환자를 대혼란에 빠뜨렸다.

NDMA는 고기나 생선을 절이거나 훈제할 때 또는 담배를 태울 때 미량 발생할 수 있는 물질이다. 물에 잘 녹고, 노란색을 띠며 맛이나 냄새가 거의 없다. 과거에는 이를 섬유, 플라스틱 등을 만드는 데 썼으나 사람에 장기간 노출될 경우 암을 유발할 수 있다는 사실이 밝혀지면서 사용처가 제한됐다. WHO 국제암연구소는 NDMA를 발암물질 2A 등급으로 지정했다.

베이컨과 같은 암 유발 등급으로 지정된 것을 보면 눈치챌 수 있지만 사실 NDMA는 자연 상태에서도 얼마든지 만들어질 수 있다. 고추와 채소 등에도 존재한다. 특정 농도 이상으로 섭취하지 않으면 인체에 별다른 문제가 생기지 않는다. 하지만 각국의 규제 당국이 NDMA가 발생한 의약품의 판매를 중지한 이유는 의약품에서 왜, 어떻게 NDMA가 생겼는지 정확히 파악할 수 없었기 때문이다

2019년 11월에는 위장약 원료물질 니자티딘Nizatidine에서도 NDMA가 발견되어 13개 의약품의 판매가 중지됐다. 이어 2020년 5월에는 메트포르민Metformin 성분의 당뇨약에서도 NDMA가 발견됐다. 식약처는 당혹감을 감추지 못했다. 의약품의 원료에 문제가 있었던 발사르탄, 라니티딘, 니자티딘과 달리 NDMA가 검출된 메트포르민의 경우 원료의약품에 큰 문제가 없었기 때문이다.

NDMA 파문으로 국내 제약업계에서 관행으로 해오던 복제약의 생동성 시험 문제가 여실히 드러났다. 이 분야 100종이 넘는 국내 복

제약들이 문제가 된 중국 제지안화하이가 만든 발사르탄을 원료의 약품으로 쓰고 있었던 점이 밝혀졌기 때문이다. 이는 캐나다(28종), 영국(8종), 홍콩(2종), 일본(1종)에 비해 매우 높은 수치다.

복제약은 품목허가를 받기 전 오리지널 의약품과 흡수 및 효과 등의 차이가 균일한지 여부를 파악하기 위해 건강한 성인을 대상으로 생동성 시험을 진행한다. 생동성 시험은 2개 이상의 제약사가 공동으로 비용을 대고 시험을 진행하는 것으로 우리나라에서는 2011년 규제가 풀리면서 참여 제약사 수에 제한이 없어졌다. 수십여 개의 제약사가 모여 같은 제네릭(합성의약품 복제약)을 개발할 수 있게 된 셈이다. 이로 인해 복제약이 급증해 2001년 186종이던 것이 지금은 1000여 종에 달한다. 특히 공동 생동성 제도를 통해 출시한 복제약 중 다수가 제약사의 리베이트에 의존해 연명해가며 시장 질서를 교란한다는 지적도 제기됐다.

보건복지부는 2019년 3월 생동성 시험을 직접 수행하고, 식약처에 등록된 원료의약품을 사용해야 현재처럼 오리지널 약가의 53.55%(건강보험 기준)를 받을 수 있도록 복제약의 가격 책정 제도를 개편했다. 두 가지 요건 중 하나만 충족하면 약가는 45.52%, 하나도 충족하지 못하면 38.69%로 내려간다. 복제약 난립을 해소하겠다는 취지다.

식약처 역시 2019년 복제약의 난립을 막기 위해 공동 생동성 품목 허가 수를 원 제조사 1개에 위탁 제조사는 3개 이내로 제한하는 1+3 제한을 발표했다. 하지만 1년 뒤 규제개혁위원회가 '1+3 제한' 방침에 대해 불법 리베이트 근절 효과가 명확하지 않고, 제네릭을 만들지 못하는 제약사들의 신규 진입이 제한되어 시장경쟁을 저해할 수 있다며 철회를 권고했다. 이에 식약처가 이를 받아들이며 원점으로 되돌아갔다.

의사가 약사에게 전달하는 처방전에 제품명 대신 성분명을 써야한다는 주장도 수면 위로 떠올랐다. 성분명 처방은 처방전에 '잔탁'이라는 제품명 대신 '라니티딘'을 적도록 하는 것이다. 의사가 환자에게 필요한 성분명을 지정해주면 약사가 해당 성분의 여러 의약품 중 하나를 고른다. 약사들은 라니티딘 사태가 터진 이후 해당 성분의 약을 구입한 환자가 대체약으로 재처방을 받아야 하지만 복용 중인 약이 라니티딘인지 몰라 교체가 잘 진행되지 않고 있다며 '성분명 처방'의 도입을 적극 주장하고 있다. 하지만 의사들은 혈중 약물 용도가 오리지널 약의 80%만 되어도 제네릭(복제약)으로 허가받는 현 제도 아래에서는 성분명 처방을 믿을 수 없다는 입장이다.

국제일반명 제도도 주목받고 있다. 복제약 이름을 '제조자+성분명'으로 단일화한 방식인데 이를 도입하면 환자들은 자신이 어떤 성분이 들어간 약을 복용하는지 쉽게 알 수 있다. GSK의 잔탁은 GSK 라니티딘, **일동제약** 큐란은 일동라니티딘, **대웅제약** 알비스는 대웅라니티딘 등으로 바뀌기 때문이다.

한편 라니티딘이 시장에서 퇴출된 뒤 수혜를 톡톡히 받은 기업은 HK이노엔(옛 CJ헬스케어)이다. 2019년 3월 출시한 국산 30호 위장치료제 신약 케이캡이 라니티딘의 빈자리를 채웠기 때문이다. 케이캡은 P-CAB(칼륨 경쟁적 위산 분비 억제제)라는 새로운 계열의 위장질환 치료제다. 위벽세포에서 산 분비를 결정하는 양성자 펌프와 칼륨 이온을 경쟁적으로 결합시켜 위산 분비를 저해한다.

8

고질적인 제약업계
리베이트 관행

의약분업 제도에서 의약품을 처방할 권한은 의사에게 있다. 판매되는 약 대부분이 처방전이 필요한 전문의약품인 상황에서 제약사의 실질 고객은 의사인 셈이다. 물론 신약을 개발할 경우 특허 기간 내 독점적인 판매를 보장받는다. 하지만 우리나라의 경우 자체 개발한 신약이 많지 않아 복제약 위주의 수익 구조를 갖고 있다.

문제는 여기서 시작한다. 성분은 같은데 이름만 다른 약이 난립한다. 똑같은 약인 만큼 차별화가 쉽지 않다. 이 때문에 제약사 영업직원은 병원이나 의사들에게 "우리 약을 처방해 줄 경우 매출의 몇%를 돌려주겠다"고 제의한다. 흔히 말하는 '리베이트'다.

제약사의 리베이트 관행은 어제오늘 일이 아니다. 2010년 보건복지부는 불법 리베이트를 제안한 제약사와 리베이트를 받은 의사 모두 처벌하는 '리베이트 쌍벌제'를 도입했지만 오히려 수법은 교묘해지고 있다.

한국노바티스는 학술 행사 지원을 핑계삼아 의사들에게 수십억 원의 불법 리베이트를 제공한 사실이 적발됐다. 검찰에 따르면 노바티스는 2011년부터 5년간 의사들에게 25억 9000만 원 상당의 불법 리베이트를 제공한 혐의로 2016년 기소됐다. 노바티스가 의약전문지와 학술지 발행 업체 등에 제품 광고 명목의 광고비를 실제보다 많은 금액으로 집행한 뒤 전문지 등이 좌담회 참가비, 자문료 등을 빙자해 의사들에게 현금을 주는 방식이었다. 1심에서 노바티스는 4000만 원의 벌금을 선고받았고 2심 소송이 진행 중이다.

영업 대행사와 도매업체 역시 리베이트의 창구로 이용되고 있다. 의약품 도매상의 경우 판매 촉진을 위해 외상 매출을 약정 기일 내에 지급받으면 일정 금액을 할인해주는 일명 '도매 할인'을 통해 리베이트를 제공한다. 또한 병·의원 영업을 대행해주는 업체들은 제약사로부터 높은 판매 수수료를 제공받은 뒤 이중 일부를 리베이트로 건네는 방법을 쓴다. 이 두 경우는 의사에게 리베이트를 주는 주체가 제약사가 아니라 도매업체 또는 영업 대행사가 된다. 제약사로서는 책임을 회피할 수 있는 구조다.

금품을 직접 주고받는 전통적인 리베이트 역시 끊이질 않는다. 강정석 **동아쏘시오홀딩스** 회장은 2007년부터 2017년까지 회사 자금 700억원을 빼돌린 뒤 55억 원을 의약품 불법 리베이트를 사용했다는 혐의로 검찰에 기소되어 징역 2년 6개월 형을 받았다. 이로 인해 **동아에스티**는 2020년 2월 식약처로부터 의약품 판매 중지 행정처분을 받았다. 2019년 7월에는 **안국약품** 임직원 4명과 의사 85명이 약

90억 원의 불법 리베이트를 주고받은 혐의로 기소되어 무더기로 재판에 넘겨졌다. 현재 서울지방법원에서 1심이 진행 중이다.

영업 사원의 급여를 확 올려놓고 월급으로 리베이트를 지급하도록 하는 방식도 사용된다. 개인 돈으로 뇌물을 준 셈이라 적발될 확률도 낮고 적발되어도 변명하기 쉽다. 제약사 영업 사원들은 이에 "어차피 쓰지도 못할 돈인데 높아진 연봉 때문에 세금만 늘어난다"고 불만을 토로한다.

리베이트가 누구의 잘못인가에 대해서는 논란이 많다. 의료계에서는 의료 수가가 너무 낮은 탓이라고 주장하고, 제약사들은 늘 요구하는 의사가 있어 주지 않을 수가 없다고 강조한다. 정부가 리베이트에 대해 의료계에만 엄격한 잣대를 적용한다는 지적도 있다. 하지만 약값 대부분은 건강보험 재정에서 지출된다. 제약사가 뿌리고 의사들이 받는 돈은 사실상 국민이 낸 세금이다. 정부가 리베이트를 통제하지 못하는 동안 건강보험 재정은 줄줄 새고 있는 셈이다.

에필로그

바이오산업 육성, 선택이 아닌 필수다

한국에서 가장 오래된 제약사는 어디일까. 활명수로 유명한 동화약품이다. 1897년 동화약방에서 시작한 동화약품의 역사는 1896년 설립된 스위스의 다국적 제약사 로슈에 비견된다. 동화약방 설립과 함께 출시한 활명수도 국내 최장수 의약품이다. 당시 민중들은 급체 등으로 목숨을 잃는 일이 많았는데 생명을 살리는 물이라는 이름처럼 활명수는 만병통치약 대접을 받으며 날개 돋친 듯 팔렸다고 한다. 일제강점기 정동 인근의 동화약방은 상해 임시정부와 국내 사이의 비밀연락망으로도 이용됐다. 동화약방의 초대 사장인 은포 민강은 서울연통부라 불리던 비밀 연락망을 통해 국내외 연락을 담당하고 정보를 수집했다. 아울러 동화약방은 활명수를 판매한 금액의 일부로 독립 자금을 조달해서 임시정부에 전달했다.

우리나라가 이렇게 제약업의 오랜 전통을 가졌음에도 그동안 국내 제약바이오산업의 성장은 순탄치 않았다. 국산 1호 신약은 1999년 7월 15일 위암 치료제 선플라가 식약처의 허가를 받음으로써 탄생했다. 동화약방 설립부터 자그마치 100년 이상 걸렸다. 지금까지 국내에서 개발된 신약 30개의 성적 역시 그리 좋다고는 볼 수 없다. 소위 '블록버스터'의 기준인 1조 원의 매출을 올리는 제품은 전무하다. 게다가 아예 매출이 발생하지 않아 개발사가 품목허가를 취소한 경우도 있었다.

이런 상황에서 코로나19의 대유행 사태가 터졌다. 글로벌 제약사를 보유한 제약바이오 선진국들은 자국에서 개발 중인 코로나19 백신의 독점 의도를 굳이 숨기지 않았다. 2020년 겨울, 찬바람 속에서 확진자가 급증하는 가운데 코로나19 백신의 국내 도입을 두고 많은 논란이 있었다. 논란의 뿌리에는 독자적으로 백신을 개발하지 못한 국내 바이오산업의 한계가 있다.

바이오 강국을 지향하고 있지만 국내 바이오산업은 이제 걸음마 단계를 갓 벗어난 상태다. 2015년까지만 해도 국내 제약사는 복제약을 파는 데 급급했다. 신약 개발에 힘을 쏟는 곳은 그리 많지 않았다. 연구개발 역량보다 영업 능력을 중시하고 당장 매출을 올리는 게 더 중요했다. 이때만 해도 해외 시장 진출은 꿈만 같던 이야기였다. 셀트리온의 바이오시밀러 개발과 한미약품의 기술수출로 분위기가 반전됐지만 아직 성과를 내기에는 더 많은 시간이 필요하다.

산업이 걸음마 단계를 벗어나 성숙하기 위해 충분한 투자는 필수다. 다행히 투자는 꾸준히 이뤄지고 있다. 전체 벤처캐피탈 투자액의 3분의 1이 바이오 분야 벤처기업에 몰리고 있을 정도다. 창업 초기기업임에도 수백억 원대 투자를 유치하는 사례도 늘고 있다. 벤처캐피탈협회에 따르면 2019년 바이오 분야 투자액은 1조 1033억 원으로 사상 최대를 기록했고, 정부도 2030년까지 세계 시장점유율 6% 확보를 약속하고 매년 4조 원을 투자하기로 결정했다.

혹자는 바이오산업에 거품이 잔뜩 꼈다고 한다. 국내 증시에 상장된 제약바이오 종목의 주가수익비율PER은 100배에 달한다. 주당순이익이 100원이면 주가는 1만 원이라는 의미다. 코스피 평균의 5배를 넘는 수치다. 현재의 바이오산업 고평가는 코로나19로 인한 혼란 속 사상 최대 유동성을 바탕으로 형성된 '버블'이라는 게 이들 비판론자의 주장이다. 이들은 지금의 바이오 열풍이 20여 년 전 전 세계를 뒤흔들었다가 무참히 막을 내린 '닷컴 버블'의 판박이라고 주장한다.

또 다른 이들은 바이오산업에 사기꾼들밖에 없다고 폄하한다. 임상시험 결과가 좋을 것처럼 발표해 개미 투자자들의 자금을 모았지만 주요 경영진들은 주가가 오른 주식을 처분하는 데 급급하다는 것이다. 이들은 기술수출에 성공한 물질이 반환되면 반환됐다고 질타하고, 기술수출을 하지 못하면 신약 개발 역량이 없다고 비난한다.

하지만 국내 바이오산업은 꾸준히 성장하고 있다. 전통 제약사뿐 아니라 바이오벤처들도 꾸준히 신약 후보물질의 기술수출에 성공하고 있으며 셀트리온과 삼성바이오로직스 역시 글로벌 톱10 제약사와 맞설 정도로 성장했다. SK바이오팜은 독자 개발한 신약을 미국시장 내 성공적으로 출시했다. 정부는 2019년 바이오헬스 산업을 반도체 등과 함께 3대 성장산업으로 키우겠다고 제시했고 2020년 코로나19 유행 속 K진단키트 열풍은 그동안 쌓아둔 바이오산업의 잠재력이 폭발한 사례가 됐다.

기세를 타고 국내 바이오 기업들도 신약 개발에 나서야 한다. 물론 쉽지만은 않다. 수조 원의 금액과 10년에 가까운 시간이 든다. 매출이 적은 국내 제약바이오 기업이 쉽게 도전하기 힘들다. 하지만 국내에서도 정부 기관의 지원이 늘고 있다. 규제 당국은 효과만 입증하면 신속 승인을 내줄 정도로 전향적이다. 대기업과 벤처가 협력하는 오픈 이노베이션도 활발하다.

1987년 바이오벤처로 출발한 미국 제약회사 길리어드 사이언스도 창업 이후 15년간 적자를 벗어나지 못했다. 2002년 시가총액은 국내 상위 제약사에도 미치지 못하는 2억 달러 수준. 하지만 '타미플루'라는 블록버스터를 만들어내며 단숨에 글로벌 탑10 제약사로 거듭났다. 시가총액 900억 달러인 길리어드 사이언스는 2019년 매출 224억 달러, 영업이익 84억 달러를 기록했다.

닷컴버블 이후 국내에서 새롬기술, 싸이월드, 골드뱅크, VK모바일, 장미디어 등 수많은 기업이 사라졌다. 하지만 네이버, 엔씨소프트, 카카오는 살아남아 대기업으로 성장했다. 닷컴버블 때와 마찬가지로 바이오산업에서도 누가 살아남고 사라질지 모른다. 하지만 살아남는 일부는 글로벌 제약사와의 경쟁에서도 밀리지 않는 강력한 회사로 성장할 것이다. 대한민국의 생존을 위해 바이오 시장 개척은 선택이 아닌 필수다.

우영탁

도표

K바이오 트렌드 2021

초판 1쇄 발행   2021년 1월 28일
초판 5쇄 발행   2021년 3월 2일

지은이   김병호, 우영탁
펴낸이   반기훈
편집   반기훈

펴낸곳   ㈜허클베리미디어
출판등록   2018년 8월 1일 제 2018-000232호
주소   06300 서울특별시 강남구 남부순환로378길 36 401호
전화   02-704-0801
홈페이지   huckleberrybooks.com
이메일   hbrrmedia@gmail.com

ISBN 979-11-90933-05-6 03320

Printed in Korea.